中诚信托有限责任公司
CHINA CREDIT TRUST CO., LTD

信托市场热点研究

RESEARCH ON TRUST MARKET HOTSPOTS

中诚信托投资研究部 著

2022

知识产权出版社
全国百佳图书出版单位
—北京—

图书在版编目（CIP）数据

信托市场热点研究．2022／中诚信托投资研究部著．—北京：知识产权出版社，2023.6
ISBN 978－7－5130－8787－2

Ⅰ.①信…　Ⅱ.①中…　Ⅲ.①信托业—研究—中国—2022　Ⅳ.①F832.49

中国国家版本馆CIP数据核字（2023）第104144号

责任编辑：刘　雪　　　　责任校对：王　岩
封面设计：杰意飞杨·张悦　　　　责任印制：刘译文

信托市场热点研究（2022）
中诚信托投资研究部　著

出版发行：知识产权出版社有限责任公司	网　　址：http://www.ipph.cn
社　　址：北京市海淀区气象路50号院	邮　　编：100081
责编电话：010－82000860转8112	责编邮箱：jsql2009@163.com
发行电话：010－82000860转8101/8102	发行传真：010－82000893/82005070/82000270
印　　刷：北京建宏印刷有限公司	经　　销：新华书店、各大网上书店及相关专业书店
开　　本：787mm×1092mm　1/16	印　　张：16.5
版　　次：2023年6月第1版	印　　次：2023年6月第1次印刷
字　　数：303千字	定　　价：80.00元

ISBN 978－7－5130－8787－2

序　言

2022 年，我国信托业深入贯彻落实党的二十大精神，应对复杂环境带来的变化和挑战，持续推进服务实体经济与共同富裕目标，加快推动高质量发展，总量、结构均实现了进一步改善和优化。中国信托业协会发布的数据显示，从信托业务总量来看，信托资产规模仍然保持了企稳回升的态势，截至 2022 年年末，全行业信托资产规模余额为 21.14 万亿元，较 2021 年年底增加 0.59 万亿元，同比增长 2.87%。从信托业务结构来看，信托资产的来源结构、功能结构和资金投向结构保持持续优化态势，2022 年年底集合资金信托、投资类信托、资金信托中证券市场投向的信托资产规模及占比继续同比增长。从重点业务开展情况来看，资产管理信托业务标准化转型趋势显著，2022 年年底证券投资信托存量规模余额达到 5.16 万亿元，同比增速接近 30%；服务信托实现新突破，家族信托、保险金信托、风险处置服务信托资产规模均实现显著增长，企业破产服务信托、家庭服务信托、特殊需要信托等不断实现创新落地，信托的社会价值进一步凸显。

中诚信托有限责任公司作为行业的从业者和洞察者，持续保持对信托市场和信托行业的关注，坚持对信托市场和信托行业的热点问题进行敏锐观察。2022 年以来，根据监管导向，中诚信托投资研究部将研究工作的框架进行了优化，重点按照业务新分类的精神，对影响信托市场和行业发展的重点问题进行梳理，特别是对信托市场环境、信托业务动态进行跟踪，更加贴近业务细节，在大类资产配置、资本市场发展、信托财富管理等方面给予了更多关注，体现了投资研究部对信托业务创新发展的支持，更好地服务于信托公司业务与经营管理需求。

本书是中诚信托投资研究部连续第四年公开出版的研究报告，在框架内容上包括以下四部分：一是信托市场环境，包括对信托行业发展环境、宏观经济和监管政策的研究。二是信托行业动态，对影响信托行业整体性发展的行业动态进行归纳，包括信托行业和信托公司等研究。三是信托业务研究，主要按照新的监管导向，对资产管理信托、资产服务信托与公益慈善信托等业务进行研究。四是集合信托市场月度分析。

本书的出版，将持续为信托公司、其他资管机构、研究机构以及监管部门等社会各界提供年度信托市场热点研究及动态跟踪的参考资料，并希望借此与关注信托行业发展的各界人士进行交流探讨。

是为序。

中诚信托投资研究部

目　录

CONTENTS

第一部分

信托市场环境

构性宽信用，通过两次降准为市场提供充裕的流动性，在支持小微，绿色金融，房地产融资和地方债发行等方面形成合力，并推动社融企稳。因高基数影响，2022 年前两个季度的稳增长压力较大，市场预期当前央行政策调控可能采取松货币和宽信用，是重要的资产配置窗口期。

（三）预期三：美联储政策持续收紧

美联储政策收缩节奏则是外部重要影响因素。从就业数据来看，2021 年 12 月美国失业率录得 3.9%（见图 1），已经低于自然失业率 4.6%。美联储在 12 月的政策声明已经放弃通胀[①]是“暂时的”措辞，并加快缩减债券购买规模。有 2/3 的官员认为 2022 年应加息三次，以控制通胀的速度。虽然加息会提前到 3 月，但美联储主席鲍威尔在近期的讲话中，未提及具体加息时间点，市场仍呈一定的乐观预期，主要股指在讲话结束后纷纷上涨。从影响来看，美联储加息将对我国的资本市场有所扰动，市场对此已有充分预期。

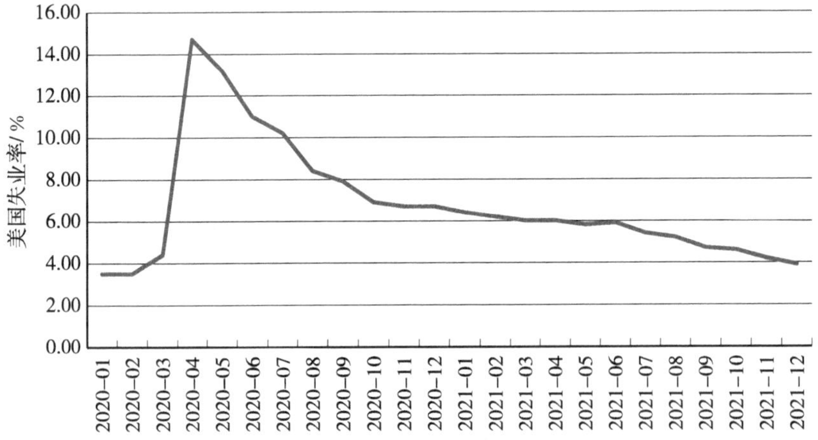

图 1　美国失业率走势

数据来源：Wind，中诚信托投资研究部整理。

参考上一轮美联储政策收缩，相关资产价格变化情况如表 1 所示。

表 1　美联储政策对主要资产价格的影响

主要资产	美联储 Taper（缩减债券购买规模）的影响		美联储加息的影响	
	美国	中国	美国	中国
股市	影响不大	影响不大	有所扰动	有所扰动

① 通胀，即通货膨胀。

续表

主要资产	美联储 Taper（缩减债券购买规模）的影响		美联储加息的影响	
	美国	中国	美国	中国
债市	启动前影响大	启动前影响大	启动前影响大	有所扰动
汇率	中后期强劲	中后期有所影响	美元走强[①]	波动增大
黄金	预期落地后，有阶段性上涨		预期落地后，有阶段性上涨	

资料来源：中诚信托投资研究部整理。

二、当前市场预期中的不确定性影响因素

当前，国内机构对宏观经济增速、美联储政策收缩节奏和新型冠状病毒感染疫情[②]扰动存在分歧。但当前分歧仅影响市场的节奏，并不会改变全球货币政策收缩的总体趋势。

（一）稳增长政策效果与力度变化的不确定

2021 年下半年经济增速走低，除基数效应外，财政后置和地产调控政策拉低内需；能耗双控政策限制产能利用；以及疫情、洪水等也是重要的影响因素。当前，基建投资已开始发力；2021 年年底中央经济工作会议要求因城施策促进房地产业良性循环和健康发展，地产调控政策将逐步回归中性；随着煤炭保供应、纠偏能耗双控“一刀切”，部分大宗商品价格回落明显，企业成本压力有所缓解，制造业景气度也在不断回升。从数据来看，2021 年 12 月官方制造业 PMI[③] 为 50.3，环比上升 0.2 个百分点，连续两个月回升。[④] 从结构来看，采购量和原材料库存有所增加，企业趁原材料价格回落加紧补库存。若宏观经济不断企稳，则政策宽松预期发生改变，宽信用带动无风险利率上行对资本市场产生扰动。

（二）美联储政策收缩节奏的不确定

根据美国公布的最新 CPI[⑤] 数据，2021 年 12 月 CPI 达 7%，维持在 40 年来的最高水平。瑞银预计美国总体 CPI 通胀率在 2022 年 1 月和 2 月会达到 7.3% 左右的峰值，然后在春季开始持续下降。当前市场认为美联储的通胀是可控的，鲍威尔也并未透露有关货币政策路径的新细节，市场仍保有一定的乐观预期。不过当前美国通胀的根本

---

① 美元走强，指美元升值。

② 自 2022 年 12 月 26 日起，已更名为新型冠状病毒感染，本书中“疫情”不再另外标注。（编辑注）

③ PMI 全称为 Purchasing Managers' Index，即“采购经理人指数”。

④ 数据来源：Wind，中诚信托投资研究部整理。

⑤ CPI 全称为 Consumer Price Index，即“居民消费价格指数”。

原因是滥发货币，若加息对控制通胀效果不明显将进一步触发美联储缩表。对于缩减美联储 8.77 万亿美元资产负债表的计划时，鲍威尔表示，他和同僚将在 2022 年某个时候允许缩表。对于具体的时间，美联储倾向于召开 2 至 4 次联邦公开市场委员会（The Federal Open Market Committee，FOMC）会议来处理缩表细节。参考 2018 年美联储缩表，大多数新兴市场国家货币大幅贬值，股市和债市剧烈动荡。

（三）疫情扰动的不确定

根据世界卫生组织的数据统计，当前，全球新型冠状病毒感染确诊人数已超过 3 亿，且多数国家疫情并未得到有效控制，变异毒株不断出现，扰动经济复苏进程。以近期的奥密克戎病毒为例，该变异毒株经过一个多月的传播，在美国新增感染者中的占比从 1% 飙升到 95.4%，仅 1 月 3 日一天，美国新增感染人数就超过 100 万。世界卫生组织警告欧洲一半以上的人口可能会在几周内感染奥密克戎病毒。根据国金宏观统计数据，在疫苗接种方面，2021 年全球累计接种疫苗超 90 亿剂，但不同经济体之间差距悬殊。市场预估 2022 年疫苗厂商的总规划产能扩充至 200 亿剂以上，第三季度左右全球疫情或将迎来重要转折点。不过，新型冠状病毒不断变异，既有的防控手段不断被突破，疫情扰动仍存在较大的不确定性。

三、2022 年大类资产配置策略

从配置策略来看，2022 年宏观经济环境将更加复杂，当前市场并未对超预期影响因素在价格上有所反映，未来整体市场波动区间增大，建议资产配置思路以稳字当头。

（一）整体配置应以防守策略为主

虽然市场对国内政策宽松、美联储政策收缩节奏均有一定的乐观预期，但从整体趋势来看，全球主要经济体央行政策收缩是必然趋势。短期的预期会改变资产配置的节奏，但并不会影响长期的趋势。全球资产配置环境将更加复杂，预期外因素冲击将造成市场波动增大，市场风险偏好下降，资金如果回流美国对于新兴市场国家冲击更大。因此，2022 年整体大类资产配置应该以防守策略为主，把握阶段性机会，重点关注组合投资和现金管理类业务。

（二）股票市场可关注稳增长等重点行业机会

2022 年年初以来，股票市场剧烈波动，资金博弈情绪较为浓厚。受无风险利率上行预期影响，新能源、军工等赛道行业大幅调整，科创板和创业板持续下跌，股票市场分化格局有所收敛。当前可重点关注新老基建产业链机会，包括建材、建筑装饰、工程机械等，新基建的大数据、云计算、物联网等数字经济领域，以及在金融、周期制造、消费、医药、互联网等领域调整充分的龙头公司。

（三）债券市场应把握市场窗口期

根据 Wind 数据整理，2021 年 7 月央行宣布降准后，10 年期国债收益率由 3.09%回落至 2.84%，当前仍维持在 2.8% 左右的水平。利率水平处于底部区域，市场整体流动性较为充裕，是债券配置重要的窗口期。虽然部分机构对全面降息有一定的预期，但经济未有明显增速放缓的趋势下，利率进一步降低的可能性较小。不过，宽信用开启后，利率债缺乏系统性上行机会，且面临利率上行风险。当前信用债投资可加强信用挖掘，重点关注城投债投资机会。

（四）大宗商品趋势性投资机会尚不明显

受美元流动性宽松和供给缺位影响，大宗商品价格在 2021 年出现较大的波动。不过，在全球央行开启政策收缩的背景下，美元流动性逐步收缩，美元走强对于黄金、铜和石油等会产生负面影响。若美联储收缩进程加快，将会对黄金价格产生较大的压力。此外，在供给方面，随着疫苗和特效药的推广，疫情若能得到有效控制，大宗商品供需错位的情况将大为缓解。因而，大宗商品趋势性的投资机会尚不明显。

（执笔人：杨晓东）

俄乌冲突对信托资产配置策略的影响*

俄乌冲突引发全球资本市场剧烈震荡，黄金、原油等大宗商品价格剧烈震荡。短期内，俄乌冲突对国内资本市场影响有限。从信托资产配置策略来看，需坚持以“稳”为主，权益资产处于稳增长的窗口期，债券市场已有利率上行的苗头，黄金出现配置机会。

一、俄乌冲突引发全球金融市场震荡

俄乌冲突后，全球资本市场剧烈震荡，黄金、能源等大宗商品价格短期上行。全球通胀处于高位，若美国通胀进一步恶化，则美联储不会改变既有的加息节奏。

（一）俄乌冲突下全球资本市场剧烈震荡

随着俄罗斯对乌克兰展开军事行动，2 月 24 日全球股市剧烈震荡。俄罗斯、澳大利亚、新西兰等多个国家股市均出现暴跌。根据 Wind 数据统计，俄罗斯 RTS 指数盘中跌幅逼近 50%。欧洲股市集体大幅低开，其中德国 DAX30 指数跌 4.72%、英国富时 100 指数跌 3.13%。A 股市场也未能幸免，上证综指、深证成指和创业板指分别下跌 1.7%、2.2% 和 2.11%。随着俄乌冲突的持续和美欧等国制裁的不断升级，全球资本市场震荡短期内仍将持续。

（二）黄金等避险资产价格上行

在避险情绪刺激和股市震荡下，黄金价格上行。截至 2022 年 3 月 1 日，COMEX 黄金期货结算价收涨 2.47% 报 1 947.6 美元/盎司，创 2021 年 1 月以来收盘新高。避险需求是短期内金价冲高的影响因素，但通胀高企使实际利率处于负值，回顾美联储几轮加息周期，金价在加息落地后的 6 ~ 12 个月里都呈现上涨，6 个月平均涨幅达到 10% ~20%。①

（三）大宗商品价格短期飙升

根据《BP 世界能源统计年鉴（2021）》统计，俄罗斯原油和凝析油产量为 1 052 万桶/日，名列世界第二；已探明天然气储量为 37.4 万亿立方米，约占世界储量的

---

* 本文写于 2022 年 3 月 4 日。

① 数据来源：Wind，中诚信托投资研究部整理。

19.9%。乌克兰则是全球重要的谷物（玉米、小麦）与有色金属（铝、镍、钯金、铂金）的出口国。俄乌冲突下，大宗商品价格飙升至2009年以来的最高水平。其中，美油2022年4月合约涨11.09%报106.34美元/桶，创2014年6月以来收盘新高（2022年3月2日）；TTF基准荷兰天然气期货价格盘中一度暴涨60%；芝加哥期货交易所（Chicago Board of Trade，CBOT）农产品期货主力合约大幅收涨（2022年3月2日）。俄乌冲突仍在持续，冲突结束后俄罗斯仍需受美欧等国的全面制裁，大宗商品供需缺位的情况大概率会延续。

（四）俄乌冲突不会改变美联储政策节奏

随着俄乌冲突加剧，当前市场对预期3月会加息50个基点的概率下降，预计美联储年内加息次数将少于5次，每次25个基点。不过，从通胀情况来看，美国1月CPI同比上涨7.5%，是自1982年2月以来的最大同比涨幅，再次创下40多年来的新高。即使剔除能源和食品后，核心通胀率也同比上涨了6%。[①] 从结构来看，服务类价格上涨、劳动参与率仍低于新型冠状病毒感染暴发以前，美国通胀仍有上行空间。俄乌冲突短期内加剧了能源和农产品价格的上行，若通胀情况持续恶化，美联储不会改变既有的加息节奏。

二、国内市场受到的短期影响有限

总的来看，俄乌冲突对我国国内资本市场虽有所扰动，但短期内稳增长政策持续发力，人民币资产持续吸引外资流入。从中长期来看，则需防范外部市场风险。

（一）短期内稳增长政策持续发力

国家统计局公布的数据显示，2022年2月的官方制造业PMI为50.2，高于上月0.1个百分点，验证了在专项债落地和宽信用作用下，我国经济总体继续保持恢复发展态势。虽然2月的单月数据尚不足以逆转经济回暖的预期，但随着稳增长政策的不断落地和地产行业的回暖，稳增长政策效果将不断显现。近期两会的召开、2022年2月金融数据的公布也将进一步明确政策方向。截至2022年3月2日，沪港股通的累计买入成交净额为19 249.96亿元人民币，且较2021年年底有所增加，并未出现大幅流出迹象。[②]

（二）中长期需防范外部市场风险

从中长期来看，外部市场风险仍不可忽视。疫情造成多国经济衰退，债务规模攀

---

① 数据来源：Wind，中诚信托投资研究部整理。

② 参见国家统计局官网，http：//www.stats.gov.cn/，2022年3月10日访问。

升，贫富差距增大，社会矛盾不断激化，世界环境将更加复杂。美联储为应对疫情大肆放水导致通胀高企，美联储开启加息周期后，中美利差收窄，资金回流美国倾向提升，全球资金向美国的回流则进一步加剧了某些国家的政局动荡。此外，当前中国10年期国债收益率仍维持在2.8%左右的水平。随着我国稳增长政策持续落地，经济基本面持续回暖，市场对进一步降准、降息的预期减弱整体趋于谨慎。

三、信托资产配置应坚持稳中求进策略

当前，国内仍处于稳政策窗口期，稳增长政策效果将不断显现。信托资产配置以稳为基础，权益投资把握阶段性机会，债券市场需防范利率上行风险，提升黄金的配置比重。

（一）以“稳”为基础

以稳为主，稳中求进仍是当前的政策主线，2021年年底的中央经济工作会议已在宏观、微观、结构等方面做出部署。虽然短期的地缘政治冲突会改变资产配置的节奏，但并不会影响长期的趋势。在全球资产配置环境将更加复杂，预期外因素冲击使市场波动增大的条件下，抓住稳增长主线，把握阶段性投资机遇是当前资产配置策略的基础。

（二）积极把握阶段性投资机遇

在权益市场中，新老基建产业链中的相关行业，包括建材、建筑装饰、工程机械等，以及新基建的大数据、云计算、物联网等数字经济领域相关企业受益于稳增长政策，盈利水平将会有所提升，金融、周期制造等领域的龙头公司仍有阶段性投资机会；但若经济数据进一步好转，债券投资则面临利率上行风险。若美联储收缩节奏加快，在中美利差收窄的情况下，资金外流的压力将会提升。

（三）应提前防范中长期不确定性风险

俄乌冲突仍在持续，黄金的避险配置需求短期提升。随着美国战略重点的调整，地缘政治环境更加复杂，提升黄金配置比重对冲地缘政治风险的必要性也有所提升。同时，美联储已确认3月加息25个基点，加息落地后，黄金可能会有阶段性表现。

（执笔人：杨晓东）

近期部分信用债市场价格波动特征分析及应对建议*

近期部分信用债二级市场交易价格波动显著，较多行业信用利差呈上行趋势，民营地产个券超跌使得基本面分析逻辑对特定主体暂时失效，引起市场较多关注和思考。本文对近期部分信用债市场价格波动特征进行总结及归因分析，并就其应对提出相关建议。

一、近期信用债市场价格波动特征

（一）多数行业利差同比大幅上行

根据DM数据，就23个样本行业近3个月利差变动来看，仅3个行业利差绝对值同比略降，而利差绝对值增加超10个基点的行业占比达70%，其中，利差上涨最多的行业为建筑装饰业，增长21.33个基点。此外，民营房企利差3月以来急剧走阔，于3月14日达891.23个基点，系2019年6月以来的峰值。

（二）主流行业间信用利差走势分化突出

截至2022年3月15日，产业债利差排名前四的行业为生物医药、房地产、汽车和城投，其中，生物医药行业超额利差高达130.99个基点；而利差最低的三个行业分别为电力、公用事业和高速公路，均为现金流相对稳定、对宏观经济敏感度相对较低的行业，其中，电力行业利差为48.9个基点，低于同期末生物医药行业的利差168.46个基点。

（三）发行主体负面舆情大幅影响个券交易价格

发行主体负面舆情是决定交易行为最直接的因素之一。近期民营地产债券价格波动受到来自市场传闻和负面舆情的因素影响占主导，而基本面分析法几近失效。受未披露债务等负面事件影响，龙光集团及相关主体境内外债券价格急速下挫，3月10日上午，“19龙控01”盘中成交价较前收盘价下跌达31.58%，实施临时停牌。受回售资金不足和展期传闻影响，“20融创01”3月16日在上固收[①]早盘成交价从90元下挫

---

* 本文写于2022年3月17日。

① 上海证券交易所固定收益证券综合电子平台。

至49.8元，跌幅达44.67%，随着回售传闻午盘反转，“20融创01”平均成交净价在临近尾盘时急剧拉升至88~90元。

（四）配置盘信用债估值走势仍相对稳定

配置盘信用债投资更多地考虑票息价值，故整体交易活跃度显著低于利率债，加之信用债估值参考等多重因素，因此，配置盘信用债虽长期变化趋势关联利率走势，但短期表现相较同期限利率债而言更加稳定。以7日滚动方差作为指数波动率参考指标，可以看出近期信用债指数波动幅度变化趋势和国债基本一致，但波动幅度小于国债（见图1）。

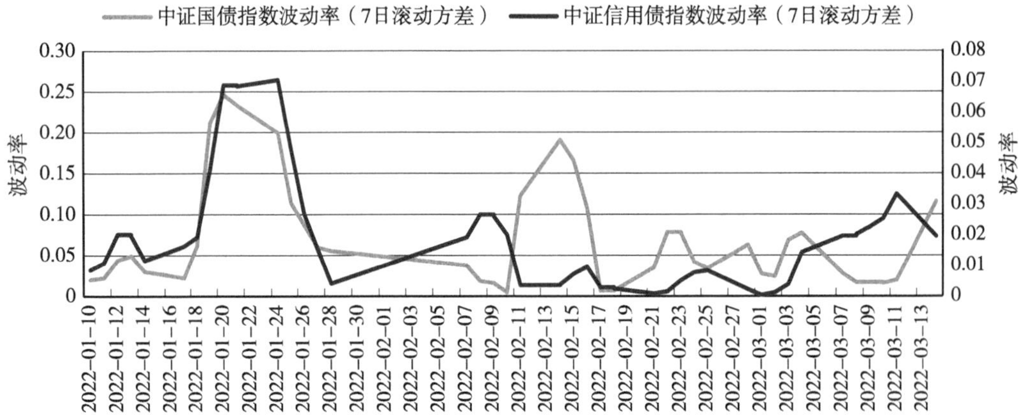

图1　中证国债及信用债指数波动率（7日滚动方差）

数据来源：Wind，中诚信托投资研究部整理。

值得关注的是，受理财产品净值化影响，泛金融二级资本债和永续债相关产品成为市场关注焦点之一，交易活跃高且价格波动大，一定程度增加了传统信用债配置盘的波动幅度。此外，在杠杆策略驱动下，部分3年内高等级信用债亦为交易盘活跃券，而受近期评级下调因素影响，部分债券被更多机构卖出，进而影响配置盘整体稳定性。

二、近期部分信用债市场价格波动的原因分析

（一）交易盘信用债价格对以信用风险事件为主的信息面更加敏感

交易所市场公募债于竞价平台交易（系场内市场），其对于价格的反应速度和波动频率均高于场外市场交易的银行间市场，而交易所信用债投资主要参与主体为基金、券商及小部分合格投资人等，投资人结构相对市场化，其对于信息面捕捉更加敏感。因此，近期频繁的行业政策类舆情走势对信用债二级交易价格影响显著。

一是民营房企债务危机使得部分地产债价格超预期下跌。根据Wind数据统计，2022年1—2月商品房销售金额和面积分别同比下跌19.3%和9.6%，商品房均价同比

下降10.7%，为2008年以来之最，回款下降进一步制约民营开发商偿债能力，加之2022年为民营房企偿债高峰，商票和非标违约进一步蔓延至标债违约，使得民营房企债券遭大规模抛售，信用利差迅速飙升。

二是弱资质城投政策面利空干扰信用债市场价格。截至目前，城投债存量约为13.29万亿元，占信用债总规模的30.28%，为信用债市场最核心的行业。近期交易所频繁终止审核弱资质城投私募债引发市场对于该类主体再融资能力的质疑，造成部分城投债发行人价格偏离估值的概率和幅度均有所增加。

三是产业债上下游行业之间具有一定传染性。房地产景气度变化蔓延到上下游产业链。受其影响，建筑装饰、建筑材料和水泥制造等行业近期利差均大幅上行。而宏观经济巨变背景下，行业周期轮动，处于产业链上游的煤炭、化工和钢铁等强周期行业利差近期均有所下降，其债券估值总体下行。

（二）市场情绪对民营房企信用债价格影响突出

民营房企财务报表严重失真，近期风险事件发酵后频繁散布的市场传闻乃至企业公告内容真假均难以判断，在基本面分析工具失效的情况下引发市场对于该类主体信用的深度反思，情绪面促成交易，导致个券价格大幅波动。

一是民营房企债务违约感染性强。正荣地产的债务危机处理方式使得债券要约展期或成为当前监管“默许”出险企业普遍采用的处理问题手段，而近期龙光集团债务纠纷使得境内投资人对民营房企信用进一步打折，宁愿选择尽早斩仓套现和主体集中出库。

二是龙光集团一直系民营房企中财务纪律相对严谨的标杆之一，其未披露表外债务事件对市场的负面冲击高于其他民企，造成其个券跌幅超预期。

三是频繁的评级下调触发机构风控阈值，部分机构被动抛盘，进一步加剧民营房企信用债价格超预期下跌。

（三）大资管时代资本市场各领域间关联度提高

一是近期A股和港股市场大幅下探致使基金遭遇大面积回撤。尤其净值化转型后的理财资金对于基金回撤的容忍度偏低，基金大额赎回加剧债券市场的负循环。

二是基金偏爱的转债产品2021年估值大幅增长，近期受股票市场超跌影响，其转股价值迅速回落，加剧对债券市场的负反馈。

三是随着境内外资本市场流通便利程度提高，跨境游资对于区域和产品的配置灵活度更高，加剧资本市场的变动，而地产发行人境内外债券信息同源，价格或存在一定程度关联。

（四）宏观因素不确定性影响机构对利率走势的判断

即期利率是信用债估值的考量因素之一。近期一系列不稳定宏观因素影响市场对于利率预期的判断，国债交投活跃，价格震荡明显。

一是经济数据反复变化的影响。2023 年 1 月社融数据总体向好映射宽信用成效，2 月经济数据变化，推升宽货币预期致使国债收益率下降，但 MLF① 平价续做随即宣告降息预期落空，国债收益率再度反弹。

二是疫情反弹和就业舆情等因素加剧市场对经济触底的担忧。国内疫情反弹，股票市场超预期下挫和头部互联网企业大幅裁员传闻等削弱市场对于经济增长的信心，不确定因素使得多空情绪交织。

三是地缘政治局势变化推升大宗商品价格，增加输入性通胀的压力，一定程度利空债券市场。

三、应对建议

一是在宏观经济变化不确定性高的情况下可调整投资组合，增加弱周期行业信用债配置，如水务、燃气和电力等，并增加高等级信用债配置；而对于政策面和基本面均利空的民营地产债可选择暂时规避，适当降低对绝对收益的追求。

二是动态调整组合配置，行业配比、城投区域配比、债券信用等级和期限配比等均衡配比，特殊时期通过分散投资以降低集中度风险。

三是做好债券库预警和维护工作。随着标品投资规模的扩大，信托公司可酌情提高信用研究水平，一方面针对市场舆情及时跟踪信用风险，并结合产品特征和公司情况确定合理个券处置策略；另一方面加强信用定价研究，提升应对风险事件下债券处置效率。

四是提升资本市场投研能力。根据标品投资发展情况适当配置投研资源，可加强对宏观经济和利率走势的研判，重点关注社融和贷款表现，并通过对历史宽信用周期表现的研究寻找一定规律，增加对近期利率走势判断的参考依据。

（执笔人：王冲）

① MLF 全称为 Medium－term Lending Facility，即“中期借贷便利”。

第一季度公募基金市场表现与变化特征*

第一季度公募基金总体规模稳步提升，增速有所放缓，新成立基金规模整体下降，但3月有所反弹。受内外部因素影响，公募基金整体业绩下滑。在通货膨胀预期和美联储加息双重约束下，公募基金整体业绩仍面临一定的压力。不过，经过近期的调整，市场估值逐步趋于合理，组合投资可选取优质股票型基金标的适度布局。

一、总体规模稳步上升，新成立规模下降明显

（一）总体规模稳步上升

截至3月29日，公募基金总体份额已达222 941.60亿份，同比、环比分别增长16%和2%；基金资产净值合计260 236.57亿元，同比、环比分别增长19%和1%，基金数量达到9 515只（见图1）。从结构来看，股票型基金、混合型基金、债券型基金、货币市场基金资产净值占比分别为10%、24.29%、26.68%和36.59%，债券型基金占比持续上升，货币基金占比则不断下降。公募基金整体规模增速放缓主要受新成立基金同比下降和整体市场业绩表现不佳等因素影响。

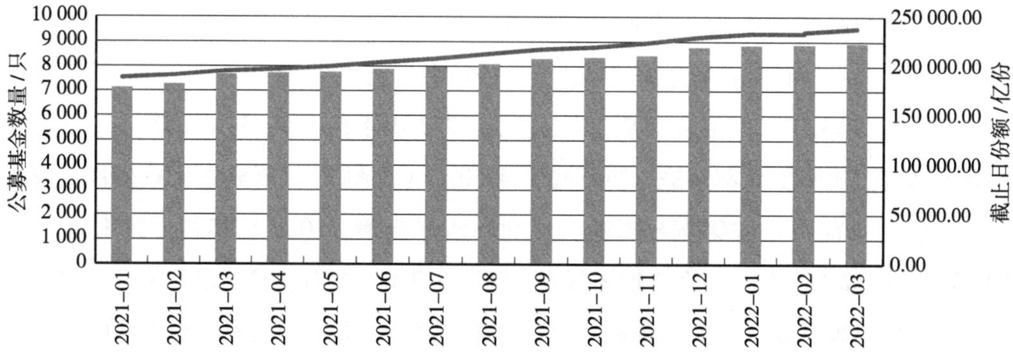

图1　公募基金总体规模稳步上升

数据来源：Wind，中诚信托投资研究部整理。

---

* 本文写于2022年3月31日。

（二）新成立基金规模下降明显

截至3月29日，第一季度新成立公募基金2 518.82亿份，同比、环比分别下降76.42%和60.11%。其中，2月是近一年的低点，成立规模仅为337.67亿份；3月市场有所回暖，成立规模为992.96亿份（见图2）。第一季度新成立基金规模大幅下降主要与资本市场大幅震荡相关，市场情绪快速回落。3月16日，国务院金融稳定发展委员会召开会议，对市场关心的热点问题予以回应，对稳定市场预期起到了积极的作用，新成立基金有所回暖，但仍处于较低水平。

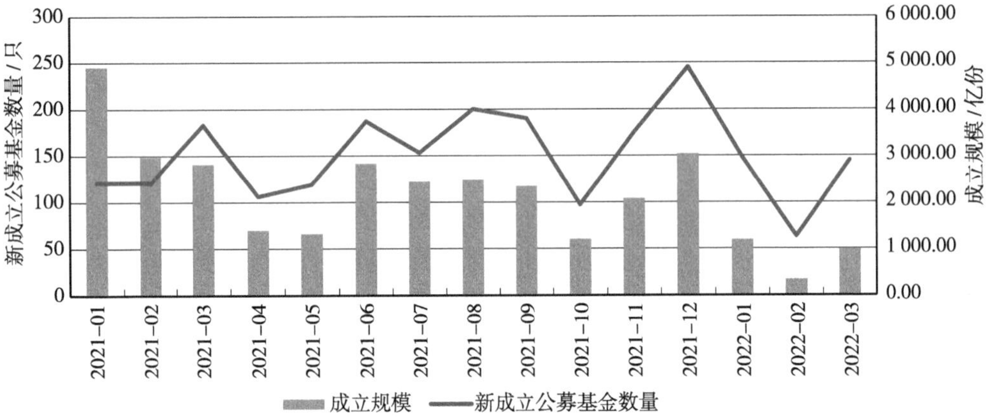

图2　新成立基金份额有所回暖

数据来源：Wind，中诚信托投资研究部整理。

（三）新成立债券型基金规模占比快速提升

从结构来看，新成立基金份额中，债券型基金占比由2022年年初的11.58%快速提高至3月的58.02%，混合型基金占比则由2022年年初的69.34%下降至32.19%，股票型基金占比则由9.82%进一步下降到4.50%（见图3）。新成立债券型基金快速上行主要受当前货币政策宽松影响。从利率水平来看，2022年年初以来短期利率DR007[①]处于2.0%左右，10年期国债收益率则在2.8%左右，整体水平偏低。在央行流动性保持合理充裕、MLF利率和LPR[②]调降、宽信用等综合因素作用下，中证国债指数和企业债指数分别上行1.05点和1.38点（见图4）。

---

① DR007全称为Depository－Institutions Repo Rate 007，即“银行间存款类金融机构以利率债为质押的7天期回购利率”。

② LPR全称为Loan Prime Rate，即“贷款市场报价利率”。

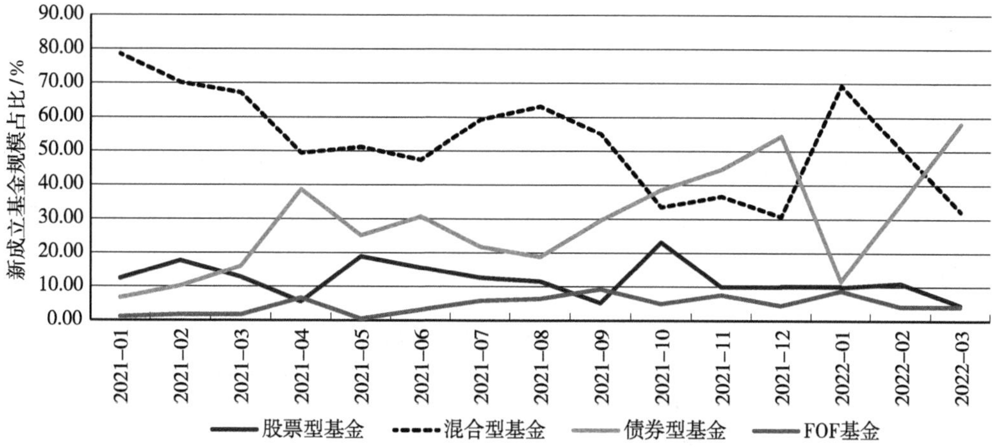

图 3　新成立债券型基金规模占比快速增长

数据来源：Wind，中诚信托投资研究部整理。

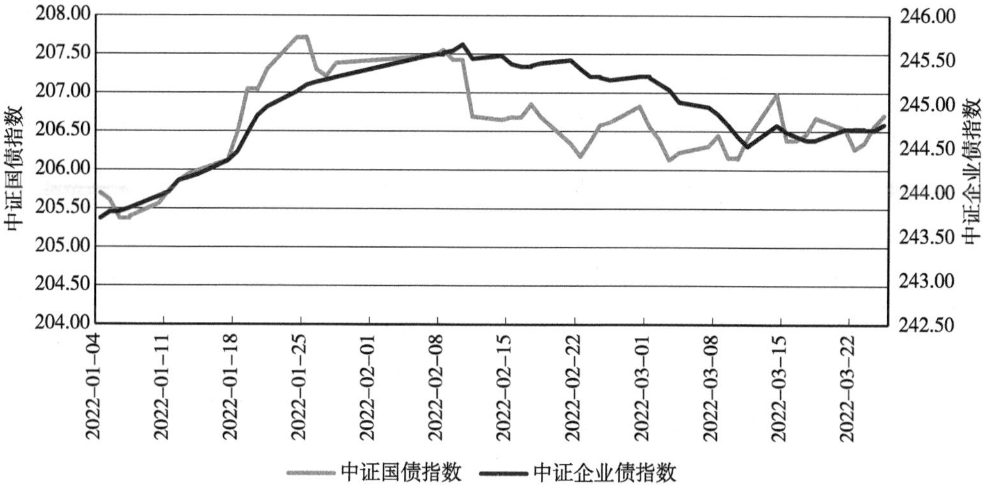

图 4　国债指数和企业债指数有所上行

数据来源：Wind，中诚信托投资研究部整理。

二、商品类基金业绩较好，股票型基金业绩相对较差

为便于比较，剔除因规模较小或运作时间较短对短期业绩产生的随机扰动，我们选择成立 1 年及以上，且规模达到 5 亿元以上的公募基金为基数进行业绩比较。从第一季度整体业绩来看，原油、煤炭、黄金等涉及商品类的 QDII 基金[①]、另类投资基金和被动型指数基金表现较好，股票型基金、偏股混合型基金表现较差。

① QDII 基金，是指在一国境内设立，经该国有关部门批准从事境外证券市场的股票、债券等有价证券业务的证券投资基金。

（一）商品类基金整体表现较好

第一季度，由于供需因素导致石油价格不断攀升，俄乌冲突则进一步加剧了市场对原油供给短缺和粮食供给短缺的担忧，伦敦国际石油交易所（International Petroleum Exchange，IPE）布油期货结算价一度逼近130美元/桶，达到近年来的高点。受此影响，原油、黄金及农产品相关的基金表现较好。其中，华宝标普油气A人民币近3个月收益率达38.64%居首（见表1）。

表1　部分商品类基金表现

基金简称	近3个月总回报	近1年总回报	成立以来总回报	成立日期	基金类型
华宝标普油气A人民币	38.64%	60.92%	-35.60%	2011-09-29	国际（QDII）股票型基金
南方原油A	33.13%	66.12%	20.04%	2016-06-15	国际（QDII）另类投资基金
大成有色金属期货ETF	15.48%	34.11%	71.23%	2019-10-24	商品型基金
博时黄金ETF	6.39%	8.65%	50.82%	2014-08-13	商品型基金
国泰黄金ETF	6.39%	8.56%	43.79%	2013-07-18	商品型基金
华安黄金ETF	6.39%	8.64%	45.06%	2013-07-18	商品型基金
易方达黄金ETF	6.39%	8.55%	55.07%	2013-11-29	商品型基金
国投瑞银白银期货	4.18%	-11.48%	-25.20%	2015-08-06	商品型基金

数据来源：Wind，中诚信托投资研究部整理。

（二）部分行业类被动指数型基金表现较好

从被动型指数基金的情况来看，煤炭、房地产和红利类指数基金表现较好，近3个月实现正收益基金11只，占比为3.13%。其中，排名靠前的国泰中证煤炭ETF、华泰柏瑞红利ETF、南方中证全指房地产ETF主要涉及行业均为煤炭、房地产等行业（见表2）。

表2　部分被动指数型基金表现

基金简称	近3个月总回报	近1年总回报	成立以来总回报	成立日期	基金类型
国泰中证煤炭ETF	19.61%	72.46%	138.50%	2020-01-20	被动指数型基金
富国中证煤炭A	18.95%	65.25%	29.87%	2015-06-19	被动指数型基金

续表

基金简称	近3个月总回报	近1年总回报	成立以来总回报	成立日期	基金类型
中融中证煤炭	18.70%	72.18%	31.59%	2015-06-25	被动指数型基金
华泰柏瑞红利 ETF	6.65%	10.31%	191.14%	2006-11-17	被动指数型基金
南方中证全指房地产 ETF	4.97%	-0.88%	-16.82%	2017-08-25	被动指数型基金
招商沪深300地产 A	3.88%	-7.18%	26.69%	2014-11-27	被动指数型基金
国泰国证房地产 A	3.04%	-2.37%	52.62%	2013-02-06	被动指数型基金
易方达中证红利 ETF	0.90%	13.02%	38.24%	2019-11-26	被动指数型基金
招商中证红利 ETF	0.89%	14.40%	57.95%	2019-11-28	被动指数型基金
大成中证红利 A	0.52%	10.40%	135.05%	2010-02-02	被动指数型基金

数据来源：Wind，中诚信托投资研究部整理。

（三）债券型基金整体表现稳健

从债券型基金的情况来看，中长期纯债型基金近3个月实现正收益1 178只，占比达到96.88%，收益最高的为民生加银汇智3个月定开，收益率达3%；偏债混合型基金实现正收益12只，占比达到4.29%，收益最高的为安信民稳增长A，收益率达5.08%；混合债券型一级基金实现正收益16只，占比达到23.88%，收益最高的招商产业A，收益率为0.74%；混合债券型二级基金实现正收益17只，占比达到7.46%，收益最高的泓德裕泰A，收益率为1.90%（见表3）。

表3　部分债券型基金表现

基金简称	近3个月总回报	近1年总回报	成立以来总回报	成立日期	基金类型
民生加银汇智3个月定开	3.00%	13.37%	14.09%	2020-12-30	中长期纯债型基金
平安合瑞	1.90%	6.11%	21.70%	2018-03-26	中长期纯债型基金
长盛盛裕纯债 A	1.48%	9.66%	21.03%	2016-08-04	中长期纯债型基金
安信民稳增长 A	5.08%	15.36%	29.61%	2020-01-14	偏债混合型基金
安信稳健聚申1年持有 A	3.84%	10.75%	19.78%	2020-09-30	偏债混合型基金
华泰保兴科荣 A	2.48%	5.57%	17.35%	2020-05-11	偏债混合型基金

续表

基金简称	近3个月总回报	近1年总回报	成立以来总回报	成立日期	基金类型
招商产业A	0.74%	5.56%	104.77%	2012-03-21	混合债券型一级基金
交银信用添利	0.72%	4.57%	83.46%	2011-01-27	混合债券型一级基金
东方稳健回报C	0.71%	3.82%	5.19%	2020-05-14	混合债券型一级基金
泓德裕泰A	1.90%	7.25%	36.08%	2015-12-17	混合债券型二级基金
泰达宏利集利A	1.44%	7.32%	121.87%	2008-09-26	混合债券型二级基金
东兴兴利C	1.30%	5.59%	8.69%	2020-05-27	混合债券型二级基金

数据来源：Wind，中诚信托投资研究部整理。

（四）股票型基金整体表现较差

从股票型基金的情况来看，普通股票型基金近3个月实现正收益1只，占比为0.39%，收益最高的为创金合信资源主题A，收益率为4.03%；偏股混合型基金实现正收益11只，占比为1.27%，收益最高的为万家精选A，收益率为25.34%；灵活配置型基金实现正收益24只，占比为3.48%，收益最高的为金元顺安元启，收益率为10.59%（见表4）。从收益较高的基金重仓持股来看，仍是以煤炭、房地产等股票配置为主。

表4　部分股票型基金表现

基金简称	近3个月总回报	近1年总回报	成立以来总回报	成立日期	基金类型
万家精选A	25.34%	12.33%	208.57%	2009-05-18	偏股混合型基金
华商甄选回报	7.29%	15.03%	13.73%	2021-01-19	偏股混合型基金
中庚价值品质1年持有	7.04%	38.78%	45.44%	2021-01-19	偏股混合型基金
金元顺安元启	10.59%	48.44%	183.22%	2017-11-14	灵活配置型基金
财通成长优选	9.74%	34.03%	151.30%	2015-06-29	灵活配置型基金
财通科创主题3年封闭运作	9.61%	23.27%	85.10%	2019-07-11	灵活配置型基金
前海开源沪港深农业主题精选A	7.58%	1.45%	75.84%	2016-07-20	灵活配置型基金

续表

基金简称	近3个月总回报	近1年总回报	成立以来总回报	成立日期	基金类型
创金合信资源主题A	4.03%	25.03%	156.61%	2016-11-02	普通股票型基金
工银瑞信战略转型主题A	-2.10%	13.79%	277.10%	2015-02-16	普通股票型基金
景顺长城沪港深精选	-2.80%	-3.23%	52.70%	2015-04-15	普通股票型基金

数据来源：Wind，中诚信托投资研究部整理。

三、市场扰动因素依然存在，资产配置策略可适度调整

从组合投资策略来看，稳增长仍是当前的政策主线，通货膨胀和美联储加息仍是当前资本市场面临的两大扰动因素。不过，国内经济基本面仍较为稳固，当前政策导向为保持资本市场平稳运行，股票型基金可逢低布局。

（一）稳增长仍是当前的政策主线

自2021年年底中央经济工作会议确定稳增长为当前工作主线后，财政、货币政策组合发力。国务院金融稳定发展委员会在2022年3月进一步明确保持政策预期的稳定和一致性的导向。从3月的PMI数据来看，受国内多地出现聚集性感染和国际地缘政治不稳定因素影响，经济总体景气水平有所回落，预期稳增长政策仍将持续发力。总的来看，中国作为全球制造业中心，国内通胀水平总体可控，上述因素扰动不会改变国内经济走向。

（二）需关注成本型通胀与美联储加息等外部因素的市场影响

当前俄乌冲突仍在持续，美欧等国对俄罗斯实施了全面制裁，国际油价大幅波动，高油价推升通胀并阻碍了全球的经济复苏。根据Wind数据统计，美国2月CPI同比上升7.9%，欧元区也达5.8%，均创近30年以来新高。叠加逆全球化、地缘政治等因素，全球进入高成本时代。美联储已开启加息进程，10年期美债收益率达2.40%，中美10年期国债利差已缩小至30个基点以内。在通胀压力下，美国联邦储备委员会主席鲍威尔称必要时将单次加息超过25个基点，中美利差势必将进一步缩小，从而可能引发资本外流。根据招商证券的统计，2月境外机构减持国内债券802亿元，占境外持债总规模比例的2%。若中美利差迅速收窄，甚至出现倒挂，国内货币政策空间将受到挤压，债券市场压力较大。

（三）资产配置策略可适度调整

总体来看，稳增长仍是当前的政策主线，通胀和美联储加息等因素将对国内资本市场产生扰动，组合投资策略可做适度调整：在股票投资方面，随着市场的调整，部分蓝筹类股票估值已趋于合理，具备较好的投资价值，股票型基金可逢低适度布局；在债券投资方面，考虑到当前中美利差已大幅收窄，需适度减配债券型基金；在商品投资方面，考虑到地缘政治不稳定因素有所增加及通胀不确定性的影响，可适度配置黄金类基金以对冲部分市场风险。而石油价格在经历大幅波动后仍将回到由供需双方决定的格局，可适度减配。

（执笔人：杨晓东）

央行降准对信托市场的影响分析*

为维护稳增长的宽信用环境，央行将于4月25日降准0.25个百分点。从信托业务影响来看，基础产业信托迎来了新一轮的发展；标品信托可重点关注价值类资产及组合投资类业务机会，防范利率上行风险；房地产行业流动性将有所改善，房地产信托进入转型发展阶段。

一、本次央行降准的主要背景

（一）维护稳增长的宽松政策环境

虽然第一季度GDP同比增长4.8%，基本符合预期。但受局地疫情和地缘政治影响，3月官方制造业PMI、非制造业PMI等指数均降至荣枯线以下，广义消费、房地产等数据低迷，拖累经济增长，新出口订单PMI环比出现回落，预示着未来外贸出口可能承压。为维护稳增长，货币政策提前发力，4月15日，央行决定于4月25日降准0.25个百分点，同时对符合条件的城商行和农商行再额外降准0.25个百分点，此次全面降准共计释放长期资金约5 300亿元。总的来看，当前市场流动性较为充裕，长短期利率处于底部区域。①

（二）为货币政策宽信用预留空间

此次降准大幅少于2021年年底释放的1.2万亿元流动性，央行也未进行降息操作。但除本次降准外，央行2022年已向中央财政上缴结存利润6 000亿元，相当于投放基础货币6 000亿元，与全面降准0.25个百分点基本相当，且上缴结存利润政策效果要强于降准。除了量的因素外，货币政策也会更加注重结构性的调整。实际上，自2021年下半年央行开启结构性宽信用周期后，结构性政策导向愈发清晰。央行此次降准后，商业银行资金更加充裕，为宽信用预留了空间。

（三）货币政策内外均衡的难度进一步提升

在美联储大幅收紧流动性的背景下，4月11日以来中美10年期国债利差短期出现倒挂，人民币兑美元汇率波动幅度增大。美联储在5月可能会加息50个基点，并开启

---

* 本文写于2022年4月21日。

① 数据来源：Wind，中诚信托投资研究部整理。

缩表进程，央行内外部保持均衡的难度增加，货币政策进一步宽松的空间受到制约。央行小幅降准可以避免过强的信号效应扰动汇率，后期结构性工具的重要性也将不断增加。

二、降准对基础产业信托业务的影响分析

融资平台合理融资需求不断获得满足。受规范政府平台融资、防控地方政府债务风险等政策影响，根据中国信托业协会的数据统计，基础产业信托占比自2020年开始下降，2021年年底已降至11.25%。融资平台是地方政府开展基础产业投资的重要主体，满足其合理融资需求有助于推动稳增长投资落地。作为结构性政策工具发力领域，央行宣布降准后，又在《中国人民银行、国家外汇管理局关于做好疫情防控和经济社会发展金融服务的通知》（银发〔2022〕92号）中进一步强调，支持地方政府适度超前开展基础设施投资。

随着基础设施投资需求的增加，基础产业类信托迎来了新一轮的发展。在房地产和工商企业领域信托等业务持续低迷的情况下，优质政信类产品获得了投资者的认可，发行规模和占比持续回暖。根据用益金融信托研究院的统计，3月基础产业信托成立规模为257.36亿元，环比增长120.77%，基础产业类信托规模占比为31.45%（见表1），环比提高8.43个百分点。信托公司可抓住当前的业务契机，大力推动基础产业类信托业务。

表1　3月各资金投向集合信托①产品成立情况

投资领域	3月规模/亿元	规模占比	2月规模/亿元	规模占比	环比涨跌幅
金融	377.97	46.18%	260.87	51.51%	44.89%
房地产	121.87	14.89%	86.69	17.12%	40.58%
工商企业	54.17	6.62%	39.78	7.85%	36.16%
基础产业	257.36	31.45%	116.57	23.02%	120.77%
其他	7.03	0.86%	2.53	0.50%	177.69%
合计	818.38	100.00%	506.44	100.00%	61.60%

数据来源：用益金融信托研究院。

三、降准对标品信托业务的影响分析

在央行宽信用的政策下，社会融资规模有了较大的改善。根据央行的统计，3月

① 本书中“集合信托”为“集合资金信托”的统一简称。

社会融资规模增量为4.65万亿元，比上年同期多1.28万亿元；第一季度社会融资规模增量累计12.06万亿元，创下单季历史新高。央行此次降准将有助于社会融资的进一步改善。从影响来看，根据广发证券的研究，社融数据表现超预期，股票市场价值类资产具有结构性机会，债券市场则需关注10年期国债到期收益率变化情况。

在标品信托业务方面，虽然经历了资本市场的大幅震荡，但3月标品信托业务回暖，成立数量及成立规模均大幅增长。根据用益金融信托研究院的数据，3月标品信托产品成立数量为1 240只，环比增长77.40%，成立规模为333.62亿元，环比增长60.18%（见图1）。在组合投资产品方面，3月TOF产品成立数量为282只，环比增长61.14%，成立规模为121.18亿元，环比增长37.94%，其规模占标品信托业务的比重为36.32%，发展较为稳定。央行降准后，信托公司可重点关注价值类资产及组合投资类业务机会，密切关注10年期国债到期收益率变化情况，防范利率上行风险。

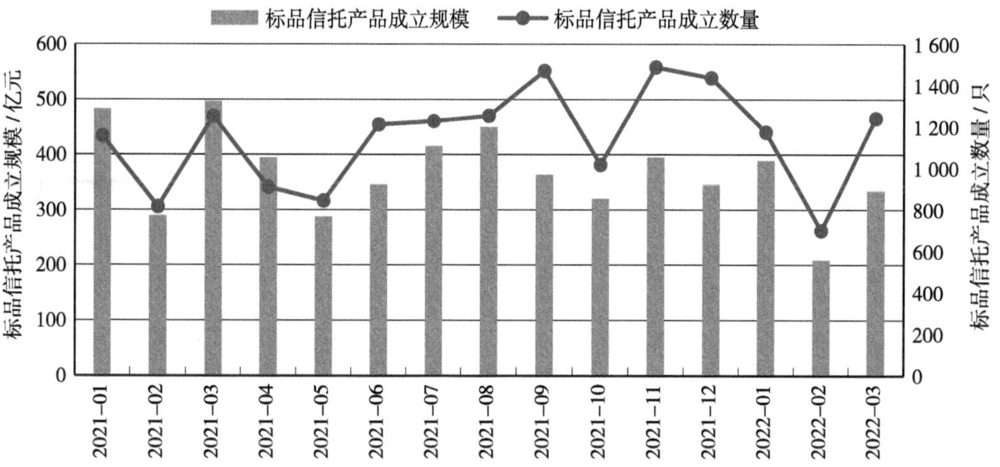

图1　2021年至今标品信托产品成立规模走势

数据来源：用益金融信托研究院。

四、降准对房地产信托业务的影响分析

房地产行业流动性将有所改善。2016年12月，中央经济工作会议首提“房住不炒”后，房地产调控政策由热点城市向二、三线城市依次收紧，限购限贷等政策重启，此后政策虽有微调，但尚未出现放松。2021年，受“三道红线”“房地产贷款集中度管理”等监管政策影响，多家高杠杆房企出现违约事件，部分房地产信托项目逾期，严重影响信托公司展业。央行降准后，商业银行流动性更为充裕，一方面，可通过满足房地产建设项目的合理融资需求缓解房企资金压力，根据央行的统计，第一季度全国房地产开发贷款月均多增约1 500亿元；另一方面，也可通过满足购房者合理住房

需求支持房地产市场稳定发展。当前，全国已经有 100 多个城市的银行根据市场变化和自身经营情况，自主下调了房贷利率，平均幅度在 20～60 个基点不等，部分城市下调了本城市首付比例下限和利率下限。随着局地疫情得到有效控制，房地产市场结构性宽信用政策效果将逐步显现。

当前地产销售、新开工、地产投资等数据表现不佳，但从近期的土地拍卖情况来看，北京、合肥、长沙等热点城市的市场逐步回暖。对于信托公司而言，随着市场环境的改善，房地产业务将由传统融资类业务模式向股权投资类等多元化的模式过渡，合作伙伴、业务发展区域将向头部优质企业和一、二线城市集中。

（执笔人：杨晓东）

美联储加息及其相关效应对信托市场的影响*

2022 年 5 月 5 日，美联储最新利率决议决定将基准利率上调 50 个基点至 0.75% ~ 1.00% 区间，这是美联储 2022 年第二次加息，也是 2000 年 5 月以来最大幅度加息。[①] 从传导效应来看，美联储连续大幅加息及缩表将加大国内资本市场波动、提高稳增长难度等。对信托行业而言，美联储加息相关效应将对信托市场产生深刻影响。

一、加大了国内资本市场波动

2022 年年初以来，美元指数和 10 年期美债收益率持续攀升。美联储启动年内第二次加息后，未来加息节奏仍存在诸多的不确定性。5 月 9 日，美元指数连续突破 2020 年 3 月和 2017 年年初高点，达到 104，创 2002 年至今的新高；10 年期美债收益率一度突破 3.2%，创 2018 年年底至今的新高。美元指数和美债收益率同步攀升，反映的是全球美元流动性的收缩。从当前的影响来看，新兴市场国家汇率承压，全球资本市场剧烈震荡。5 月 9 日，预测标准普尔 500 指数未来 30 天波动情况的芝加哥期权交易所（Chicago Board Options Exchange，CBOE）波动率日内上涨超 16%，站上 35 关口。[②] 纽约股市三大股指 9 日大幅下跌，标准普尔 500 股票指数自 2021 年 3 月底以来首次跌破 4 000 点。根据中金公司的研究，在美元指数和美债收益率同步上行时期，原油、工业金属、农产品在内的大宗商品表现欠佳，而黄金表现最差；股市表现一般，整体跌多涨少，港股相对美股更为脆弱。

从国内资本市场来看，截至 2022 年 2 月末，外资持有中国境内债券和股票市值合计 1.25 万亿美元，保持在 3% ~5% 的水平。虽然与日本、韩国、巴西等发达经济体或新兴经济体相比占比较低，但外资流动具有风向标作用，将对资本市场情绪产生扰动。在债券市场方面，2022 年 2 月以来，外资持续卖出中国债券。从托管量数据来看，2 月境外机构托管量环比下降 804 亿元，为有数据以来单月最大降幅；3 月整体减持 1 093 亿元，减持量环比增加 290 亿元；在权益市场方面，无风险利率上行，3 月、4 月市场波动增大，高估值行业承压，公募基金发行遇冷，创业板和科创板年内最大跌

* 本文写于 2022 年 5 月 12 日。

① 数据来源：Wind，中诚信托投资研究部整理。

② 数据来源：Wind，中诚信托投资研究部整理。

幅已超30%（见表1）。

表1　2022年年初以来主要股指涨跌情况

指数	5月11日收盘价/元	2022年年初至5月11日涨跌幅
上证综指	3 058.70	-15.96%
深证成指	11 109.48	-25.23%
沪深300	3 976.42	-19.51%
万得全A	4 673.31	-21.05%
创业板指	2 346.15	-29.39%
科创50	1 002.46	-28.30%

数据来源：Wind，中诚信托投资研究部整理。

二、提高了国内经济稳增长难度

2022年年初以来，随着美联储加息节奏的加快，全球央行也进入了紧缩周期。在新兴市场方面，巴西、土耳其、俄罗斯等在主要发达国家维持超低利率水平时已经率先进行预防性加息，全球有30多家新兴市场央行2022年一次性加息至少50个基点。在发达经济体方面，新西兰成为首个一次加息50个基点的发达国家，随后加拿大、美国也加入该行列。当前，全球央行面临抗击通胀和经济增长的两难选择，非美国家除此之外还面临资金外流的压力。未来以美元为主的国际货币将从负利率、零利率转向，全球经济很可能出现“滞胀”和重新陷入衰退的前景。

除加息外，美联储将于6月1日开始以每月475亿美元的步伐缩表，并在3个月内逐步提高缩表上限至每月950亿美元，美元流动性持续收缩。从国内货币政策空间来看，随着美元持续走强和美债收益率的提升，中美10年期国债收益率近期持续出现倒挂，人民币贬值压力增强，美元兑人民币汇率3个月内上升4 000多个基点，国内货币政策总量宽松的空间已明显受到挤压，稳增长的难度加大。

三、加速了宏观应对政策实施

根据国家统计局数据统计，从4月情况来看，受疫情影响，制造业PMI降至47.4，制造业景气水平连续下降；非制造业PMI为41.9，低于3月6.5个百分点，非制造业经营活动总体继续放缓。中美经济当前处于不同周期，美联储政策重点为应对通胀，国内政策重点在于稳增长。受美联储加息、全球地缘政治风险、疫情等多重因素叠加影响，多项稳增长政策将会加速落地。4月29日召开的中共中央政治局会议进一步要求要加快落实已经确定的政策，实施好退税减税降费等政策，用好各类货币政策工具，努力实现全年经济社会发展预期目标。中共中央政治局会议也对房地产、货币政策、资本市场、基建、稳外贸、平台经济等领域问题予以进一步明确。如果疫情防控顺利，4 月 PMI 大概率是全年底部。

根据央行的统计，从货币政策方面来看，2022 年 4 月以来，央行已先后推出 4 400 亿元再贷款工具，具体包括 2 000 亿元科技创新再贷款、1 000 亿元交通物流领域再贷款、1 000 亿元支持煤炭清洁高效利用专项再贷款额度以及 400 亿元普惠养老领域再贷款。此外，2022 年央行依法上缴超 1 万亿元的结存利润，预计拉动全年 M2 增速约 0.5 个百分点。当前央行已形成一套适合国情的结构性货币政策体系，货币政策与财政政策、产业政策相配合，共同提振市场主体信心。

四、相关效应对当前信托市场将产生深刻影响

（一）影响标品信托业务规模增长

当前国内资本市场震荡，除了由于美联储加息因素扰动外，新型冠状病毒感染导致经济基本面走弱也是其主要影响因素。受 3 月、4 月资本市场震荡影响，近期信托公司标品信托业务规模增速大幅下降。用益信托网数据显示，4 月集合类标品信托产品成立规模为 69.16 亿元（见图 1），环比降幅为 33.49%，同比降幅为 40.77%。3 月的国务院金融稳定发展委员会会议已对资本市场关心的经济政策、房地产、中概股和平台经济都作出了明确的回应。4 月的中共中央政治局会议则表明当前的政策环境对市场较为友好，政策方向较为明确。但受多重不确定性因素的影响，市场情绪回暖仍需一定的时间。

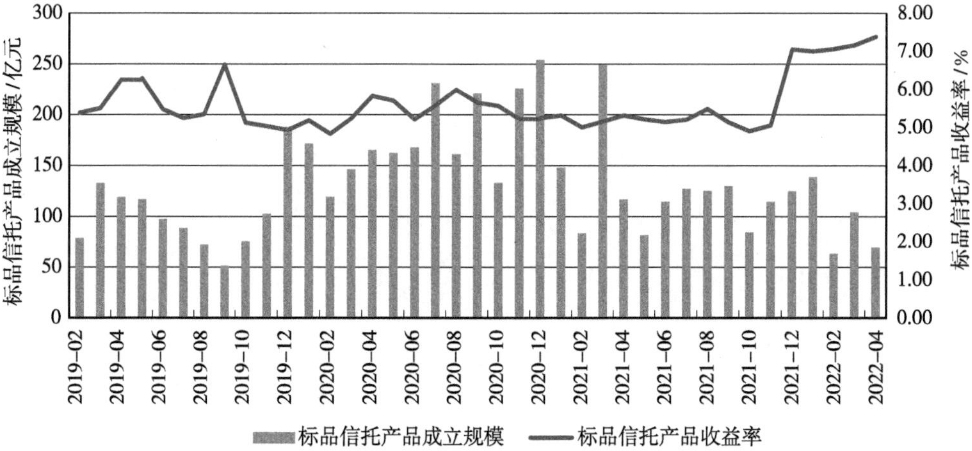

图 1　集合类标品信托产品成立规模下滑

数据来源：用益信托网，中诚信托投资研究部整理。

（二）提升基础设施领域信托投融资需求

基础设施投资是当前稳增长的重要发力点。中央财经委近期要求全面加强基础设施建设，加快新型基础设施建设，提升传统基础设施水平。从会议精神来看，“适度超前开展基础设施投资”已是中期的一个稳定导向。随着基础设施投资需求的增加，基础产业信托迎来了新一轮的发展。在房地产和工商企业领域信托等业务持续低迷的情况下，优质政信类产品获得了投资者的认可，发行规模和占比持续回暖。

（三）财富管理业务仍将保持较快发展

虽然短期内受资本市场震荡等因素影响，信托公司面临经营压力较大，但从中长期来看，财富管理业务仍将保持较快发展。中国信托业协会数据显示，从 2021 年的情况来看，虽然融资类信托规模降至 3. 58 万亿元，降幅高达 26. 28%，但投资类信托规模则增至 8. 50 万亿元，增幅高达 31. 92%。投资类信托 4 年间规模总计增加了 2. 33 万亿元，增幅达 37. 80%，占比提升了 17. 87 个百分点，已经成为主动管理信托最主要的产品形式。信托公司需在新的发展环境下，积极转型，抓住财富管理业务发展机遇。

（四）有利于减缓信托项目风险压力

近期中共中央政治局会议再次强调，在坚持“房住不炒”的定位下，支持各地从当地实际出发完善房地产政策，支持刚性和改善性住房需求，优化商品房预售资金监管，促进房地产市场平稳健康发展。在地方层面，超 10 个城市放松了限购要求，超 80 个城市实施了房地产调控政策松绑。商业银行方面，全国已经有 100 多个城市的银行自主下调了房贷利率，平均幅度在 20 ~ 60 个基点不等。多重政策实施下，房地产行业流动性将有所改善，有利于减缓信托项目的风险压力。

（执笔人：杨晓东）

房贷利率下调对当前房地产市场的影响分析 *

为应对经济增速下滑、稳定房地产市场形势，近期监管部门密集出台了一系列政策，特别是连续两次对房贷利率进行调整，一周内先后将首套住房贷款利率下限下调20个基点、5年期以上LPR下降15个基点。从历史经验来看，调节房贷利率是调控房地产市场的重要手段，但当前市场背景更加复杂，房贷利率的下调预计将更多起到结构性影响。

一、房贷利率下调是稳定房地产市场的重要手段

近期房贷利率下调的目的主要是稳定房地产市场形势。近年来，监管相继出台“三道红线”“房地产贷款集中度管理”等措施，各地也普遍升级了“限购”“限价”“限贷”等调控政策，房地产市场在强调控下趋冷。自2021年7月以来，单月商品住宅销售量同比增速由正转负，且近期跌幅有加速扩大的趋势。2022年4月单月全国商品住宅销售面积同比降幅达到42.38%，较2020年4月下滑43.06%（见图1）。国家统计局发布的70个大中城市房价指数显示，4月二手房价格环比和同比下降的城市分别为50个和56个，出现了量价齐跌的局面。近期一系列房贷利率下调政策正是在此背景下出台的，目的是释放市场潜在的购房需求，稳定市场形势。

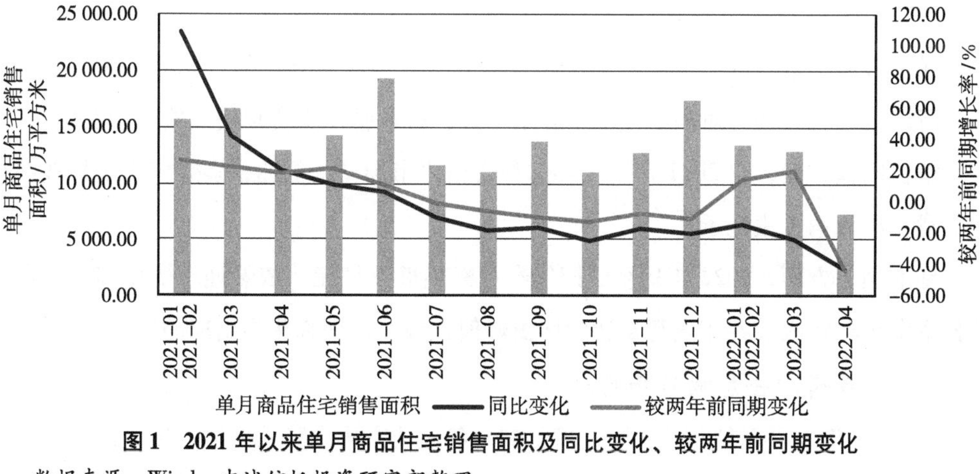

图1　2021年以来单月商品住宅销售面积及同比变化、较两年前同期变化

数据来源：Wind，中诚信托投资研究部整理。

---

* 本文写于2022年5月26日。

从历史经验来看，房贷利率随着市场行情的改变有所调整，市场过热时上调利率，市场过冷时下调利率。房贷利率的调整效果在此前较为明显。例如，2008 年金融危机之后，居民首次和改善性购买自住房，贷款利率下限可扩大为贷款基准利率的 0.7 倍，明显地刺激了购房需求，商品住宅成交量显著回升，房价自 2009 年第二季度开始快速提高；又如，2015～2016 年为推动去库存，当时房贷利率普遍在基准利率的基础上给予 7～9 折的优惠，这对当时房地产市场回暖以及房价的持续提升起到了明显的促进作用。

二、当前房贷利率下调面临更复杂的环境

（一）我国房地产市场发展阶段已经改变

一是我国房地产市场面临着人口拐点。自 2017 年以来，我国每年出生人口呈快速下滑的态势。尽管中短期的潜在购房人口和家庭改善性住房需求仍有较大基础，但从长期来看，新生人口的持续下滑将导致房地产市场需求增量出现萎缩。

二是城镇化进程放缓也将影响房地产市场需求。第七次全国人口普查结果显示，2020 年末我国居住在城镇的人口占比 63.89%，将迎来城镇化由高速推进向逐步放缓的“拐点”。

庞大的人口红利和城镇化进程的快速推进，是过去 20 多年我国房地产市场蓬勃发展的基础。然而目前人口和城镇化拐点已到来，标志着我国经济社会发展进入新阶段，同时意味着房地产市场将逐步从增量时代转向存量时代。

（二）当前房企依然面临巨大资金压力

融资方面，融资政策虽有结构性改善，但因为行业债务违约、展期等舆情事件不断，所以整体融资环境对高负债房企并不友好，行业整体融资规模依然处于低位。

销售回款方面，自 2021 年下半年起住房销售市场持续低迷，多数房企销售业绩出现下滑，项目销售去化承压。

到期债务方面，2022 年房企到期债券总额接近万亿元，依然处于历史高位；同时信托融资等非标因前些年发行量达到历史峰值，现在也面临集中到期的压力。

（三）疫情冲击影响市场需求

自 2022 年 3 月下旬开始，受疫情影响，各地楼市再次陷入低迷。以上海为例，中指研究院统计数据显示，在其他一线城市楼市成交量环比大幅回升的同时，3 月上海成交面积环同比降幅分别为 22% 和 51%，4 月环同比跌幅继续扩大到 84% 和 92%。二手住宅交易也是如此，链家统计数据显示，4 月上海二手住宅成交 169 套，环比下降

99%。受疫情影响，部分城市的住房销售市场都遭遇了一些困境，看房、签约、房贷审批、网签等流程的线下环节难以正常开展，部分行业收入锐减导致居民购买力和购买意愿下降。

（四）当前市场预期有所改变

目前我国潜在购房者的市场预期发生变化。

一是政策导向的影响。政府提出了房地产税试点、出台了一系列调控政策、大力推行保障性租赁住房和共有产权房等保障房建设，这些举措都使市场观望情绪进一步加重。

二是行业动荡的影响。当前房地产行业风险事件不断，房企普遍面临运营压力，项目烂尾、房屋质量等问题不断出现，加剧了市场担忧情绪。

三是购房压力加大。目前我国居民整体负债水平和房价收入比均处于高位，经济增速放缓、就业难度加大等因素影响收入预期，一定程度上抑制了购房消费需求。

三、房贷利率下调对房地产市场的影响及应对

（一）房贷利率下调将为“稳楼市”发挥一定积极作用

本次房贷利率下调力度远超市场预期。经过近期房贷利率下限加点和5年期以上LPR下调之后，首套房房贷利率下限已下降至4.25%，接近历史最低水平。此外，15个基点的降息属于LPR改革以来最大单次降幅，且惠及新增和存量房贷。根据新LPR报价机制，LPR=MLF利率+加点幅度（商业银行加点），但本次LPR调降中，MLF利率保持不变，主要靠银行让利以及压降存款端成本来实现，让利实体经济。这些政策措施充分体现了政府刺激住房消费需求的政策目的，在一定程度上会对稳定楼市起到积极作用。

（二）房贷利率下调的影响具有明显的结构性特征

尽管房贷利率下调将会起到一定积极作用，但由于当前房地产市场面临更为复杂的形势，这种影响具有明显的结构性特征。房贷利率下调只能帮助释放潜在的购房需求，而不能创造需求。在新的市场形势下，房地产区域市场将发生结构性变化，只有部分核心都市圈的核心区域因人口持续净流入而面临一定住房短缺情况，大部分非核心都市圈的非核心区域则会因人口净流失、经济发展滞后等出现住房供给过剩。因此，对于人口净流入的核心区域来说，房贷利率的下调将会助力房地产市场的修复；而对于非核心区域来说，房贷利率的下调所能发挥的作用可能有限。

（三）信托公司仍应注意防范房地产市场的结构性风险

新形势下，房地产市场出现结构性分化，市场预期发生根本性扭转，房贷利率的

大幅下调将更多发挥结构性作用，难以对市场需求起到充分的刺激作用。因此，信托公司在房地产信托方面依然要注意防范结构性风险，对具体项目要“一项一策”，充分挖掘项目特点，科学研判项目优势，严格筛选交易对手，合理判断去化前景，严格落实风险管控措施。

（执笔人：韩鸣飞）

如何看待近期城投债结构性“资产荒”现象*

2022年5月以来，新发行城投债出现了结构性的“资产荒”现象，一方面是市场对强区域、中高等级城投债的追逐不断加强，优质发行人的发行利率不断下降；另一方面市场资金也出现了一定的信用下沉，部分较弱资质城投新发债券也受到追捧。造成这种现象的原因在于阶段性供需失衡，在城投债供应偏紧而市场资金充裕的情况下，能够满足金融机构风险—收益匹配的城投债投资标的供不应求，这对信托公司开展城投债投资业务提出了更高要求。

一、近期城投债结构性“资产荒”现象及特征

（一）近期城投债认购倍数快速提升

2022年以来，国内结构性“资产荒”持续演绎，城投债稀缺性持续放大，5月城投债新发行认购倍数快速走高，且部分较弱资质城投债受到追捧。从披露认购倍数的样本城投债来看，根据华安证券统计，2022年以来整体平均认购倍数为1.33倍，其中1~4月平均认购倍数为1.22倍，5月平均认购倍数已升至2.61倍；从典型城投债来看，年内已有10只城投债认购倍数超过10倍，其中有5只发生在5月，当月江苏大丰海港控股集团有限公司发行的“22大丰海港CP002”、镇江交通产业集团有限公司发行的“22镇江交通MTN003”、兴化市城市建设投资有限公司发行的“22兴化城投SCP003”、泰州华信药业投资有限公司发行的“22泰华信CP001”等城投债的有效认购倍数均较高。

（二）近期城投债“资产荒”现象呈结构性分化特征

区域方面，2022年城投债发行延续了2021年以来的分化格局，江浙等强区域发行较多，5月一级发行、净融资规模等亦是如此，相对应地，强区域也保持了较低的发行成本和信用利差；信用等级方面，整体以AA+及以上中高信用等级为主；行政级别方面，整体以地市级和区县级为主，但省级平台数量占比也出现了增加的趋势。

二、造成近期城投债结构性“资产荒”现象的原因分析

（一）信贷需求仍然偏弱

信贷需求偏弱，主要是在实体经济融资需求不足和疫情冲击影响下，市场高息资

* 本文写于2022年6月16日。

产供给减少。

一是企业中长期贷款需求不足。从4月社融数据总量来看，当月社融增量为9 102亿元，不及预期，比上年同期少增9 468亿元，主要是人民币贷款少增较多的原因；从社融数据结构来看，企业中长期贷款偏弱，5月也并未显著改善。

二是土地信用派生能力下降。从住户贷款数据来看，自2月后，4月住户贷款再次增量为负，且下滑较多，尤其住户房贷同比少增较多。叠加4～5月疫情反复的影响，实体经济融资需求不足等导致市场难以提供较多高息资产的局面有所加剧。

（二）城投债供给大幅减少

5月城投债供给环比大幅减少（见图1），发行、偿还及净融资规模环比分别下降54.22%、41.00%和89.24%。整体来看，5月城投债供给显著下降。

一是由于城投债发行延续了2021年以来整体偏紧的监管基调。

二是由于在城投债一级发行热度攀升、信用利差整体下行的过程中，优质发行人主动取消发行以等待更低发行利率，也造成了供给的偏紧。

三是由于4月30日是年报发布截止日，4月30日后发债需要更新数据，多数城投尽量在4月30日之前发行债券，因此5月也是发债的传统“小月”。从近五年来看，5月均为年内发行最低月或仅高于春节当月的次低月。

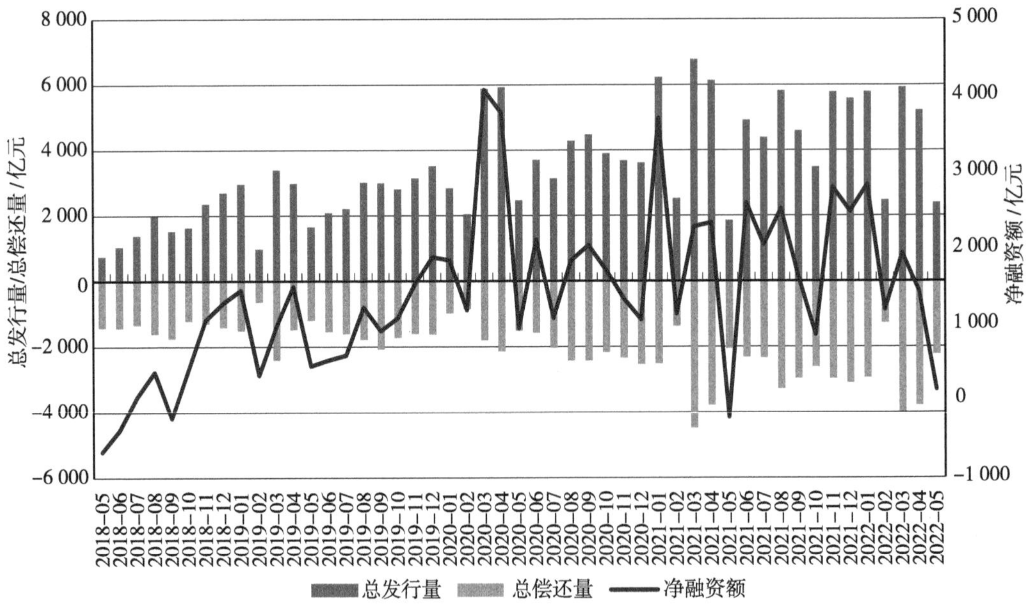

图1　城投债发行、偿还及净融资情况（2018年5月至2022年5月）

数据来源：Wind，中诚信托投资研究部整理。

（三）市场流动性较为充裕

一是从货币政策来看，市场目前仍处于“宽货币”周期之中，自2021年7月以来央行已实施了多种总量型和结构性货币政策工具。在总量型货币政策工具方面，央行已实施多次降息、降准，2022年5月，5年期LPR也超预期调低15个基点；结构性货币政策工具方面，央行已实行普惠小微贷款支持工具、支农支小再贷款等多类再贷款工具；央行还历史性地向中央财政上缴总额超过1万亿元的结存利润。

二是从银行间市场来看，5月资金面维持宽松，且以隔夜和7天回购为代表的短期资金利率在5月整体维持低位，市场资金利率中枢显著下移。

（四）信用债投资需求持续增加

信用债投资需求增加，主要是银行理财和债券型基金等典型资管产品的债券配置需求较大。以银行理财为例，银行理财规模较大，且大部分配置高等级信用债。《中国银行业理财市场年度报告（2021）》显示，截至2021年年底，银行理财规模余额达到29万亿元，同比增长12.1%，理财产品投资资产合计31.19万亿元，其中债券占比68.4%，债券资产中信用债占比70.9%。从评级来看，理财产品持有AA+及以上信用债占比84.05%。同时，工银理财、招商银行等也表示将加大低风险固收类产品的供给，加大低波动资产的配置等。以债券型基金为例，截至2022年4月末，我国开放式基金中债券型基金规模为4.22万亿元，环比增长0.81%，同比增长52.91%，环比和同比增速均超过公募基金整体情况。此外，根据国海证券统计，债券型基金规模持续扩张，截至2022年4月22日，基金资产净值已达到7.10万亿元，截至2021年末“固收+”基金也已达到2.49万亿元，较2020年末分别增长40.80%和80.60%。

（五）市场风险偏好下降

一是受经济增速放缓压力加大和权益市场大幅震荡的影响，2022年以来权益产品、雪球结构期权产品甚至“固收+”产品均表现不佳，但债券及债券基金表现较好，部分市场资金从权益资产及权益类产品撤出，流向债市及债券型基金。2022年以来，受市场增速放缓预期和市场流动性宽松的影响，市场利率不断下降，利率债、信用债中枢不断下降，短端下行更为显著，纯债基金实现一定增长，尤其是信用债基金表现较好，仅4月便平均实现0.50%的增长。与此同时，部分领域的信用债风险有所抬升，例如，2022年以来地产债违约事件较2021年愈演愈烈，而城投债至今仍尚无实质违约案例，安全性相对较高。

二是城投债的安全边际相对提高。一方面，2022年以来持续推进的城投反腐，包括多个城市的多位城投高管被查，以及多地推进融资中介领域违规获利追缴专项行动，其中也涉及了对城投违规举债进行问责。另一方面，《中国人民银行、国家外汇管理局关于做好疫情防控和经济社会发展金融服务的通知》（以下简称《通知》）明确支持城投合理融资需求、稳增长下城投重要性提升等，也进一步提高了城投债的安全边际。第二季度以来，市场预期将对城投债趋于放松，首先是基于《通知》，明确提出“要在风险可控、依法合规的前提下，按市场化原则保障融资平台公司合理融资需求，不得盲目抽贷、压贷或停贷，保障在建项目顺利实施”。其次是基于2022年以来在此轮疫情反复的冲击、叠加俄乌冲突和美联储政策快速收紧等多因素影响下，我国经济增速放缓压力进一步加大，5月以来，在稳增长政策持续加码的情况下，基建托底经济的预期也进一步强化了“城投信仰”。

三、对信托公司债券投资业务的影响

预计未来一段时间，债券市场对城投债的结构性抢配仍将持续。信托公司作为重要的债券市场投资者，其相关业务开展将会受到一定影响，应重点关注以下两个方面。

第一，要重点关注信用债供需的边际变化，及时调整配置策略。本轮信用债结构性“资产荒”是供需失衡的结果，那么后续城投债的供给、其他信用债的供给甚至权益市场的变化都会对城投债的供需情况施加影响。一是关注城投债发行是否会有大幅放松。市场认为《通知》或预示城投融资政策的边际放松，但2022年以来仍然有相关政策要求遏制新增隐债，且财政部近期集中通报8起典型债务违规案例及问责情况，因此，仍建议边走边看，对城投融资监管政策保持持续关注。二是关注其他信用债品种的供给情况，如金融债、高等级产业债等，如其供给规模增加，也会对城投债投资需求形成一定的挤占。三是关注市场风险偏好的变化。5月以来，权益市场阶段性见底，部分主题的个股也实现较大反弹，市场风险偏好可能会上升，如果部分资金从债市回流权益市场，那么市场对城投债的需求也会有一定程度的减少。

第二，应密切关注并防范城投债信用风险。一是要对城投债券投资的信用下沉保持审慎。本轮城投债“资产荒”中，部分机构或资金出现了一定的下沉，尤其是高认购倍数涉及的发行主体。参考2016年经验，一轮“资产荒”结束后，如再融资不畅，涉及过度融资的企业或过度下沉的个券容易出现信用风险。所以需密切关注后续城投融资政策的变化和对于弱区域甚至弱资质主体的支持政策，同时对城投债投资下沉保持审慎。二是受季末因素影响，市场可能会出现一定波动，也应密切关注城投债投资相关信用风险。6月进入季末，市场资金面较5月末可能会小幅偏紧，城投债供给也会环比上升，市场的供需矛盾可能出现一定程度的缓解。此外，已有机构预期目前已处于“资产荒”后期，如政策出现超预期调整，可能也会导致高估值债券的风险抬升。因此，近期建议采取中短久期防御底仓策略，下沉时需注意防范信用风险，如对估值不敏感的中长期资金也可选择到期收益率较高的中长期高等级信用债。

（执笔人：崔继培）

第二季度公募基金市场表现及展望*

第二季度以来，随着一系列稳定经济政策的出台实施，资本市场表现得以改善，公募基金净值得到修复，市场回暖，新发行基金规模迅速反弹。从业绩表现来看，股票型基金业绩大幅反弹，债券型基金表现稳健，商品型基金则见顶回落。展望下一阶段，股票型基金仍具备配置机会，纯债型基金和商品型基金配置性价比则有所降低，需密切关注市场走向并动态调整组合投资策略。

一、第二季度公募基金市场的总体特征

第二季度，公募基金总体规模延续稳步上升趋势，净值修复相对较快。季度末，随着市场回暖，新成立基金规模快速反弹，从结构来看，债券型新成立基金占比仍然较高，占比达87%。

（一）公募基金资产净值不断修复

截至6月30日，公募基金总体份额已达233 157.28亿份，同比、环比分别增长18.51%和1.83%；基金资产净值合计254 033.48亿元，同比、环比分别增长10.32%和1.67%，环比增长由负转正，基金数量达到9 841只（见图1）。从结构来看，股票型基金、混合型基金、债券型基金、货币市场基金资产净值占比分别为8.17%、21.02%、29.12%和39.40%，债券型基金占比持续上升，股票型基金和混合型基金占比则有所下降。季度末，随着股票市场回暖，市场流动性充裕、利率处于低位，公募基金整体净值有所修复。

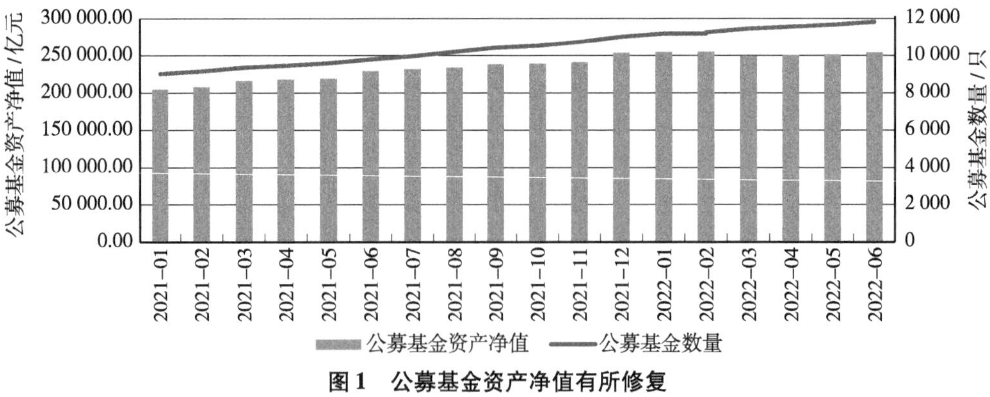

图1 公募基金资产净值有所修复

数据来源：Wind，中诚信托投资研究部整理。

* 本文写于2022年7月7日。

（二）新成立基金份额迅速反弹

截至6月30日，第二季度新成立公募基金4 096.71亿份，同比下降26.11%，环比增长49.61%。其中，6月成立规模为2 343.63亿份（见图2），占季度总发行规模的57.21%。5月中旬，随着国内疫情得到有效控制，复工复产持续推进，供应链持续修复，前期部分超跌赛道股大幅反弹，带动三大指数上行。股票市场情绪回暖，整体市场流动性充裕，利率处于低位，股票、债券等新成立基金份额迅速反弹。

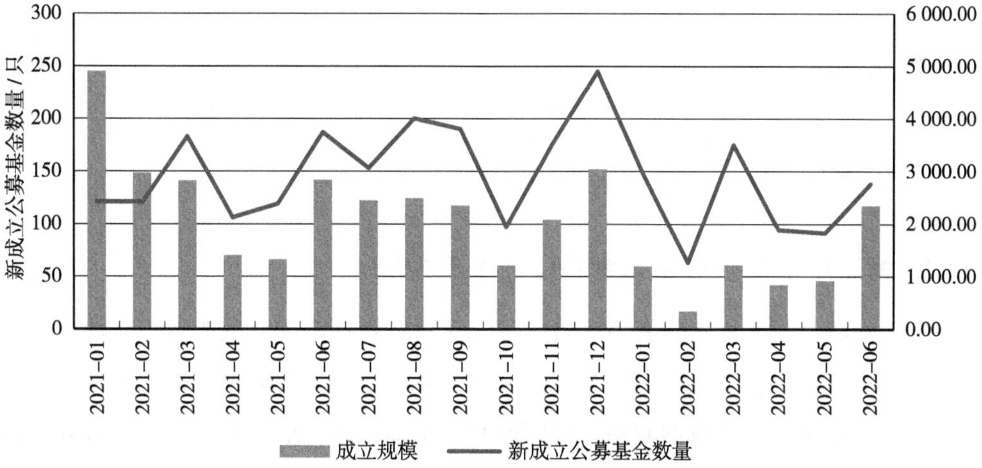

图2　新成立基金份额快速反弹

数据来源：Wind，中诚信托投资研究部整理。

（三）新成立债券型基金规模仍快速增长

从结构来看，新成立基金份额中，债券型基金占比由2022年年初的11.58%快速增长至6月末的87.04%，继续保持快速增长；混合型基金占比则由2022年年初的69.34%下降至6.98%，股票型基金占比则由9.82%进一步下降到3.61%（见图3）。2022年4月，央行降准0.25个百分点，释放至少5 000亿元的流动性；2022年5月，5年期以上LPR报价4.45%，首次出现15个基点的较大降幅，明显超出市场预期。叠加央行利润上缴、4 400亿元再贷款工具等，市场流动性较为充裕，市场利率处于低位，债券型基金发行占比不断跃升。不过，随着国内经济不断修复，市场利率最终将向政策利率回归，新发行债券型基金占比过高的情况不可持续。

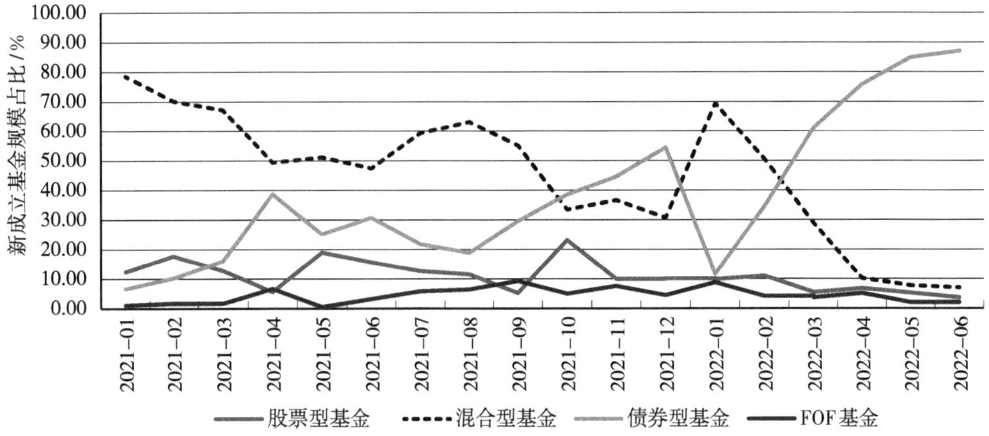

图3　新成立债券型基金规模占比快速提升

数据来源：Wind，中诚信托投资研究部整理。

二、第二季度各类公募基金的业绩表现情况

为便于比较，剔除因规模较小或运作时间较短对短期业绩产生的随机扰动，我们选择成立1年及以上，且规模达到5亿元以上的公募基金为基数进行业绩比较。从第二季度整体业绩来看，股票型基金、偏股型基金全面反弹，债券型基金表现较好，原油、黄金等涉及商品类的基金见顶回落。

（一）股票型基金全面反弹

从股票型基金情况来看，普通股票型基金近3个月实现正收益223只，占比超过90%，收益最高的为易方达消费行业，收益率为22.31%；偏股混合型基金实现正收益816只，占比为93.79%，收益最高的为信澳新能源精选，收益率为33.35%；灵活配置型基金实现正收益564只，占比为94.79%，收益最高的为汇添富盈鑫灵活配置A，收益率为32.66%。从收益较高的基金重仓持股来看，主要以新能源、消费等行业股票配置为主（见表1）。

表1　部分股票型基金表现

基金简称	近3个月总回报	近1年总回报	成立以来总回报	成立日期	基金类型
易方达消费行业	22.31%	-14.32%	341.40%	2010-08-20	普通股票型基金
交银消费新驱动	21.58%	-11.59%	212.33%	2015-07-01	普通股票型基金
信澳新能源精选	33.35%	52.77%	64.64%	2021-05-25	偏股混合型基金
银河和美生活A	26.14%	20.07%	122.44%	2018-11-22	偏股混合型基金

续表

基金简称	近3个月总回报	近1年总回报	成立以来总回报	成立日期	基金类型
易方达远见成长A	24.30%	5.34%	9.93%	2021-03-05	偏股混合型基金
海富通股票	24.16%	13.44%	554.26%	2005-07-29	偏股混合型基金
汇添富盈鑫灵活配置A	32.66%	1.69%	110.40%	2016-03-11	灵活配置型基金
新华鑫动力A	26.21%	13.31%	236.81%	2016-06-08	灵活配置型基金
易方达环保主题	24.17%	28.66%	348.00%	2017-06-02	灵活配置型基金
银华智荟内在价值	23.80%	20.98%	163.84%	2017-09-28	灵活配置型基金

数据来源：Wind，中诚信托投资研究部整理。

（二）赛道类被动指数型基金表现较好

从被动指数型基金的情况来看，汽车、新能源和消费类指数基金表现较好，近3个月实现正收益285只，占比为79.61%。其中，排名靠前的广发中证全指汽车A、鹏华中证酒ETF、天弘中证光伏产业ETF主要涉及行业均为汽车、消费、新能源等行业（见表2）。

表2 部分被动指数型基金表现

基金简称	近3个月总回报	近1年总回报	成立以来总回报	成立日期	基金类型
广发中证全指汽车A	34.27%	4.79%	58.41%	2017-07-31	被动指数型基金
鹏华中证酒ETF	26.53%	-10.84%	153.70%	2019-04-04	被动指数型基金
招商中证白酒A	25.79%	-7.90%	419.47%	2015-05-27	被动指数型基金
华夏中证细分食品饮料产业主题ETF	22.81%	-10.10%	-15.30%	2020-12-30	被动指数型基金
华宝中证细分食品饮料产业主题ETF	22.61%	-9.15%	-12.10%	2020-12-24	被动指数型基金
广发国证新能源车电池ETF	21.49%	15.00%	26.40%	2021-06-15	被动指数型基金
华夏中证新能源汽车ETF	21.14%	11.45%	135.89%	2020-02-20	被动指数型基金
华安中证新能源汽车ETF	21.09%	12.82%	46.61%	2021-02-03	被动指数型基金

续表

基金简称	近3个月总回报	近1年总回报	成立以来总回报	成立日期	基金类型
平安中证新能源汽车产业ETF	20.86%	12.14%	204.45%	2019-12-31	被动指数型基金
天弘中证光伏产业ETF	20.70%	27.38%	41.55%	2021-02-04	被动指数型基金

数据来源：Wind，中诚信托投资研究部整理。

（三）债券型基金整体表现稳健

从债券型基金来看，中长期纯债型基金近3个月实现正收益1 080只，占比达到99.81%，收益最高的为东兴兴瑞一年定开A，收益率达2.73%；偏债混合型基金实现正收益279只，占比达到98.24%，收益最高的为太平睿安A，收益率达8.81%；混合债券型一级基金实现正收益226只，占比达到98.69%，收益最高的天弘添利C，收益率为6.56%；混合债券型二级基金实现正收益215只，占比达到97.29%，收益最高的金鹰元丰A，收益率为10.53%（见表3）。

表3　部分债券型基金表现

基金简称	近3个月总回报	近1年总回报	成立以来总回报	成立日期	基金类型
金鹰元丰A	10.53%	11.22%	75.67%	2017-09-20	混合债券型二级基金
浙商丰利增强	10.02%	20.89%	98.68%	2018-08-28	混合债券型二级基金
华商信用增强A	8.77%	16.16%	43.80%	2015-09-08	混合债券型二级基金
太平睿安A	8.81%	-0.93%	6.45%	2020-11-10	偏债混合型基金
国富中国收益	7.80%	-0.29%	745.65%	2005-06-01	偏债混合型基金
易方达鑫转增利A	7.43%	18.23%	118.27%	2018-11-07	偏债混合型基金
天弘添利C	6.56%	21.85%	69.93%	2015-12-03	混合债券型一级基金
诺安优化收益	4.37%	9.94%	226.17%	2006-07-17	混合债券型一级基金
东兴兴瑞一年定开A	2.73%	8.81%	18.47%	2019-09-06	中长期纯债型基金
泰达宏利泽利3个月	2.58%	5.02%	14.23%	2018-09-20	中长期纯债型基金

数据来源：Wind，中诚信托投资研究部整理。

（四）商品型基金见顶回落

第二季度，由于通胀高企，欧美等发达国家受高通胀困扰，货币政策持续收紧。

美联储6月加息75个基点，加息幅度为1994年以来最大，美元指数持续走强，10年期美债收益率一度超过3.5%；欧洲央行也将在7月停止资产购买，并在7月加息25个基点，这是欧洲央行11年来首次宣布加息。受发达经济体货币政策收缩影响，市场担忧全球经济衰退，美元走强，大宗商品价格回落，原油价格则受供给因素影响，高位震荡。受此影响，黄金等商品型基金见顶回落。其中，大成有色金属期货ETF近3个月跌幅达15.91%垫底（见表4）。

表4　部分商品类基金表现

基金简称	近3个月总回报	近1年总回报	成立以来总回报	成立日期	基金类型
华安黄金ETF	-0.74%	6.52%	44.03%	2013-07-18	商品型基金
博时黄金ETF	-0.76%	6.50%	49.72%	2014-08-13	商品型基金
易方达黄金ETF	-0.76%	6.41%	53.94%	2013-11-29	商品型基金
国泰黄金ETF	-0.77%	6.40%	42.72%	2013-07-18	商品型基金
建信易盛郑商所能源化工期货ETF	-4.47%	29.83%	64.70%	2019-12-13	商品型基金
国投瑞银白银期货	-11.72%	-23.40%	-35.20%	2015-08-06	商品型基金
大成有色金属期货ETF	-15.91%	7.00%	44.12%	2019-10-24	商品型基金

数据来源：Wind，中诚信托投资研究部整理。

三、下一阶段公募基金市场展望

当前，国内经济触底回升，利率仍处于低位，由疫情导致的A股市场超跌已基本得到修复，预计市场将进入休整阶段。从组合投资策略来看，股票型基金仍具备投资机会，纯债型基金和商品型基金性价比回落。

（一）预计下一阶段市场将进入休整阶段

4月26日至7月1日，上证综指、深证成指和创业板指涨幅分别为16.24%、24.99%和30.25%，反弹已较为充分（见表5）。7~8月为上市公司业绩披露期，市场对第二季度盈利受损已有预期。但考虑到当前利率处于低位、疫情扰动、海外加息、全球经济可能衰退等多重因素制约，整体经济复苏幅度尚不清晰。此外，随着经济逐步修复，监管部门的政策态度也将是影响第三季度市场走向的重要因素。综合来看，7~8月股票、债券市场都将可能进入休整阶段。

表5　4月26日至7月1日A股市场表现

指数	收盘价	4月26日至7月1日涨跌幅	1月1日至7月1日	7月1日滚动市盈率
上证综指	3 404.03	16.24%	-7.81%	13.27
深证成指	12 973.11	24.99%	-13.77%	29.01
沪深300	4 489.54	17.68%	-10.45%	13.00
创业板指	2 825.13	30.25%	-15.65%	56.94
科创50	1 090.93	23.37%	-21.20%	44.39

数据来源：Wind，中诚信托投资研究部整理。

（二）股票型基金仍有投资机会

随着疫情得到有效控制，物流等情况好转，产业链、供应链不断得到修复。根据Wind数据显示，6月制造业PMI重回荣枯线以上，供给端的生产、采购，需求端的订单、出口订单均上行明显；中小企业情况有明显好转，6月财新制造业PMI为51.7，3月以来首次高于荣枯线；此外，受疫情影响的服务业PMI快速反弹。总的来看，市场环境较为友好，新能源、汽车和消费等行业“利空出尽”，估值快速修复。从行业来看，农林牧渔、电力设备、环保等行业估值处于历史较高位置，而电子、商贸零售等仍处于历史低位，各行业后续业绩表现将取决于盈利和政策的兑现能力。

（三）纯债型基金和商品型基金投资价值或有回落

当前，DR007和10年期国债收益率仍处于较低的水平，信用债收益率和信用利差均处于历史低位，利率债各期限收益率也处于较低位置。央行7月5日开展30亿元7天期逆回购操作，不排除向市场传递市场利率向正常利率回归的政策信号；在美联储加息、缩表周期下，美元走强，全球经济衰退担忧加剧，铜等大宗商品价格见顶回落。综合来看，纯债型基金和商品型基金配置性价比回落，可适度增配混合债券型基金。

（执笔人：杨晓东）

全球通胀持续走高对信托资产配置策略的影响*

自2021年年中以来，欧美等主要经济体通货膨胀持续提高，发达经济体货币政策收缩节奏加快，金融市场对全球经济衰退的担忧加剧。在此情况下，国内经济稳增长的压力增大，政策整体仍将保持适度宽松。信托市场的资产配置策略也将受到宽松政策环境的影响，对此应保持高度关注。

一、当前全球通胀持续走高的表现及原因

受发达经济体激进的财政刺激、供需缺位和俄乌冲突等因素影响，全球主要国家通胀持续走高。短期内，全球通胀走高难以消退。

（一）全球主要国家通胀持续走高

2021年年中以来，美欧等全球主要国家通胀屡创历史新高。美国劳工部公布的最新数据显示，美国6月CPI同比增长9.1%，创1981年以来最大涨幅；环比增长1.3%，创2005年以来最高纪录，同比增长9.1%。欧元区调和CPI在5月同比上升8.1%后，6月继续同比上升8.6%，创历史最高水平。欧元区6月通胀最严重的国家是爱沙尼亚，年化通胀率达到22%，其次为立陶宛，达到20.5%，拉脱维亚以19.2%排在第三位。此外，土耳其、阿根廷等部分新兴市场国家通胀率更是高达78.62%和64%（见图1）。

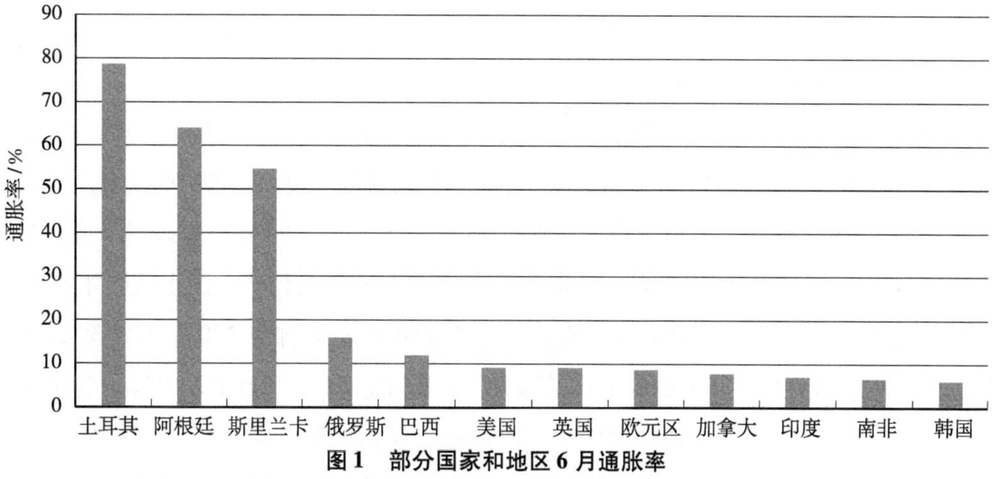

图1　部分国家和地区6月通胀率

数据来源：Wind，中诚信托投资研究部整理。

---

* 本文写于2022年7月28日。

（二）货币超发是此次通货膨胀的根本原因

2008年以来，为摆脱经济衰退的泥潭，美欧等发达国家实施量化宽松政策大量超发货币，疫情进一步加剧了其货币扩张。以美联储为例，根据Wind数据统计，2008年资产负债表规模为9 000亿美元左右，而2022年则为9万亿美元，14年间扩大至10倍。疫情防控期间，美国实施了激进的财政扩张政策以刺激有效需求，而因疫情引发的供应链中断则造成供需缺口，引发通胀攀升。在应对通胀的初期，欧美央行政策反应不足，美联储政策多次强调通胀是一次性的、短期的价格指数上涨。俄乌冲突后，能源、食品价格暴涨，进一步加剧了其通胀压力。

（三）通货膨胀短期内难以消退

短期内，本轮由原油和粮食价格上涨推动的通货膨胀持续时间将取决于俄乌冲突的持续时间。乌克兰是全球重要的谷物（玉米、小麦）与有色金属（铝、镍、钯金、铂金）的出口国，俄罗斯则是全球原油和天然气的主要供应国，在石油输出国组织（Organization of the Petroleum Exporting Countries，OPEC）不增产的情况下，原油价格仍将维持在高位。从长期来看，美联储滥用美元信用超发货币的局面难以改变，美元流动性泛滥导致通胀高企的事件仍将会发生。俄乌冲突后，美元的国际地位受到挑战，部分国家绕过美元直接进行贸易结算，但美元在当前货币体系中的核心地位短期难以撼动。

二、应对全球通胀持续走高的主要政策及影响

在高通胀压力下，主要发达经济体纷纷开启货币收缩进程，若通胀持续保持在高位，加息将更加激进，这也加剧了市场对全球经济衰退和债务危机的担忧。

（一）发达经济体加大货币收缩力度

为应对持续走高的通货膨胀，全球发达经济体加速货币政策收缩。根据Wind数据显示，美联储自2021年11月宣布启动Taper（缩减购债规模），2022年以来，美联储已累计加息150个基点，6月更是激进加息75个基点，创1994年以来最高纪录。在高通胀压力下，7月美联储连续第二次加息75个基点；欧洲央行7月停止购债并加息50个基点，这是其11年来首次加息；此外，加拿大央行宣布加息100个基点至2.5%，并强调未来有必要进一步上调利率；韩国央行宣布加息50个基点至2.25%，为史上首次加息50个基点，同时也是首次连续三次加息；新西兰联储宣布将基准利率上调50个基点至2.5%，为2022年以来第三次加息50个基点，也是连续第六次加息。

（二）全球经济衰退担忧不断加剧

虽然欧美央行开启激进加息进程，但通胀水平并未有明显的降低，市场对全球经

济衰退的担忧不断加剧，欧美股市大幅回落。回顾美联储加息历史，自 20 世纪 50 年代以来，美联储经历过 12 轮大的货币紧缩周期，其中有 9 轮以经济衰退落幕。IMF 已在 1 月将 2022 年全球经济增速预测值下调了 0.5 个百分点至 4.4%，4 月再次下调至 3.6%，并将于近期进行第三次下调。从大宗商品市场来看，铜、铝等工业金属早已见顶，伦敦金属交易所（London Metal Exchange，LME）铜从高点跌超 30%，跌幅较大（见图 2）。①

（三）部分国家可能会爆发债务危机

由于美联储加息及市场对全球经济衰退担忧的加剧，所以市场资金抛售黄金及风险资产，并买入美元避险，美元指数持续走高。美元超发时，大量美元流入高负债发展的新兴市场国家，在美元流动性收缩阶段，这些国家将成为首当其冲的受害者。根据 IMF 和世界银行等机构的综合数据，阿根廷、土耳其、斯里兰卡、巴西、巴基斯坦、马来西亚、埃及、印度尼西亚、墨西哥、黎巴嫩、印度、越南、尼泊尔、缅甸、蒙古国、泰国、秘鲁等至少 17 国或都已陷入美元债务陷阱。近期已向 IMF 求援的国家包括斯里兰卡、巴基斯坦、加纳、坦桑尼亚、赞比亚、埃塞俄比亚等。

三、对信托资产配置策略的影响及应对

从国内来看，全球货币政策收缩节奏加快，外部环境更加复杂，稳增长压力增大，政策整体仍将保持适度宽松。从配置策略来看，权益类资产仍具备配置机会，黄金则可能会出现配置机会。

（一）资产配置的政策环境仍将保持适度宽松

对中国而言，在全球通胀走高的背景下，经济增长面临的外部环境更加复杂。中国经济基本面虽然较为稳固，所受影响较小，但若发生区域性的金融风险，也难免会受到波及。以日元贬值期间亚洲国家货币表现为例，日元贬值带动亚洲主要国家货币汇率出现较大幅度下降，其中印度卢比兑美元创出历史新低，韩元汇率达到 13 年以来的最低位置，菲律宾比索汇率跌至 16 年来的最低点。此外，全球需求放缓态势可能会逐步显现，出口增速可能逐步回落。因而，当前国内经济复苏基础仍不稳固，适度宽松政策环境仍将持续。

（二）权益类资产仍具备一定的配置机会

经过 6 月的反弹，7 月权益类资产进入调整区间。当前处于中报披露的窗口期，市场资金趋于谨慎并未有明确的交易方向。不过，随着大宗商品价格的下降，重点产

---

① 数据来源：Wind，中诚信托投资研究部整理。

业链、供应链逐步畅通稳定，保供稳价政策效果继续显现，中游制造行业盈利有望改善；在动态清零的方针下，加强提振消费复苏力度也将对稳增长产生积极的作用等。中报持续高景气和出现拐点的行业依然是最重要的配置线索，建议对医药、先进制造、消费三条主线进行适度配置。

（三）纯债型资产配置价值有所下降

虽然当前长短期利率仍然处于低位，但央行自7月4日起，连续开展30亿元7天期逆回购操作，进一步加剧了市场对货币政策微调和资金利率回归政策利率的担忧。第二季度局地疫情进入收尾阶段，第三季度国民经济进入疫后修复和巩固阶段，非常时期的货币政策最终仍将向常规模式切换，纯债配置价值有所下降。

（四）黄金可能会出现配置机会

美联储6月的利率点阵图显示，年内还有175个基点的加息空间。7月加息75个基点后，9月、11月和12月三次议息会议还有100个基点的空间，加息压力已经大大消除。从市场预期来看，美国经济在2023年可能会有一定的衰退，美元走强的压力有望逐步缓解。当前金价受美元走强影响，回落的情况会出现扭转，黄金可能会出现配置机会。

（执笔人：杨晓东）

央行降息对房地产市场的影响*

近期央行 MLF 利率调降意味着 8 月 20 日 LPR 报价将会下调，宽信用仍是当前货币政策的重点。从影响来看，LPR 下调有助于降低房地产风险化解成本和购房者的利息负担，缓解房地产行业的流动性冲击，有助于房地产市场复苏。在市场化原则下，信托公司需积极参与市场化风险处置，缓解经营压力，主动调整房地产业务发展模式。

一、央行降息已具备一定条件

当前，主要经济数据恢复有所放缓，经济仍处于恢复关键期，中美货币政策背离和通胀走高并未成为货币政策的约束，宽信用仍是当前的重点，央行降息已具备一定条件。8 月 15 日 MLF 降息后，1 年期和 5 年期 LPR 调降 10 个基点的可能性较大。

（一）当前经济仍处于恢复关键期

从国家统计局公布的数据来看，7 月经济恢复的势头有所放缓。其中，规模以上工业增加值、固定资产投资、社会消费品零售同比增速均出现回落。在固定资产投资中，基础设施建设投资增速保持平稳，制造业增速有所回落，房地产开发投资则下降了 6.4%，疫情暴发以来再次走弱；消费同比增长 2.7%，较 6 月下降了 0.4 个百分点；经济增长的“三驾马车”中，仅出口维持了较高的增长。当前国内经济恢复基础尚不牢固，第三季度是经济恢复关键期，仅靠基建投资和消费可能难以对冲地产投资下降造成的负面影响。

（二）降息有助于降低融资成本

虽然面临中美货币政策背离和国内通胀数据走高的约束，但并未改变宽信用的政策路径，“引导金融机构增加对实体经济的贷款投放，保持贷款持续平稳增长”仍是央行当前主要工作任务。央行在《2022 年第二季度中国货币政策执行报告》中表示，当前经济恢复基础尚不稳固，将继续“加大稳健货币政策实施力度”，包括兼顾短期和长期、经济增长和物价稳定、内部均衡和外部均衡，坚持不搞“大水漫灌”，不超发货币，这与政治局的精神一脉相承，降准的概率不大。同时加大对企业的信贷支持，

---

* 本文写于 2022 年 8 月 18 日。

用好政策性金融工具，重点发力支持基础设施领域建设，表明基建领域仍是宽信用、稳增长的抓手。而在房地产方面，牢牢坚持“房住不炒”定位，支持刚性和改善性住房需求。不过，从央行7月数据来看，社融规模增量为7 561亿元，创6年新低，比上年同期少3 191亿元。其中，7月人民币贷款增加6 790亿元，同比少增4 042亿元。M2则同比增长12%，与社融剪刀差走阔，实体经济信贷需求走弱，LPR降息将有助于降低实体经济融资成本，刺激融资需求。

（三）8月LPR报价降息概率较大

当前市场流动性充裕，6月超储率为1.5%，高于2021年同期1.2%的水平。从资金市场价格来看，资金在银行间体系淤积，长短期利率处于较低区域，金融机构加杠杆行为提升，银行间质押式回购规模一度超过了7万亿元。8月15日，央行进行了4 000亿元MLF缩量续作及20亿元公开市场逆回购操作，且中标利率均下降10个基点。MLF缩量续作，一方面考虑财政资金下发，另一方面也在尽量避免资金空转。中标利率均下降则意味着银行资金成本的降低，8月LPR降息概率较大。以往MLF下降10个基点，对应1年期LPR下降10个基点，5年期LPR下降5个基点。但考虑到房地产贷款需求持续不振，5年期LPR也存在降低10个基点的可能。

二、降息有助于房地产市场复苏

房地产市场复苏不及预期，宽松的政策环境有助于市场复苏。央行降息后，可降低房地产风险化解成本和居民利息负担，缓解房地产行业流动性困境。

（一）房地产市场复苏不及预期

2022年上半年GDP同比增长2.5%，投资、出口对经济拉动的效果较为明显，但居民服务消费、地产相关服务仍然偏弱。第二季度经济顶住压力实现正增长，但整体数据低于市场预期，是全年数据的底部。虽然出口数据维持高位，但受高基数影响，有走弱的可能，全年实现5.5%的增长目标具有一定的难度。在疫情扰动的背景下，房地产市场风险化解和改善有助于经济增长的边际改善。此前，为降低企业和居民贷款利率，加强房地产链条的宽信用传导，5月20日，5年期LPR下调15个基点至4.45%。不过，在多重因素影响下，房地产市场复苏不及预期，7月金融数据总量和结构均表现欠佳，政策力度进一步加码，宽松的政策环境有助于房地产市场复苏。

（二）降息有助于降低房地产风险化解成本

在“房住不炒”的定位下，坚持市场化的方法化解房地产市场风险仍是主要的政策思路。3月以来，国务院金融稳定发展委员会指出，要及时研究和提出有力有效的防范化解风险应对方案，提出向新发展模式转型的配套措施。中国银保监会①提出鼓励机构稳妥有序开展并购贷款，重点支持优质房企兼并收购困难房企优质项目等政策措施。资本市场也陆续引入 CDS② 或 CRMW③ 等信用保护工具，缓解房地产企业资金困境。在坚持市场化的原则下，纾困基金、项目并购、破产重组均是可选项。央行降息后，社会资金参与房地产纾困的成本降低，提高参与机构的积极性。

（三）降息有助于降低居民利息负担

2017 年以来，多地首套房贷利率基本保持在 5% 以上的水平，2021 年受房地产贷款集中度管理制度的影响，部分地区房贷达到 6% 以上。不过，从居民部门杠杆率来看，基本陷于停滞，居民信用扩张意愿不足。究其原因，一是疫情的扰动，居民收入预期下降，预防性需求提升，投资性需求下降；二是房地产价格回调，房价永远上涨预期打破，居民房地产支出意愿下降；三是理财收益率下降，部分居民选择提前偿还房贷以降低杠杆水平。根据华创证券的测算，居民购房贷款增长第一季度同比少增 7 000 亿元，第二季度同比少增 8 000 亿元。在“房住不炒”的定位下，降息有助于降低刚性需求和改善性需求的利息负担，缓解“预期减弱”与“需收紧缩”对房地产行业的冲击。

三、降息后信托公司房地产业务的应对

在“房住不炒”的定位下，当前政策是前期政策的纠偏。信托公司需积极参与房地产市场化风险处置，缓解经营压力，并持续调整业务发展模式。央行降息也并非意味着房地产调控政策的放松，政策效果仍需进一步观察。

（一）积极参与市场化风险处置

受房地产市场风险的影响，部分信托公司业绩出现下滑，经营业绩受到影响。根据中诚信托的统计，部分信托公司 2022 年上半年的信用风险资产损失计提规模较大，仅上半年，5 家信托公司计提信用减值损失甚至达到 5 亿元以上，对业绩影响非常显著。在市场化的原则下，信托公司需积极参与房地产市场风险处置，积极尝试债转股、并购、引入 AMC④ 机构等方式，缓解经营压力。

（二）主动调整房地产业务发展模式

受 2021 年以来房地产市场变化影响，信托公司房地产信托业务快速下滑。根据用

① 2023 年 5 月，国家金融监督管理总局正式揭牌，中国银行保险监督管理委员会（中国银保监会）正式退出历史舞台。因本书成文时中国银保监会未撤销，故行文保留原名。全书同。

② CDS 全称为 Credit Default Swap，即“信用违约互换”。

③ CRMW 全称为 Credit Risk Mitigation Warrant，即“信用风险缓释凭证”。

④ AMC 全称为 Asset Management Companies，即“资产管理公司”。

益信托网数据，上半年信托公司主动减少了对民营房企的融资，房地产类集合信托产品成立规模合计606.5亿元，较上年同期下降了82.45%。当前，传统的“高负债、高杠杆、高周转”的房地产开发经营模式已不可持续，信托公司需主动调整房地产业务发展模式，积极参与保障性住房、城市更新、老旧社区改造等。

（三）房地产调控政策难以大幅放松

在“房住不炒”的定位下，各地因城施策放宽调控措施，主要是政策纠偏。后续仍将有支持性的政策出台，但调控政策难以大幅放松。以房贷利率为例，2018年前，房贷利率约比全社会贷款加权利率低50个基点左右，若此次下调至4.25%，也仅比全社会贷款加权利率低约15个基点，远不及宽松时期80~90个基点的水准。疫情虽然对地产市场造成了短期冲击，不过在老龄化背景下，人口结构调整，城镇适龄购房人群的增长速率近几年或呈现放缓态势。作为曾经的核心业务，信托公司仍需转变发展理念和业务模式，不断推进业务转型发展。

（执笔人：杨晓东）

从上市公司中报看资产配置策略的调整*

2022 年上半年，A 股上市公司盈利整体下滑。不过，随着需求的改善和大宗商品价格回落，下半年上市公司盈利迎来拐点的可能性较大。当前 A 股市场调整主要受美元流动性收缩扰动，在盈利改善的预期下，权益类资产存在配置机会。

一、上半年上市公司盈利有所下滑

上半年，受疫情和大宗商品价格上行等因素影响，A 股上市公司整体盈利下滑，但创业板业绩持续改善。

（一）A 股上市公司盈利仍处于下滑区间

根据 Wind 数据，截至 2022 年 8 月 31 日，沪深两市 4 895 家上市公司中共有 4 869 家完成了中期业绩披露。数据显示，A 股上市公司盈利仍处于下滑区间。从营收情况来看，全 A、全 A（非金融）和全 A（非金融石油石化）上半年同比增速分别为 8.5%、9.9% 和 7.7%，增速回落至 2019 年末的水平。其中，第二季度营收同比增速分别为 6%、6.5% 和 4.5%，较第一季度的 11%、13.7% 和 11.3% 有所回落；从归母净利润来看，全 A、全 A（非金融）和全 A（非金融石油石化）上半年同比增速分别为 3.3%、4.6% 和 2.7%。其中，第二季度同比增速分别为 1.9%、-0.3% 和 -2%，较第一季度的 3.5%、8% 和 6.1%，增速由正转负。

（二）创业板业绩持续改善

从板块来看，原主板（剔除原中小板）第二季度增速由正转负，科创板单季业绩下滑较为明显，增速由第一季度的 31.6% 下滑至第二季度的 -15.1%。创业板业绩则持续改善，增速由第一季度的 -13.7%，第二季度逆势向上达到 12.6%。而在累计增速方面，创业板业绩也持续改善，降幅收窄至 -1.2%（见表 1）。

---

* 本文写于 2022 年 9 月 8 日。

表1　各板块利润同比增速

	2021年第二季度		2021年第三季度		2021年第四季度		2022年第一季度		2022年第二季度	
指标	累计	单季	累计	单季	累计	单季	累计	单季	累计	单季
原主板	45.30%	46.80%	28.10%	2.60%	22.00%	-3.00%	4.10%	4.10%	2.30%	46.80%
创业板	36.70%	3.70%	13.20%	-15.20%	34.90%	94.00%	-13.70%	-13.70%	-1.20%	3.70%
科创板	91.80%	63.50%	80.20%	30.00%	61.10%	31.00%	31.60%	31.60%	0.60%	63.50%

数据来源：Wind，中诚信托投资研究部整理。

（三）能源类行业盈利较为强劲

从行业来看，受大宗商品价格上涨等影响，通信、农林牧渔、煤炭、电力设备、有色金属等行业第二季度净利润增速分别达130%、123%、104%、96%和70%，涨幅靠前；基础化工、家用电器、食品饮料以及石油石化等行业也实现了正增长；而社会服务、综合、钢铁、房地产等行业盈利同比下滑严重，第二季度净利润下滑均超60%及以上（见表2）。

表2　各行业单季净利润同比增速

行业	2021年第二季度	2021年第三季度	2021年第四季度	2022年第一季度	2022年第二季度
农林牧渔	-116%	-175%	-423%	-185%	123%
综合	-26%	-120%	36%	-190%	-67%
通信	-41%	-14%	-1823%	24%	130%
电力设备	9%	31%	25%	46%	96%
非银金融	100%	-23%	10%	-36%	2%
计算机	-14%	-9%	-24%	-60%	-39%
公用事业	-18%	-71%	-376%	-27%	-8%
煤炭	70%	74%	128%	87%	104%
美容护理	-13%	-43%	235%	-19%	-6%
环保	2%	-2%	76%	-19%	-7%
轻工制造	40%	-11%	-100%	-44%	-32%
家用电器	9%	-12%	-16%	8%	12%
机械设备	2%	9%	-68%	-21%	-19%

续表

行业	2021年第二季度	2021年第三季度	2021年第四季度	2022年第一季度	2022年第二季度
银行	24%	14%	9%	8%	6%
社会服务	340%	-92%	-15%	-132%	-134%
食品饮料	5%	6%	3%	18%	9%
汽车	10%	-31%	-58%	-23%	-32%
建筑装饰	15%	10%	-53%	13%	1%
石油石化	927%	-39%	26%	22%	8%
传媒	37%	-16%	81%	-19%	-33%
建筑材料	5%	25%	-4%	-10%	-25%
商贸零售	-36%	-56%	-681%	-10%	-25%
国防军工	26%	12%	-7%	17%	1%
房地产	-13%	-50%	-141%	-36%	-60%
基础化工	172%	125%	102%	38%	14%
电子	88%	44%	283%	-6%	-32%
医药生物	20%	-2%	2 707%	27%	-6%
钢铁	235%	82%	-82%	-25%	-64%
纺织服饰	93%	36%	-81%	11%	-29%
有色金属	226%	119%	58%	112%	70%
交通运输	517%	77%	392%	51%	-42%

数据来源：Wind，方正证券研究所整理。

二、下半年上市公司出现盈利拐点的可能性较大

随着扩大需求政策不断落地，稳增长的经济基础不断得到巩固，出口仍将保持韧性，大宗商品价格回落则有助于缓解中下游行业盈利压力，A股上市公司下半年出现盈利拐点的可能性较大。

（一）扩大有效需求的政策逐步落地

上半年，居民消费低迷，房地产市场也出现不稳定的风险因素，叠加疫情冲击和能源价格走高的因素，中下游企业盈利空间不断受到挤压，上市公司整体企业盈利有所下滑。7月底的中共中央政治局会议强调，宏观政策要在扩大需求上积极作为。第

三季度是巩固经济恢复基础的关键时期，中华人民共和国国务院常务会议（以下简称国常会）陆续出台稳经济一揽子政策，要求接续政策细则9月上旬应出尽出，着力扩大有效需求，并通过专项债、政策性开发性金融工具支持基础设施，巩固稳增长的经济基础；在地产纾困方面，在“房住不炒”的定位下，以市场化的方法化解房地产市场风险取得一定的进展。同时，8月，5年期LPR下调15个基点，超出市场预期，政策力度支持较大。5年期LPR下调有助于降低房地产风险化解成本和购房者的利息负担，缓解房地产行业的流动性压力，有助于房地产市场复苏。

（二）出口仍将持续保持韧性

受发达国家货币政策收缩可能引发衰退的担忧，市场担忧出口增速将持续回落。从海关总署统计的数据来看，1～8月出口15.48万亿元，同比增长14.2%；其中，8月出口2.12万亿元，增长11.8%，增速虽有所回落，但仍保持韧性。从影响因素来看，一方面，全球能源价格走高，欧美国家能源、劳动力供应不足，中国制造业竞争优势不断凸显；另一方面，伴随美联储加息、美元走强，人民币兑美元汇率有所贬值，进一步增强了出口优势，出口仍保持一定的韧性。从出口的结构来看，汽车出口增速超过50%，产业升级的优势开始显现。

（三）大宗商品价格回落缓解中下游行业盈利压力

2022年以来，大宗商品价格剧烈波动。俄乌冲突后，受供给侧制约推动，大宗商品价格快速上行。4月以后，随着发达经济体货币政策收缩，全球经济增长前景恶化和美元走强使部分大宗商品价格持续下降。以伦敦金属交易所（London Metal Exchange，LME）铜为例，当前价格已较2月高点下降近30%。大宗商品价格下降，中下游行业盈利压力有所缓解。从8月PMI数据来看，中游装备制造景气度明显回升。其中，通用设备、专用设备、电气机械行业景气度分位值均位于80%以上。建筑产业链（黑色、非金属矿）、中游装备制造（通用、电气和计算机）、部分消费品行业（农副食品、汽车）环比改善较为明显。①

（四）疫情和高温等扰动因素逐步减弱

在疫情方面，2022年年初以来，受奥密克戎变异毒株的影响，国内疫情发生频次明显增加，感染人数快速增长，波及范围不断扩大，当前疫情仍呈点多、面广、频发的特点。尤其是4月疫情对长三角地区经济产生了严重冲击。在坚持“外防输入、内防反弹”总策略和“动态清零”总方针下，北京、上海等地当前虽仍有零星疫情，但

① 数据来源：Wind，中诚信托投资研究部整理。

整体可控。8 月受高温天气影响，川渝、浙江、安徽、江苏等多省市先后启动有序用电，叠加疫情扰动，生产指数能够实现持平，实际状况应该是略好于 7 月。随着高温天气消退，9 月经济可能会较 7 ~8 月边际修复。

三、当前权益类资产配置策略的调整

从资产配置策略来看，当前市场的调整主要是受美元流动性冲击影响，权益类资产存在配置机会。可重点关注产业机构升级板块、受益于大宗商品价格回落板块和出口替代板块等。

（一）权益类资产整体存在配置机会

2022 年 9 月，美联储缩表速度按照既定的日程翻倍，美元流动性收缩的效果逐步显现，全球主要金融资产出现下跌。9 月 7 日盘中，美元指数已突破 110，为 2002 年以来本轮高点，10 年期美债收益率则突破 3.35%。[①] 不过，国内货币政策“以我为主”，人民币对美元贬值幅度有限，当前 A 股的调整主要受美元流动性短期冲击影响。随着上市公司整体盈利能力的改善，权益类资产整体存在配置机会。

（二）关注产业机构升级板块

从上半年的情况来看，虽然经历了疫情冲击，但通信和电力设备等行业维持了较高的增长，汽车出口表现优异，国内产业结构升级的趋势逐步显现。在 2035 远景目标纲要的指导和 2060 年实现碳中和的目标下，新能源、中高端制造业、医药及医疗设备等产业具有长期向上的发展趋势。近期资本市场调整后，部分高估值赛道股有所回落，医药及医疗设备行业则处于低位。

（三）关注受益于大宗商品价格回落板块

根据市场机构的测算，如果大宗商品价格回落持续一段时间，A 股盈利往往会受益于成本端压力下降，从而实现毛利率提升；同时会引起产业链利润重新分配，利润向中下游转移的趋势较为明显。可重点关注以电力设备及新能源、汽车、机械为代表的中高端制造业等景气度上升和成本压力减轻的行业，以及家电、食品等强议价能力和原材料成本下降消费行业等。

（四）关注出口替代板块

欧洲年消耗的天然气 60% 源于进口，其中超过 30% 由俄罗斯供应。俄乌冲突后，俄罗斯以削减欧洲天然气供应应对欧美国家对其实施的制裁措施。受欧洲天然气供应

① 数据来源：Wind，中诚信托投资研究部整理。

不确定性影响，欧洲国家一方面面临天然气短缺危机，另一方面则需花费高昂价格进口液化天然气（Liquefied Natural Gas，LNG）。欧洲是重要的化工产品生产基地，随着冬季的来临，欧洲的维生素、聚氨酯的供应链或对全球相关产品的供应端形成较大冲击，可关注国内相关出口替代板块。

（执笔人：杨晓东）

第三季度公募基金市场表现及展望*

自第二季度末以来，受疫情、高温天气扰动和欧美央行激进加息等因素影响，资本市场再度调整，公募基金净值环比增速放缓，新成立基金份额增速有所下降。从业绩表现来看，股票型基金业绩整体回落，债券型基金表现稳健，商品型基金则持续回落。展望下一阶段，市场调整或将进入尾声，股票型基金具有一定配置机会，黄金类商品型基金投资价值有所提升，信托公司开展资产配置业务时需密切关注市场走向并动态调整组合投资策略。

一、第三季度公募基金市场的总体特征

整体来看，受内外部因素影响，资本市场再度调整，公募基金净值增速、新发基金规模均有所放缓。不过，从新发行基金结构来看，股票型基金热度有所升温，债券型基金占比则有所下降。

（一）公募基金资产净值环比增速放缓

截至9月30日，公募基金总体份额已达245 001.88亿份，同比、环比分别增长18.10%和2.10%；基金资产净值合计271 032.08亿元，同比、环比分别增长13.26%和1.65%，环比增长有所放缓，基金数量达到10 190只（见图1）。从结构来看，股票型基金、混合型基金、债券型基金、货币市场基金资产净值占比分别为8.51%、20.61%、29.56%和39.02%，股票型基金和债券型基金占比有所上升，货币基金占比则有所下降。第三季度，股票市场再度回调，市场热度有所消退，公募基金整体资产净值环比增速放缓。

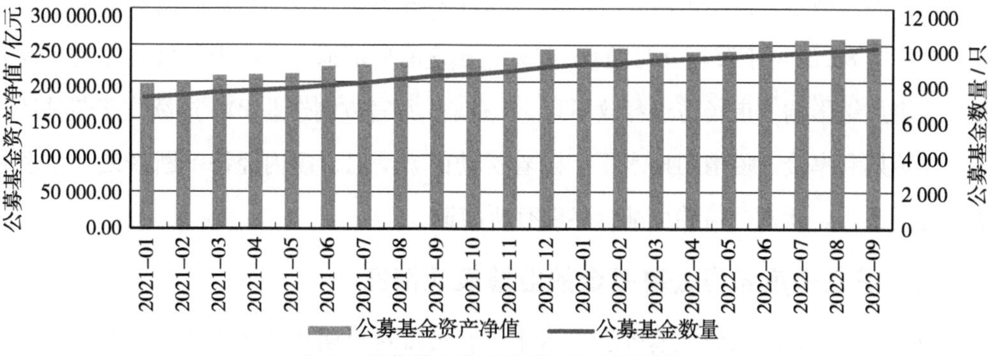

图1　公募基金资产净值环比增速放缓

数据来源：Wind，中诚信托投资研究部整理。

* 本文写于2022年10月13日。

（二）新成立基金份额增速放缓

截至9月30日，第三季度新成立公募基金4 358.71亿份，同比下降39.89%，环比增长6.02%，环比增速虽有所下降，但仍优于第一季度（见图2）。欧美等发达经济体受高通胀困扰，货币收缩力度增强，市场对全球经济衰退担忧不断加剧。美联储激进缩表引发美元指数创20年以来新高，全球资本市场大幅下挫，资金风险偏好下降，新发行基金规模环比回落。

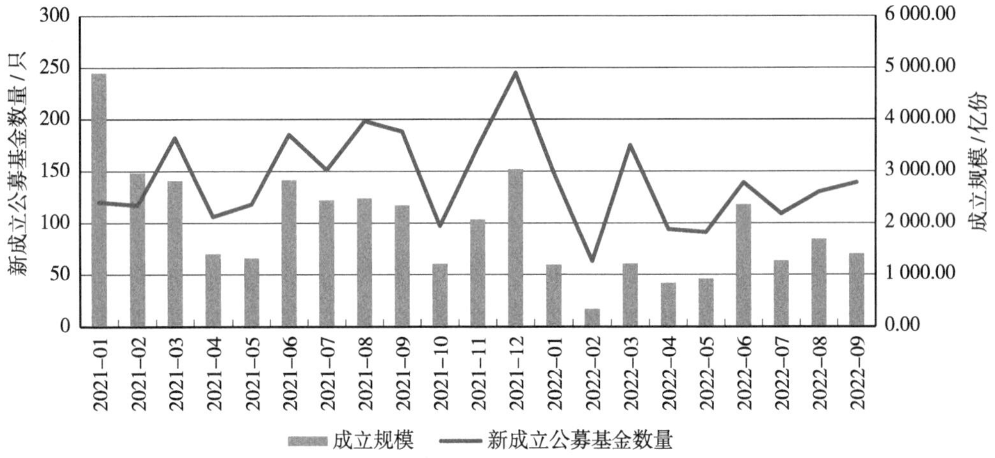

图2 新成立基金份额增速放缓

数据来源：Wind，中诚信托投资研究部整理。

（三）新成立股票型基金热度有所升温

从结构来看，新成立基金份额中，股票型基金占比由6月的4.20%快速上行至7月的40.37%，热度有所升温。不过，随着市场震荡加剧，9月占比再次下滑至9.42%；混合型基金占比也由6月的6.94%上行至9月的20.38%；债券型基金占比则由6月的86.51%下降至9月的65.83%，热度有所消退。受高温天气、疫情反复和地产销售放缓影响，市场需求释放不足，7月、8月官方制造业PMI连续位于荣枯线以下，长短期利率接近疫情初期水平。随着扰动因素消退，国内经济不断修复，市场利率已有所上行，新发行债券型基金热度有所消退。

二、第三季度各类公募基金的业绩表现情况

为便于比较，剔除因规模较小或运作时间较短对短期业绩产生的随机扰动，我们选择成立一年及以上，且规模达到5亿元以上的公募基金为基数，采取非合并口径进行业绩比较。从第三季度整体业绩来看，股票型基金、偏股型基金整体回落，中长期纯债型基金表现稳健，黄金等商品类的基金持续回落。

（一）股票型基金整体回落

从股票型基金情况来看，普通股票型基金近 3 个月实现正收益 4 只，占比为 1.5%，收益最高的为招商移动互联网 A，收益率为 4.81%；偏股混合型基金实现正收益 9 只，占比为 0.88%，收益最高的为万家精选 A，收益率为 9.23%；灵活配置型基金实现正收益 30 只，占比为 5.06%，收益最高的为万家宏观择时多策略，收益率为 10.37%（见表 1）。从收益较高的基金重仓持股来看，主要以煤炭、半导体等行业股票配置为主。

表 1　部分股票型基金表现

基金简称	近 3 个月总回报	近 2 年总回报	成立以来总回报	成立日期	基金类型
万家宏观择时多策略	10.37%	53.37%	117.19%	2017-03-30	灵活配置型基金
万家精选 A	9.23%	42.44%	284.21%	2009-05-18	偏股混合型基金
长城久嘉创新成长 A	7.60%	-5.80%	70.75%	2017-07-05	灵活配置型基金
易方达供给改革	6.24%	24.77%	189.24%	2017-01-25	灵活配置型基金
华夏核心制造 A	6.08%	-5.16%	-4.79%	2021-06-22	偏股混合型基金
招商移动互联网 A	4.81%	-5.28%	47.29%	2015-06-19	普通股票型基金
华泰柏瑞富利 A	4.05%	14.23%	84.01%	2017-09-12	灵活配置型基金
景顺长城沪港深精选	2.65%	0.06%	59.00%	2015-04-15	普通股票型基金
景顺长城价值领航 2 年持有期	2.43%	4.20%	36.86%	2020-03-23	偏股混合型基金
诺安优选回报	2.35%	14.80%	111.26%	2016-09-22	灵活配置型基金

资料来源：Wind，中诚信托投资研究部整理。

（二）被动指数型基金整体表现偏弱

从被动指数型基金的情况来看，整体表现偏弱，仅煤炭类指数基金表现较好，近 3 个月实现正收益 6 只，占比为 1.29%。其中，排名靠前的国泰中证煤炭 ETF、中融中证煤炭 A、富国中证煤炭 A 等均为煤炭行业指数基金（见表 2）。

表 2　部分被动指数型基金表现

基金简称	近 3 个月总回报	近 1 年总回报	成立以来总回报	成立日期	基金类型
国泰中证煤炭 ETF	4.75%	16.68%	170.75%	2020-01-20	被动指数型基金
中融中证煤炭 A	4.49%	17.52%	49.75%	2015-06-25	被动指数型基金

续表

基金简称	近3个月总回报	近1年总回报	成立以来总回报	成立日期	基金类型
富国中证煤炭A	4.30%	17.31%	48.75%	2015-06-19	被动指数型基金
国泰中证煤炭ETF联接A	4.12%	17.05%	159.31%	2020-01-16	被动指数型基金
招商中证煤炭A	-0.14%	9.05%	47.44%	2015-05-20	被动指数型基金
华泰柏瑞红利ETF	-0.36%	-1.49%	191.71%	2006-11-17	被动指数型基金
易方达中证红利ETF联接A	-2.18%	-2.70%	19.90%	2020-07-08	被动指数型基金
招商中证红利ETF	-2.23%	-1.52%	56.73%	2019-11-28	被动指数型基金
易方达中证红利ETF	-2.26%	-2.30%	37.04%	2019-11-26	被动指数型基金
大成中证红利A	-2.36%	-3.12%	131.65%	2010-02-02	被动指数型基金

资料来源：Wind，中诚信托投资研究部整理。

（三）债券型基金整体表现稳健

从债券型基金来看，中长期纯债型基金近3个月实现正收益1 142只，占比达到98.87%，收益最高的为平安惠智，收益率达3.48%；偏债混合型基金实现正收益18只，占比达到6.08%，收益最高的为华泰柏瑞恒利A，收益率达1.86%；混合债券型一级基金实现正收益203只，占比达到81.85%，收益最高的泰信周期回报，收益率为2.12%；混合债券型二级基金实现正收益40只，占比达到17.24%，收益最高的为新华鼎利A，收益率为2.15%（见表3）。

表3 部分债券型基金表现

基金简称	近3个月总回报	近1年总回报	成立以来总回报	成立日期	基金类型
平安惠智	3.48%	6.66%	10.87%	2020-04-24	中长期纯债型基金
平安惠融纯债	2.64%	6.37%	25.62%	2016-11-01	中长期纯债型基金
南方多元定开	2.53%	5.36%	31.15%	2016-09-29	中长期纯债型基金
蜂巢丰鑫纯债1年定开债	2.28%	7.13%	9.38%	2020-03-10	中长期纯债型基金
东方臻萃3个月定开债A	2.23%	8.22%	15.05%	2020-05-21	中长期纯债型基金

续表

基金简称	近3个月总回报	近1年总回报	成立以来总回报	成立日期	基金类型
东兴兴瑞1年定开A	2.23%	8.97%	21.11%	2019-09-06	中长期纯债型基金
东方臻宝纯债A	2.19%	7.09%	18.31%	2018-08-08	中长期纯债型基金
蜂巢添汇纯债A	2.17%	6.10%	13.04%	2019-08-12	中长期纯债型基金
新华鼎利A	2.15%	5.18%	14.27%	2019-06-12	混合债券型二级基金
泰信周期回报	2.12%	4.71%	73.97%	2011-02-09	混合债券型一级基金

资料来源：Wind，中诚信托投资研究部整理。

（四）黄金类商品型基金持续回落

第三季度，受持续高通胀影响，欧美等发达国家继续激进加息。美联储7月和9月议息会议分别加息75个基点，美元指数创近20年来新高，10年期美债收益率一度突破4%；欧洲央行于7月加息50个基点，首次结束自2014年6月以来的负利率，并于9月再次加息75个基点，创2002年实体欧元货币面世以来最大幅度加息。受发达国家激进收缩影响，黄金等商品型基金持续回落。其中，大成有色金属期货ETF联接C近3个月跌幅达11.21%垫底（见表4）。

表4　部分商品型基金表现

基金简称	近3个月总回报	近1年总回报	成立以来总回报	成立日期	基金类型
华安黄金ETF	-0.56%	7.14%	43.23%	2013-07-18	商品型基金
博时黄金ETF	-0.57%	7.11%	48.87%	2014-08-13	商品型基金
国泰黄金ETF	-0.58%	7.05%	41.90%	2013-07-18	商品型基金
易方达黄金ETF	-0.58%	7.04%	53.04%	2013-11-29	商品型基金
博时黄金ETF联接A	-0.59%	6.87%	34.65%	2016-05-27	商品型基金
华安易富黄金ETF联接A	-0.61%	6.95%	40.32%	2013-08-22	商品型基金
易方达黄金ETF联接A	-0.65%	6.76%	33.83%	2016-05-26	商品型基金
博时黄金ETF联接C	-0.68%	6.48%	31.56%	2016-05-27	商品型基金
华安易富黄金ETF联接C	-0.70%	6.58%	38.30%	2013-08-22	商品型基金
易方达黄金ETF联接C	-0.73%	6.39%	27.92%	2016-07-01	商品型基金
大成有色金属期货ETF	-1.19%	0.04%	42.40%	2019-10-24	商品型基金

续表

基金简称	近3个月总回报	近1年总回报	成立以来总回报	成立日期	基金类型
国投瑞银白银期货	-5.09%	-14.70%	-38.50%	2015-08-06	商品型基金
大成有色金属期货ETF联接C	-11.21%	-18.56%	-4.81%	2019-10-30	商品型基金

资料来源：Wind，中诚信托投资研究部整理。

三、下一阶段公募基金市场展望与策略建议

当前，国内稳增长蓄力，经济基本面不断改善，外部美联储加息或为强弩之末，预计第四季度市场调整将进入尾声。从组合投资策略来看，股票型基金具有一定配置机会，黄金类商品型基金投资价值有所提升。

（一）预计市场调整将接近尾声

央行在第三季度货币政策会议聚焦稳信贷，强调对基建与合理住房需求提供金融支持，并不断加码稳增长政策力度，通过下调房贷利率、重启PSL[①]投放、增加再贷款额度等加大对实体经济支持力度。央行数据显示，9月的社会融资规模增量达到3.53万亿元，比上年同期多6 245亿元。从政策效果来看，9月PMI为50.1%，重回扩张区间，第四季度有望持续改善。在外部环境方面，在全球经济衰退与货币收缩背景下，高通胀难以持续，美联储加息或为强弩之末。综合来看，随着国内经济基本面的不断改善，市场调整将接近尾声。

（二）股票型基金出现一定配置机会

受出口及PPI[②]数据的快速下降影响，第三季度股票市场整体表现低迷。其中，9月上证综指下跌5.55%，创业板指单月跌幅则达到了10.95%。从行业来看，受疫情扰动、高温天气限电等因素影响，31个申万行业中，仅煤炭行业第三季度实现了正增长，但涨幅仅为0.97%。从估值的情况来看，当前股票市场具有较好的投资性价比。截至10月11日，全A市盈率为15.99，位于18.75%的历史分位水平；创业板指市盈率为43.02，处于27.01%历史分位水平（见表5）。从行业来看，可结合三季报预期向好方向，采取均衡配置。

---

① PSL全称为Pledged Supplementary Lending，即“抵押补充贷款”。

② PPI全称为Producer Price Index，即“工业生产者出厂价格指数”。

表5　7月1日至10月11日A股市场表现

指数	收盘价	7月1日至 10月11日涨跌幅	2022年年初至 10月11日涨跌幅	PE（TTM）
上证综指	2 979.79	-12.32%	-18.13%	11.65
深证成指	10 577.81	-17.98%	-28.80%	24.43
沪深300	3 727.69	-16.89%	-24.55%	11.02
创业板指	2 261.89	-19.52%	-31.93%	43.02
科创50	892.74	-19.26%	-36.15%	37.80

资料来源：Wind，中诚信托投资研究部整理。

（三）黄金类商品型基金投资价值有所提升

从高频数据统计来看，美国9月二手车价格明显下降，成屋销售价格同比下降均预示通胀压力可能见顶。同时，美国GDP连续两季度负增长，已经陷入技术性衰退。市场预计美联储在11月和12月分别加息75个基点和50个基点，货币收紧预期的拐点已经出现，美元指数上行对黄金的打压放缓，黄金类商品型基金投资价值有所提升。

（四）纯债型基金配置性价比相对减弱

随着稳增长政策的发力，国内经济企稳的信号逐渐清晰。不过，在“需求收缩、供给冲击、预期转弱”三重压力下，流动性宽松周期可能会延长。但当前中美10年期国债收益率处于历史高位，全球债券市场波动加剧。在信用债市场，结构性“资产荒”仍在加剧，高息资产供给相对缺乏。此外，当前债券市场估值相对股市已经偏高，纯债型基金配置性价比减弱，可适度选择混合债券型基金。

（执笔人：杨晓东）

持续宽信用对资产配置策略的影响分析*

在经济增长面临多重压力下，央行通过货币政策工具的总量和结构双重功能，增强对实体经济的支撑，助力稳增长。当前，经济修复基础尚不稳固，宽信用政策仍将持续，信托公司资产配置可加大权益资产和黄金资产比重。

一、宽信用对稳定经济增长的效果已经显现

信贷总量稳定增长为稳增长提供支撑，宽信用是2022年货币政策的重点。从政策效果来看，基建行业政策效果明显，投资增速保持高位增长。

（一）宽信用是2022年货币政策的重点

2022年年初以来，受大宗商品价格走高、全国多地散发新型冠状病毒感染、高温天气等因素冲击，稳增长压力增大，GDP同比增速也由第一季度的4.8%跌至第二季度的0.4%。为应对严峻挑战，4月初的国常会要求加大稳健的货币政策实施力度，央行则在《2022年第一季度中国货币政策执行报告》中和金融机构货币信贷形势分析座谈会上多次强调，要发挥好货币政策工具的总量和结构双重功能，增强信贷总量增长的稳定性。以基建为基础，通过金融体系加大信贷供给，刺激上下游相关企业信用扩张力度，提升服务实体经济的质量和效率，为稳增长提供支撑。

（二）基建和房地产是当前宽信用的主要抓手

从当前的宽信用渠道来看，专项债发行、国有商业银行和政策性银行信贷投放发挥了支柱性的作用。根据中国工商银行、中国农业银行、中国银行、中国建设银行、交通银行和中国邮政储蓄银行的公告，2022年前三季度共新增人民币贷款超过9.53万亿元。从投放领域来看，除重点投放的基建外，还包括科技创新、设备更新改造等。在房地产调控政策边际放松后，保障房地产合理融资需求，拉动地产投资企稳对冲经济增速放缓压力也成为发力点。从9月的情况来看，房企融资虽有所好转，但房地产行业企稳仍需更多的政策支持。

---

* 本文写于2022年11月3日。

表 1　2022 年宽信用政策

政策	时间	事项
降准、降息	2022 年 1 月	下调 OMO[1]、MLF[2] 各 10 个基点 下调 1 年期 LPR 10 个基点 下调 5 年期 LPR 5 个基点
	2022 年 4 月	全面降准 0.25%
	2022 年 5 月	下调 5 年期 LPR 15 个基点
	2022 年 8 月	下调 OMO、MLF 各 10 个基点 下调 1 年期 LPR 5 个基点 下调 5 年期 LPR 15 个基点
专项债	2022 年 8 月	累计发行专项债券 3.52 万亿元，用于项目建设的额度已基本发行完毕
地产政策	2022 年 7 月以来	支持刚性和改善性住房需求、净新增 PSL 2 625 亿元、“保交楼”2 000 亿元全国性专项借款等
再贷款工具	2022 年年初以来	2 000 亿元科技创新再贷款 1 000 亿元交通物流领域再贷款 1 000 亿元支持煤炭清洁高效利用专项再贷款额度 400 亿元普惠养老领域再贷款 2 000 亿元设备更新改造专项再贷款
政策性金融工具	2022 年 6 月	调增政策性银行 8 000 亿元信贷额度
	2022 年 8 月	增加 3 000 亿元以上政策性开发性金融工具额度

资料来源：中国人民银行，中诚信托投资研究部整理。

（三）宽信用政策效果逐步显现

根据国家统计局数据，从政策效果来看，新增社融数据超预期扩张，9 月投向实体贷款新增 2.57 万亿元，为有统计数据以来同期最高值。在支持实体经济效果方面，9 月规模以上工业增加值同比增长 6.3%，较 8 月提高 2.1 个百分点，固定资产投资则维持 6.7% 的高位增长，出现明显走高迹象。基建行业政策效果明显，投资增速提高至 16% 以上，制造业投资保持高位。随着各项政策的加速落地，克服高温天气等不利因素影响，第三季度 GDP 实现了 3.9% 的增长。房地产投资降幅则略有收窄，房地产

① OMO 全称 Open Market Operations，即“公开市场操作”。
② MLF 全称 Medium - term Lending Facility，即“中期借贷便利”。

行业融资修复有待进一步强化（见表 1）。

二、持续宽信用仍有政策空间

当前，国内经济修复面临的风险因素较多，持续宽信用仍有必要性。从央行的政策储备来看，宽信用仍有充裕的政策空间。

（一）经济修复尚不稳固

从短期来看，受国内疫情等因素扰动，国内经济基本面尚不稳固。以 PMI 为例，受疫情、高温天气影响，官方制造业 PMI 7 月、8 月一度跌至荣枯线以下，9 月有所回暖后，10 月景气指标再度掉头向下（见图 1），这表明政策继续积极稳增长的想象空间再度打开。从中长期来看，发达国家为应对通胀开启暴力加息进程，全球经济衰退预期较为浓厚。若外需放缓，稳地产、刺激消费将接力出口成为拉动经济增长的支撑。

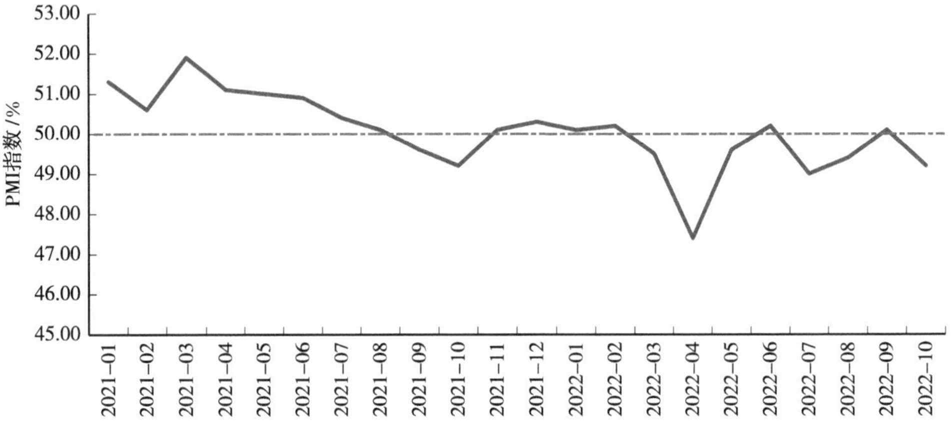

图 1　制造业 PMI 走势

数据来源：Wind，中诚信托投资研究部整理。

（二）企业和居民宽信用力度有待提升

从 2022 年宽信用的结构来看，专项债发行是绝对的主力，企业和居民部门融资需求仍然有待提升。以 9 月社融为例，企业部门融资回暖，企业中长期贷款单月新增 1.35 万亿元，同比多增 6 540 亿元。考虑到后续 5 000 亿元专项债结存限额发行，2 000 亿元设备更新再贷款落地，以及基数效应，第四季度企业中长期贷款仍有继续同比改善空间。而居民部门融资偏弱，中长期贷款同比下降 26%，表明消费与地产销售仍未有效恢复。从杠杆率水平来看，2022 年面临多重压力，宏观经济增速有所下滑，但居民部门、政府部门和非金融企业部门杠杆率保持稳定（见图 2）。当前稳增长是更重要的考量维度，在稳增长和防风险的平衡中，宏观杠杆率有一定攀升空间。

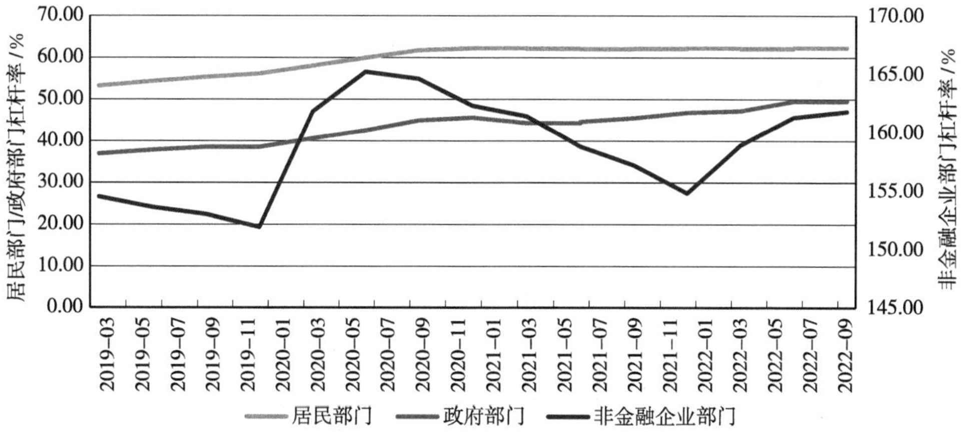

图 2　宏观杠杆率走势

数据来源：Wind，中诚信托投资研究部整理。

（三）宽信用仍有充裕的政策空间

在降低商业银行资金成本方面，央行一方面通过调整 OMO、MLF 操作利率，引导市场利率下行；另一方面则通过存款利率市场化，降低商业银行负债成本。央行在第二、三季度货币政策例会上强调发挥存款利率市场化调整机制的重要作用，引导商业银行在存款利率定价时更多参考 1 年期 LPR 与 10 年期国债到期收益率。在市场利率持续下行背景下，9 月 15 日起，多家国有大行和股份制银行下调个人活期存款和定期存款在内的多个品种利率。此外，央行还要求“推动降低企业综合融资成本和个人消费信贷成本”等。在货币供给方面，央行则通过公开市场操作、PSL 投放、专项再贷款等增加货币供给，在总量和结构上提升对实体经济支持效率。后续无论是 LPR 调降还是增加货币供给等，宽信用仍有充裕的政策空间。

三、持续宽信用对资本市场影响的展望

当前 A 股估值整体处于较低水平，宽信用有助于改善企业盈利水平，信托公司资产配置可加大权益资产和黄金资产比重。

（一）宽信用对流动性短期影响不大

一般情况下，宽信用可能会产生利率上行压力。宽信用是 2022 年货币政策的重点，但市场流动性整体保持流动性合理充裕。在上半年经济增速回落后，市场长短期利率一度接近 2020 年 4 月水平（见图 3）。随着经济有所修复，市场利率亦有所抬升。但是在经济修复尚不稳固、全球经济可能出现衰退的压力下，短期利率快速上行的可能性不大。不过，在中美利率倒挂的压力下，随着经济数据的好转，利率中枢可能会抬升。

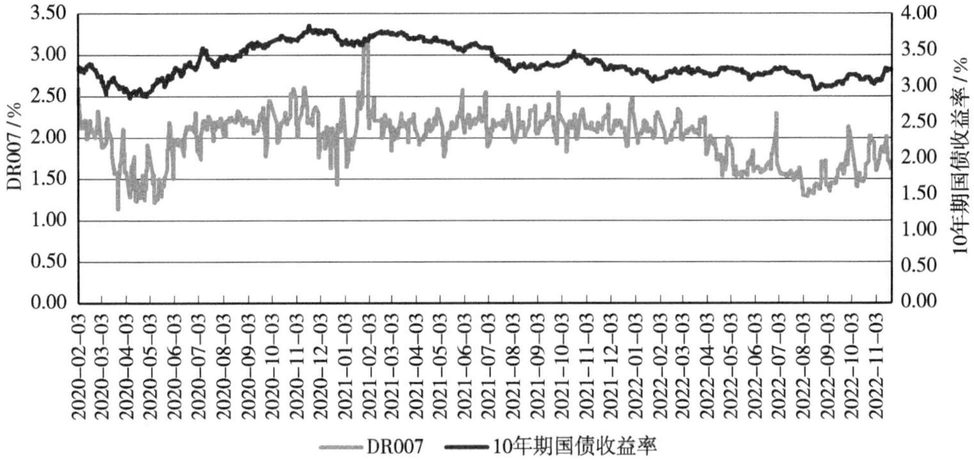

图 3　近期短期利率有所上行

数据来源：Wind，中诚信托投资研究部整理。

（二）宽信用有助于改善企业利润水平

随着宽信用的不断落地，企业筹资活动现金流充足，有助于提升其扩张意愿。从上市公司三季报反映的情况来看，根据平安证券的统计，2022 年第三季度全 A 非金融企业筹资活动现金流净额同比增速达到 90. 5%，增速较第一季度大幅上升 30. 9%。其中，汽车、建材、有色金属、基础化工和电力设备及新能源行业资本开支累计增速达到 30% 以上。全 A 非金融资本开支增速回升显示对于未来盈利预期的好转。

（三）持续宽信用下的信托公司资产配置策略

当前，欧美央行暴力加息和全球经济衰退预期是资产配置的主要扰动项。虽然近期的人民币汇率贬值、外资流出等对权益投资构成压力，但在持续宽信用背景下，整体配置策略上可适度加大权益资产和黄金资产比重。在权益资产方面，10 月末，A 股市场波动增大，上证综指一度跌破 3 000 点，但从估值的角度来看，市场估值不仅跌破了 2008 年 10 月底的 1 664 点，而且低于 2016 年 1 月底的 2 638 点和 2005 年 6 月的 998 点估值水平，仅仅比 2019 年年初的 2 440 点略高，具有较好的性价比，可结合三季报预期向好方向，采取均衡配置；美元和美债双双走强，国际黄金价格持续走低，但在全球地缘局势动荡和全球经济衰退背景下，需提升黄金配置比重。世界黄金协会发布的《全球黄金需求趋势报告》显示，2022 年第三季度，全球央行总计购买了近 400 吨黄金，是 2021 年同期的 4 倍多，更创出了单季度购买量的历史纪录；在债券投资方面，当前利率大幅上行和下行空间有限，债券市场估值相对股市已经偏高，纯债基金配置性价比减弱，可适度选择混合债券型基金。

（执笔人：杨晓东）

债券市场持续震荡下的资产配置策略分析*

近期债券市场快速下跌后，预计进入持续震荡阶段。从投资机会来看，当前债券市场配置性价比较低，债券市场回流银行表内资金的未来流向及节奏将对股票等市场收益产生影响。从资产配置策略来看，建议当前加大权益等资产配置比重。

一、当前债券市场仍将持续震荡

近期由于债券下跌、投资者赎回的负反馈加大了市场波动，债券价格出现较大回撤。短期内，利率下行空间有限，投资者适应净值化波动仍需要一定的时间，预计债券市场仍将持续震荡。

（一）投资者赎回的负反馈可能仍未结束

近期，债券市场出现回调，中证国债指数和中证信用债指数较月初分别下降 2.03 点和 2.37 点。其中，11 月 10 日至 11 月 17 日期间下降幅度较大（见图 1）。11 月 15 日，央行缩量续作 MLF 加剧了市场对利率上行的担忧。债券市场波动加大，短期限银行理财产品赎回压力增大，机构抛售债券应对赎回，债券价格进一步下跌，理财产品业绩继续承压，形成负反馈。根据 Wind 的统计，市场 30 000 多只理财产品中，已有超过 2 000 只理财产品破净，超过 10 000 只在最近一周出现负收益。目前，宽信用尚待验证，看空因素持续发酵，政策信号尚不明确，市场情绪较为脆弱，理财、债券型基金赎回的负反馈仍未结束，市场可能将延续震荡态势。

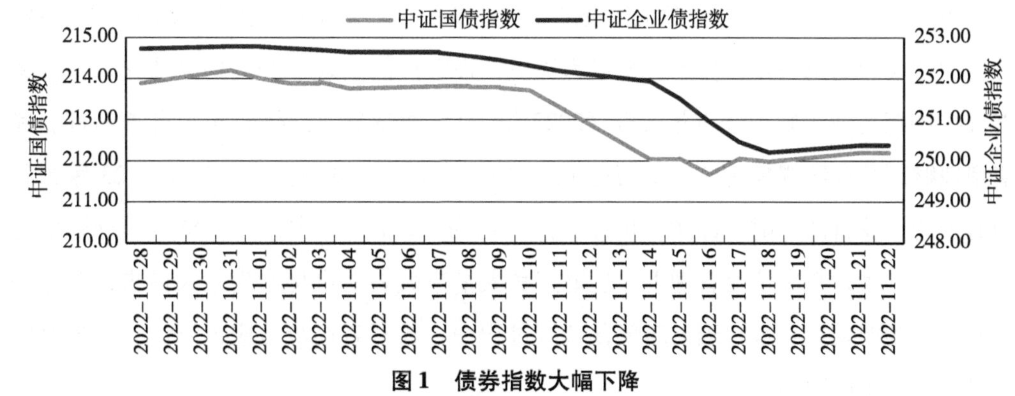

图 1　债券指数大幅下降

数据来源：Wind，中诚信托投资研究部整理。

---

* 本文写于 2022 年 11 月 24 日。

（二）市场利率终将向政策利率回归

11 月以来，一系列金融支持房地产政策出台，宽信用引发资金面收紧担忧升温，市场开始提前交易经济复苏。从利率中枢来看，短期利率 DR007 已由 8 月 1.30 的低点上升至 1.70 左右，上涨 40 个基点；10 年期国债收益率也由 2.58 上行至 2.82 左右，上涨 24 个基点（见图 2）。受疫情扰动，经济修复尚不稳固，在全球经济可能出现衰退的压力下，短期利率快速上行的可能性不大。不过，央行在《2022 年第三季度中国货币政策执行报告》中已表达了对未来通胀升温的担忧，特别是需求侧的变化。在此背景下，市场利率易上难下，并逐步向政策利率回归。

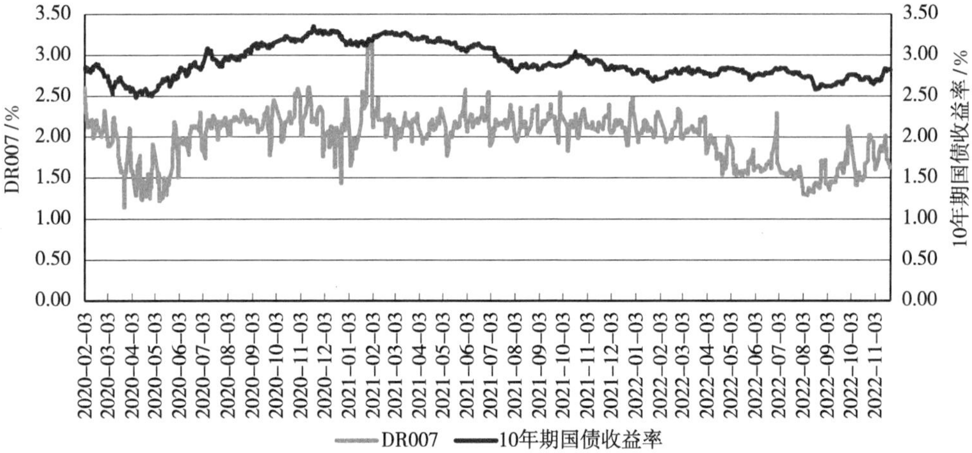

图 2　长短期利率有所上行

数据来源：Wind，中诚信托投资研究部整理。

（三）投资者适应净值化管理仍需要时间

2022 年是《关于规范金融机构资产管理业务的指导意见》（银发〔2018〕106 号）过渡期结束后的第一年，保本理财成为历史，理财产品实现了全面的净值化转型。根据《中国银行业理财市场半年报告（2022 年上）》数据显示，截至 2022 年 6 月底，净值型理财产品存续规模为 27.72 万亿元，占比 95.09%；截至 11 月 17 日，23 家银行理财子公司发行的理财产品中，破净的产品数为 1 217 只，占比达 7.88%。理财资金由于体量巨大，在净值化管理下，理财产品大量申赎将对市场产生较大冲击，并进一步放大市场波动。在银行理财净值化转型过程中，投资者逐步适应市场波动、控制情绪仍需要一定的时间。

二、影响债券市场下一步走向的主要因素

随着防疫政策的优化和房地产政策的出台，市场开始交易经济复苏。债券市场投

资机会有限，表内回流资金将影响权益等市场收益水平。

（一）稳定经济增长政策的实施效果预期

进入11月后，针对地产等行业的“宽信用”举措持续出台。央行推进“第二支箭”（民营企业债券融资支持工具），支持民营地产企业发债、专项借款的政策陆续出台。国常会则进一步要求适时适度运用降准等货币政策工具支持实体经济，政策力度再度加码。受此影响，投资者对政策以及长期经济预期发生转变，资产配置策略向经济复苏方向演绎，并开始主动调仓，抛售债券资产，提前赎回债券型基金等固收类产品。

（二）宽信用政策的结构性调整

从资金面来看，央行宽信用政策更加注重结构性调整。例如，11月15日MLF缩量续作，但通过PSL、科技创新再贷款等工具投放中长期流动性3 200亿元，中长期流动性投放总量已高于本月MLF到期量，既能够维护流动性合理充裕，也可防止资金淤积和空转套利；从债券市场来看，11月8日至17日，信用债跟随利率债调整速度较快，幅度相近。其中，流动性较好的、久期相对较长的银行资本债调整幅度更大，而投资者相对拥挤的中短久期以及城投债调整幅度也较大。目前，市场未有明确止跌信号，在震荡行情下，债券市场投资机会有限。

（三）股票市场的未来走势

根据海通证券的测算，截至2022年第三季度，“固收+”公募基金的总规模为2.7万亿元（一级债基8 300亿元，二级债基1.1万亿元、偏债混合基7 300亿元），其中股票持股规模为2 750亿元（一级债基50亿元、二级债基1 450亿元、偏债混合基1 250亿元）。此外，银行理财规模约为30万亿元，也有部分投资股市。短期内，“固收+”类基金的赎回将对股市资金面有所扰动。当前，赎回资金停留在银行表内，若股票、债券市场出现明显配置信号，该部分资金大概率重新回流资本市场。若复苏迹象逐步获得高频数据证实，那么部分资金将流向股票市场，甚至会触发部分资金继续抽离债券市场流入股票市场。

三、对下一步资产配置策略的相关建议

从资产配置策略来看，当前股票市场仍处于底部区域，具备较好的投资机会，债券市场需耐心等待市场企稳信号。

（一）整体配置策略关注复苏交易

宽信用是2022年货币政策的重点，在经济修复尚不稳固、全球经济可能出现衰退

的压力下，短期利率快速上行的可能性不大，市场整体保持流动性合理充裕，未来的货币政策走向则需进一步关注 2022 年年底中央经济工作会议等重要会议的信息。11 月以来，地产行业宽信用政策不断强化，除“第二支箭”外，加大 PSL 投放、专项借款等将加速落地，此次国常会提出运用降准等货币政策工具支持实体经济则是政策力度的加码，再加上防疫政策的调整，复苏交易的政策信号已较为明确，落地效果则需要高频数据的进一步验证。若复苏行情进一步确立，则资本市场将向股票 > 债券 > 大宗商品 > 现金的逻辑演进。

（二）加大股票和黄金资产配置比重

随着美国通胀数据的缓和，欧美央行暴力加息影响逐步减弱，美元指数、10 年期美债收益率高位回落，人民币汇率贬值、外资流出压力放缓，外部冲击因素逐步减弱。在持续宽信用的背景下，整体配置策略上可适度加大股票资产和黄金资产比重。从配置线索来看，重点关注受疫情影响的消费链条，高景气、有竞争力的制造成长赛道，股价调整相对充分、中长期前景明朗的医药、互联网领域等；近期美元有所走弱，但在全球地缘局势动荡和全球经济衰退的背景下，仍需适度提升黄金配置比重。

（三）债券市场需静待投资机会

在债券投资方面，即使央行落实国常会精神近期降准，长短期利率在降准落地后可能会出现 V 字形走势，债券市场估值相对股市仍然偏高，纯债型基金配置性价比减弱。若股票复苏交易趋缓逐步明朗，不排除有资金进一步抽离的可能，债券市场波动仍未结束，需静待投资机会。从市场信号来看，可观测短期 PMI、工业企业利润等高频数据验证复苏信号；在价格方面，DR007 和 10 年期国债收益率向合意利率回归的水平也将是重要的参考。

（执笔人：杨晓东）

2022年城投债市场的阶段特征与未来策略展望*

2022年宏观经济承压，积极财政政策为稳增长发挥主导作用，城投在专项债转实物工作量和保交楼等诸多政策落实过程中承担重要职能，城投融资监管政策先紧后松，城投债市场表现经历三轮调整。预计未来，城投监管政策基调仍将保持稳健，城投债仍是具有一定安全边际的资产，信托公司可制定相应投资策略参与城投债投资。

一、2022年城投债市场的主要阶段特征

2022年以来，受宏观经济与市场监管政策影响，城投债市场经历了大致三个主要发展阶段，每个阶段都表现出了较为鲜明的政策特征。

（一）2022年1～3月：城投融资监管政策偏紧，信用利差震荡上行

2022年年初交易所对城投主体融资采取“红橙黄绿”分档管理，监管在系统性风险可控的前提下对高债务风险区域城投融资进行限制，城投信用利差整体震荡上行，区域利差分化加剧。另外，受密集降准降息影响，1月城投债估值收益率大幅下行，但随着2月中下旬降息预期落空，叠加城投债供给增加及局部信用风险事件影响，城投债估值收益率转而大幅走高。

（二）2022年4～8月：城投监管政策放松，信用利差收缩至历史低位

2022年3月宏观经济发生变化，财政政策发力稳经济大盘。城投公司在后续诸多政策落实过程中均承担重要职能。4月18日，中国人民银行和国家外汇管理局印发《关于做好疫情防控和经济社会发展金融服务的通知》，提及支持地方政府适度超前开展基础设施投资，在风险可控的前提下按市场化原则保障融资平台合理融资需求，不得盲目抽贷、压贷或停贷，保障在建项目顺利实施，标志着城投监管政策在框架内调整至宽松状态。6月13日，国务院办公厅下发《关于进一步推进省以下财政体制改革工作的指导意见》（国办发〔2022〕20号），强调以省为单位进一步规范辖域内市县财政管理体系和风险责任，城投安全边际整体提升，城投债下沉情绪高涨，致使信用利差压缩至较低水平。同时，宽松的货币环境亦使得城投债估值收益率大幅下降至历史低位，但也为第四季度城投债大幅调整埋下隐患。

---

* 本文写于2022年12月8日。

（三）2022年9月以来：监管政策趋于精细化，信用利差震荡上行

为了进一步为经济增长提供支持、缓解地方政府压力，在区域债务特征分化明显的情况下，城投融资监管政策趋于精细化，利好城投行业稳定发展。2022年9月，财政部发布《关于印发〈支持贵州加快提升财政治理能力奋力闯出高质量发展新路的实施方案〉的通知》（财预〔2022〕114号），支持贵州省非标债务合理展期降息；11月初，财政部发布《关于贯彻落实〈国务院关于支持山东深化新旧动能转换推动绿色低碳高质量发展的意见〉的实施意见》（财预〔2022〕137号），指导山东逐步降低高风险地区债务风险水平，标志着城投监管政策在防范系统性债务风险的前提下趋于精准化调节，有利于城投行业稳定发展，城投信用利差小幅震荡直至10月末。另外，10月以来市场资金面有所收紧，叠加楼市支持政策等影响，信用债价格出现剧烈波动，而城投债配置大户银行理财在净值化改造后负债端负反馈加剧城投债抛售，11月以来城投信用利差大幅走阔，城投债估值收益率大幅回调。

二、影响城投债市场表现的主要因素展望

城投债市场表现主要受宏观经济、信用事件、监管政策三个核心因素影响。展望未来，上述三个因素会有不同表现。

（一）宏观经济

经济基本面引导货币政策和财政政策，利率及资金面走势同城投债收益率走势呈现一定相关性。2023年经济基本面修复将使得流动性总体收紧，市场利率将继续回归政策利率。城投债估值收益率或随债券市场转熊而有所抬升。需要关注的是，政策落地传导至经济基本面修复需要时间，仍有较多不确定因素干扰利率走势，且趋同的市场交易行为易导致城投信用利差阶段性波动。

此外，需重点关注2022年11月下旬以来的城投债估值收益率持续回调现象。银行理财产品是城投债重仓资管品种，理财净值化改造后负债端对价格高度敏感，风险承受能力和银行理财资产端的城投债配置模式匹配度较低。2023年银行理财仍将是影响城投债收益率表现的关键因素之一。

（二）信用事件

信用风险对城投债市场表现影响较大，重大信用事件对城投信用利差走势起加速催化作用，如受2020年末“永煤”违约事件影响，城投信用利差快速走阔。2023年城投内部分化或持续加剧，预计城投标债违约概率较低，但票据和非标违约事件将持续，局部风险事件或驱使区域信用利差波动及分化。

（三）监管政策

融资平台的特殊属性使得监管政策成为影响城投市场表现的核心因素。监管政策直接影响市场对城投信用走势的预期，进而影响城投主体融资环境和市场表现。因此，监管政策周期和城投债市场表现高度相关，政策面分析可为城投债投资提供基本方向。

财政政策将是2023年支持经济修复核心手段之一。财政政策实施往往赋予城投更多职能发挥空间，积极财政政策会凸显城投重要性，引导其信用利差趋于压缩。另外，受地方政府债务率限制，2023年专项债大幅扩张可能性较小，故撬动市场资金参与项目的需求将进一步增强，因此，城投在地方建设工作中或将承担更加重要的职能定位。预计2023年城投监管政策将延续“稳存量、控增量”总基调，在不发生系统性债务风险的前提下维持城投相对宽松稳定的融资环境，城投标债违约风险总体可控。

三、未来信托公司城投债投资的关注问题与策略建议

展望未来，资管机构配置压力不减，作为非金信用债的主要品种，开展城投债投资仍是信托公司的重要业务方向之一。信托公司在开展城投债投资过程中需关注相关风险，并根据自身负债端属性制定投资策略。

（一）关注问题

一是利率风险。经济基本面转向滞后于政策落地，利率转向的具体时间难以确定。此外，境外干扰因素仍复杂多变，一定程度掣肘我国货币政策空间。

二是估值风险。城投债系银行理财等资管机构高仓位资产和产品底仓，近期中低评级、短久期城投债遭遇较大幅度调整，银行理财负债端资金对债券价格变动敏感性很高，本轮调整或尚未结束，收益率仍有继续上行的可能。

三是信用风险。城投标债违约风险整体可控，票息性价比较高，仍是高安全边际资产，但需加强区域分析，警惕局部或个体信用事件对市场的阶段性冲击。

四是流动性风险。2022年资金面整体充裕，致使部分资管机构追求票息而倾向城投债下沉，在近期债券市场回调过程中承受较高流动性风险。2023年资管行业竞争格局加剧，产品的负债端管理至关重要。

（二）城投债投资策略建议

一是从配置选择来看，标品信托投资可考虑城投债作为重点备选标的，择时增加城投债在产品中的配置比重。

二是从配置时点和集中度来看，近期城投债超跌或已使得其具备一定性价比，但银行理财负债端调整难言结束，当前需严格把控城投债入场节奏。此外，城投内部持

续分化背景下，局部风险事件或驱动区域估值波动，进而影响产品净值，建议配置过程中降低城投区域集中度。弱化传统“自上而下”的区域集体入库出库，提升精细化择券水平，对部分绝对收益率较高的弱省份核心城投亦可酌情关注。

三是从久期和仓位来看，针对经济基本面滞后于政策落地的时间和银行理财负债端不确定性制约，建议目前仍维持短久期并控制城投债整体仓位，高度关注2023年高频数据和银行理财赎回潮进展，待基本面修复进度和利率走势有确定信号后，再根据信托产品负债端调节城投债配置久期和仓位。

四是从信托产品层面来看，吸取本轮银行理财资管产品经验，信托公司标品业务需进一步提高债券资产配置和负债端匹配性管理，公司可加大资源投入和渠道拓展，并加强投资人对投资风险的认知。

（执笔人：王冲）

中央经济工作会议对信托市场的影响分析*

2022 年 12 月 15 ~ 16 日召开的中央经济工作会议对 2023 年的经济工作进行了整体部署，明确了要坚持稳中求进工作总基调，继续实施积极的财政政策和稳健的货币政策，坚持系统观念、守正创新，并从改善社会心理预期、提振发展信心入手，进行了一系列重要工作部署。中央经济工作会议精神对“稳增长、稳就业、稳物价”具有重要积极意义，一系列举措和部署对信托市场实现质的有效提升和量的合理增长具有重要影响。

一、经济稳增长为信托资产规模的持续稳步增长提供了宏观条件

从十多年来信托行业发展的过程来看，信托资产规模与宏观经济的增速变化呈现了较高的相关性，信托市场受到宏观经济周期的影响较为明显，总体上是较为典型的“顺周期”行业。自 2017 年末信托业管理资产规模达到 26.25 万亿元的历史最高点以来，受宏观经济结构调整、房地产行业发展放缓以及监管等多重因素影响，信托资产规模近年来出现一定下滑，加之近年来经济下滑冲击影响较大，信托业面临着较大的经营压力。

中央经济工作会议提出的一系列举措，对经济稳增长具有十分重要的意义。会议再次强调当前经济面临“需求收缩、供给冲击、预期转弱”等三重压力，但随着疫情冲击逐步减弱，统筹疫情防控和经济社会发展，大力提振市场信心，突出做好稳增长、稳就业、稳物价工作是当前经济工作的迫切任务。我国经济韧性强、潜力大、活力足，各项政策效果持续显现，2023 年经济运行有望总体回升。

在宏观经济修复过程中，随着经济增速上行，社会融资需求将持续回暖，资本市场表现有望趋好。会议提出的乡村振兴、实施区域重大战略与区域协调发展战略等举措与部署，需要金融机构为符合国家战略规划的重要项目提供资金支持。此外，从财政、货币政策措施来看，会议要求保持必要的财政支出强度，优化组合赤字、专项债、贴息等工具，有效带动社会投资；货币政策要精准有力，引导金融机构加大对小微企业、科技创新、绿色发展等领域支持力度；政策性金融要加大对符合国家发展规划重

* 本文写于 2022 年 12 月 23 日。

大项目的融资支持。通过财政、金融机构和政策金融形成合力，改善企业预期，扩大企业的融资需求。在多重因素影响下，信托业在经济稳增长中将进一步发挥投融资支持功能，信托资产规模有望持续回暖。根据中国信托业协会公布的数据，截至2022年第三季度末，信托资产规模余额为21.07万亿元，同比增加0.63万亿元，增幅为3.08%。这种稳步增长的势头有望持续保持。

二、防范化解重大经济金融风险为信托公司风险化解提供了有力支持

会议指出，当前我国经济恢复的基础尚不牢固，"需求收缩、供给冲击、预期转弱"三重压力仍然较大，外部环境动荡不安，给我国经济带来的影响加深。面对困难和挑战，会议提出要有效防范化解重大经济金融风险，重点是房地产、地方债务以及金融风险。在房地产风险方面，会议提出要确保房地产市场平稳发展，扎实做好保交楼、保民生、保稳定各项工作，满足行业合理融资需求，推动行业重组并购，有效防范化解优质头部房企风险，改善资产负债状况，同时要坚决依法打击违法犯罪行为；要因城施策，支持刚性和改善性住房需求，解决好新市民、青年人等住房问题，探索长租房市场建设；要坚持房子是用来住的、不是用来炒的定位，推动房地产业向新发展模式平稳过渡。在地方债务风险方面，会议提出要坚决遏制增量、化解存量。在金融风险方面，会议提出要压实各方责任，防止形成区域性、系统性金融风险。

中央经济工作会议对防范化解重大经济金融风险的要求，对信托公司风险化解将产生非常重要的影响。近年来，受到宏观经济增速放缓、房地产市场深刻调整等因素的影响，信托行业风险持续暴露，影响了行业持续健康发展。从发生风险的情况来看，风险项目以房地产领域较为集中，交易对手中有相当一部分是排名靠前的民营房企。尽管2022年下半年以来支持房地产企业的金融政策陆续出台，但政策发挥作用仍需一段时间，支撑市场的预期和信心等因素仍需加强。因此，此次中央经济工作会议对房地产市场的一系列举措，以及对房地产市场风险化解的总体要求，对优质头部房企将会形成明显利好，有利于优质头部房企房地产信托风险项目的风险化解；对保交楼、保民生工作将会产生明显促进，有利于信托公司部分风险项目尽快恢复施工、加速进入销售，逐渐促进项目现金流恢复并盘活项目；对并购重组将产生明显推动，有利于信托公司联合AMC、其他优质房企等各类市场主体加速项目市场化处置；对刚性、改善性住房将会给予支持，有利于信托公司的该类项目加快进行市场销售。

三、加快建设现代化产业体系为资产管理信托提供了发展动力

在产业政策方面，会议要求"优化产业政策实施方式"，包括"产业链薄弱环节"

要集中优质资源合力攻关，保证产业体系自主可控和安全可靠；“新型能源体系”要在落实碳达峰碳中和目标任务过程中锻造新的产业竞争优势；“传统产业”要提升在全球产业分工中的地位和竞争力等几个方面。此外，政策强调“科技－产业－金融”良性循环则表明，通过一、二级市场链接科技、产业和金融，使之成为良性发展的循环。例如，通过北京证券交易所、科创板等资本市场在发挥良性循环中的作用愈发重要。

加快建设现代化产业体系，狠抓传统产业改造升级和战略性新兴产业培育壮大是更好地满足国内需求、提升产业竞争能力的必然要求。信托公司可通过标品信托、股权投资信托对重点领域的一、二级市场投资，积极布局产业转型升级，抓住全球产业结构和布局调整过程中孕育的新机遇。目前，已有多家信托公司在绿色产业、低碳环保、新能源、生物医药等多个领域积极布局。例如，建信信托已围绕新能源、新材料、生物医药、通信电子、高端制造、计算机、军工等重点科技领域形成九大细分赛道，并有针对性地打造了专业化的投资团队、投研网络与风控体系；外贸信托与圣奥化学科技有限公司在光伏领域合作的“外贸信托—中化双碳1号单一资金信托”9月正式落地等。

四、扩大消费、增进民生福祉对财富管理信托的发展提出了内在要求

会议提出，要把恢复和扩大消费摆在优先位置；增强消费能力，改善消费条件，创新消费场景；多渠道增加城乡居民收入，支持住房改善、新能源汽车、养老服务等消费。会议还提出，要支持引导社会力量增加多元供给，持续增进民生福祉。从会议的要求可以看出，随着疫情防控政策的调整，消费将替代出口成为经济增长的支柱，而恢复扩大消费的关键之一就在于多渠道增加城乡居民收入。此外，影响居民消费的另一个重要因素在于民生保障体系，对于养老、医疗、教育等方面的支出将会影响居民消费水平，因此需要在强化基本公共服务、兜牢基本民生底线的基础上，增加事关民生福祉的社会供给。

多渠道增加居民收入、增进民生福祉，对信托公司扩大开展财富管理业务提出了内在要求。随着我国居民收入水平的不断提高，居民财富管理需求已经进入快速增长通道。信托公司下一步实施的新业务分类改革，将财富管理信托划分为家族信托、保险金信托、家庭服务信托、特殊需要信托、遗嘱信托、其他个人财富管理信托、企业与其他组织财富管理信托等七类，类型更为丰富多样。在设立门槛上，家庭服务信托降到了最低100万元，可以更好地满足中等收入水平家庭对财富管理的需求。在功能上，涵盖了保值增值、财富传承、财产保护以及针对特殊家庭、特定人群的特殊需要

服务，还可以在产品设计中体现医疗、养老等保障功能，对增进民生福祉具有促进作用。

五、推动经济社会发展绿色转型有利于促进绿色信托发展

会议对经济结构中的绿色转型更加关注，要求金融机构加大对绿色发展等领域支持力度；在落实“碳达峰碳中和”目标任务过程中锻造新的产业竞争优势；加快绿色低碳等技术在传统产业中的应用；在能源安全方面，加快规划建设新型能源体系等。

近年来信托公司在绿色信托方面进行了持续深入的探索，创新业务模式、拓展支持领域，对助力绿色发展起到了重要作用。《中国信托业社会责任报告（2021—2022）》数据显示，截至2021年年底，存续绿色信托项目665个，规模达到3 317.06亿元。目前绿色信托贷款仍然是绿色信托最主要的模式，存续规模为1 351.33亿元，在绿色信托总规模中的占比约为41%。与此同时，绿色资产证券化、绿色股权投资、绿色债券投资、碳金融等模式呈现显著上升态势，存续规模分别为909.47亿元、217.61亿元、109.47亿元和28.38亿元，绿色信托服务模式趋向多元化。展望未来，绿色信托有望成为信托公司创新发展的重要方向，发展质效将进一步提升。

（执笔人：杨晓东）

第二部分

信托行业动态

影响信托公司业绩分化的主要因素*
——基于 2021 年信托公司业绩快报的分析

近日，已有 57 家信托公司在中国货币网等渠道披露了 2021 年业绩快报（部分公司为合并口径）。整体来看，2021 年信托公司主要业绩指标行业分化进一步加大，部分公司经营业绩近年来持续提升，同时也有部分公司业绩下滑明显。进一步分析，我们认为固有投资收益、信托业务布局情况以及风险压力，是影响信托公司 2021 年业绩分化的主要因素。

一、固有投资收益水平对信托公司业绩的影响更加突出

首先，从行业整体来看，部分信托公司固有投资收益水平较高。在 56 家披露该指标的信托公司中，有 54 家年内取得了正的固有投资收益，其中 17 家超过 5 亿元，9 家超过 10 亿元；有 31 家信托公司固有投资收益在营业收入中占比超过 20%，其中 11 家公司在 30% ~50% 之间，6 家公司超过 50% （见表 1）。

表 1　信托公司固有投资收益占营业收入比重的分布

投资收益占营业收入比重	2021 年	2020 年
信托公司数量/家	56	64
50% （含） ~100%	6	10
30% （含） ~50%	11	14
20% （含） ~30%	14	10
10% （含） ~20%	9	10
0% （含） ~10%	14	14
<0%	2	6

资料来源：中国货币网等披露的 57 家信托公司业绩快报（平安信托、重庆信托、中信信托、中融信托为合并数，陕国投未披露），中诚信托投资研究部整理。

部分公司固有投资收益规模和占比较大的原因，主要有三个方面。一是部分信托公司持有优质金融股权，资源禀赋较好。例如，江苏信托持股江苏银行、华润信托持股国信证券、中诚信托持股嘉实基金、粤财信托持股易方达基金、天津信托持股天弘

* 本文写于 2022 年 1 月 21 日。

基金等，上述5家信托公司在2021年实现固有投资收益分别为15.66亿元、24.16亿元、12.78亿元、11.92亿元和4.04亿元，在营业收入中的占比分别为62.11%、55.18%、55.01%、63.52%和42.73%。二是部分信托公司通过固有资金开展PE投资，业务布局较好。例如，建信信托、国投泰康信托近年来开展了固有PE投资业务，2021年取得了较好的投资回报，两家公司固有投资收益较上年分别增长8.42亿元和4.13亿元，固有投资收益变化和营业收入变化分别为107.24%和159.43%。三是近年来个别信托公司增资力度较大，为取得较高的固有投资收益提供了资金基础。例如，华鑫信托，近年来两次增资后，其2021年末净资产已达到132.12亿元，较两年前增加70亿元以上，其固有投资收益也逐年增加，2021年华鑫信托实现固有投资收益6.06亿元，在其营业收入中的占比达到31.21%。

其次，从分化格局来看，固有投资收益水平对信托公司的业绩排名影响较大。2021年营业收入排名前十的信托公司，其固有投资收益水平普遍较高，平均已达到14.80亿元，远超行业平均水平的5.56亿元。从固有投资收益和营业收入排名的匹配度来看，整体营业收入较好的信托公司，往往投资收益规模也较大，且排名较为靠前。从固有投资收益占比来看，营业收入排名前十的信托公司中，有5家固有投资收益超过10亿元，有4家固有投资收益超过20亿元，有4家固有投资收益占比超过25%，对公司业绩的贡献明显较强（见表2）。

表2 营业收入排名前十的信托公司固有投资收益情况

信托公司	营业收入/万元	营业收入排名	投资收益/万元	投资收益排名	投资收益占营业收入比重
平安信托	2 329 147.97	1	361 487.69	1	15.52%
中信信托	858 506.19	2	236 790.40	4	27.58%
重庆信托	791 524.13	3	239 419.36	3	30.25%
华能信托	664 041.35	4	135 541.08	6	20.41%
光大信托	618 040.70	5	58 394.16	14	9.45%
中融信托	581 374.68	6	56 740.86	15	9.76%
五矿信托	519 321.02	7	34 393.55	27	6.62%
华润信托	437 781.74	8	241 561.64	2	55.18%
建信信托	362 092.90	9	93 899.40	10	25.93%
中航信托	348 680.22	10	22 206.90	37	6.37%

资料来源：中国货币网等披露的57家信托公司业绩快报（平安信托、重庆信托、中信信托、中融信托为合并数，陕国投未披露部分数据），中诚信托投资研究部整理。

二、信托业务布局是影响信托公司业绩的关键因素

2021 年，52 家可比信托公司的信托业务收入平均水平为 12.85 亿元，比上年增长 0.69 亿元；在营业收入中的占比为 71.76%，与上年平均水平 70.35% 相比，提高了 1.41 个百分点，仍是信托公司营业收入的主要来源。从整体来看，34 家信托公司信托业务收入实现了增长，其中增速超过 30% 的有 6 家，增速在 20% ~30% 的有 8 家（见表 3）。

表 3　信托公司信托业务收入增速分布情况

信托业务收入同比增速	2021 年	2020 年
信托公司数量/家	52	64
>100%（含）	0	1
50%（含）~100%	1	1
30%（含）~50%	5	6
20%（含）~30%	8	6
10%（含）~20%	11	10
0%（含）~10%	9	11
-10%（含）~0%	7	12
< -10%	11	17

资料来源：中国货币网等披露的 57 家信托公司业绩快报（平安信托、重庆信托、中信信托、中融信托为合并数影响较大被剔除，陕国投未披露），中诚信托投资研究部整理。

营业收入排名靠前的信托公司，2021 年信托业务收入的增长整体更为突出。52 家可比信托公司中，营业收入居于前列的信托公司，多数实现了较好的信托业务收入增速，例如华能信托、陆家嘴信托的信托业务收入同比增长近三成，五矿信托也实现了超过 20% 的同比增速（见表 4）。此外，信托业务收入前十名的信托公司，同比增速平均达到 17.18%，超过行业平均增速 11.50 个百分点。

表 4　营业收入排名前十的信托公司信托业务收入增长情况

信托公司	营业收入/万元	营业收入排名	信托业务收入增速
华能信托	664 041.35	1	29.21%
光大信托	618 040.70	2	18.86%
五矿信托	519 321.02	3	20.50%

续表

信托公司	营业收入/万元	营业收入排名	信托业务收入增速
华润信托	437 781. 74	4	-3. 46%
建信信托	362 092. 90	5	14. 45%
中航信托	348 680. 22	6	3. 24%
外贸信托	342 233. 46	7	13. 73%
上海信托	297 486. 67	8	-14. 88%
江苏信托	252 144. 29	9	-19. 32%
陆家嘴信托	241 729. 37	10	29. 19%

资料来源：中国货币网等披露的57家信托公司业绩快报（平安信托、重庆信托、中信信托、中融信托为合并数影响较大被剔除，陕国投未披露部分数据），中诚信托投资研究部整理。

信托业务收入增长明显的信托公司，其信托业务布局整体呈现三方面特点。一是传统信托业务仍保持了一定基础。传统业务规模较大的信托公司，信托业务收入较高。例如，地产或政信业务规模较大的中信信托、光大信托等持续实现较高信托业务收入，地产规模较大的陆家嘴信托、爱建信托等也同时实现了较高的信托业务收入及增速。二是转型创新类业务形成了一定的规模优势。例如，部分信托公司大力布局标品信托业务、资产证券化业务等，通过相关业务的大幅扩容填补融资类信托业务规模下降导致的收入下降。标品信托业务方面，华润信托披露2021年末证券投资信托规模已超过7 000亿元，同比增长55%；外贸信托、五矿信托、光大信托等多家信托公司2021年也发力标品信托业务，并取得了良好的规模效应。资产证券化业务方面，部分信托公司凭借大规模开展资产证券化、信托受益权流转及相关业务，已经形成了一定的业绩支撑。根据Wind公开数据统计，华能信托2021年各类资产证券化新发行规模达到3 018. 29亿元，持续居于行业前列；上海信托2021年参与各类资产证券化新发行规模1 439. 96亿元。三是部分信托公司依托股东获得了较好的资源支持。例如，中粮信托依托中粮集团产业背景，为粮油食品产业链上下游的参与者提供各类金融服务；再如，英大信托着力服务于股东主业，为电网产业链上下游企业提供全方位信托金融服务。

三、风险压力对信托公司业绩的影响较为明显

2021年，由于宏观经济增速放缓以及部分行业面临结构性调整，信托公司的风险压力持续提升，对经营业绩的影响较为明显，突出体现在资产减值计提和公允价值变

动损益两个指标上。

从资产减值计提指标来看，2021 年，57 家信托公司中共有 47 家信托公司计提了减值，平均每家公司计提 3.41 亿元，比上年增长了 1.53 亿元，增幅达到 81.61%。资产减值计提对信托公司经营业绩的影响非常明显。一是从整体来看，减值在营业收入中的比重持续提升。2021 年减值计提在营业收入中的比重达到 13.85%，较 2020 年同期提高了 4.27 个百分点。二是部分公司减值计提额度较大，4 家信托公司计提超过 20 亿元，4 家公司计提金额在 10 亿 ~20 亿元之间（见表 5），尤其中海信托因计提 20.81 亿元的减值损失，导致亏损 15.73 亿元。三是从各公司来看，减值对信托公司净利润的影响较大，甚至造成了营业收入排名和净利润排名出现较大差异，共 6 家信托公司净利润排名较营业收入排名落后 10 个名次以上。

表 5　信托公司 2021 年资产减值计提分布情况

资产减值计提	2021 年	2020 年
计提家数	47/57	54/64
计提金额超过 20 亿元	4	2
计提金额在 10 亿元（含）~20 亿元	4	3
计提金额在 5 亿元（含）~10 亿元	3	5
计提金额在 1 亿元（含）~5 亿元	8	21
计提金额在 0 元（不含）~1 亿元	28	22

资料来源：中国货币网等披露的 57 家信托公司业绩快报（平安信托、重庆信托、中信信托、中融信托为合并数，陕国投未披露部分数据），中诚信托投资研究部整理。

从公允价值变动损益来看，该指标也能部分地反映信托公司风险压力。信托公司的公允价值损益主要反映了固有投资的盈亏状况。有的信托公司固有投资中包含了部分风险资产，如果这部分资产实质上具有一定的债权属性，那么以投资的形式在某种程度上可以减少风险资产对固有资产不良率的影响。2021 年，56 家披露该数据的信托公司中有 25 家公允价值变动损益为负值（见表 6），较上年公司数量（22 家）有所增加。公允价值变动损益对信托公司的收入影响在不断提升，9 家信托公司公允价值变动损失超过 3 亿元，其中 6 家信托公司超过 5 亿元，12 家信托公司公允价值变动损失占营业收入比重超过 30%，其中 6 家信托公司超过 50%，可见其是影响信托公司业绩、扩大业绩分化格局的重要因素。

表 6　信托公司 2021 年公允价值变动损益的分布情况

公允价值变动损益	2021 年	2020 年
信托公司数量/家	56	64
>10 亿元	1	0
5 亿元（含）~10 亿元	0	1
1 亿元（含）~5 亿元	6	12
0 元（含）~1 亿元	24	29
-1 亿元（含）~0 元	12	13
-5 亿元（含）~-1 亿元	7	7
-20 亿元（含）~-5 亿元	5	1
< -20 亿元	1	1

资料来源：中国货币网等披露的 57 家信托公司业绩快报（平安信托、重庆信托、中信信托、中融信托为合并数，陕国投未披露部分数据），中诚信托投资研究部整理。

（执笔人：和晋予　崔继培）

信托公司资产证券化业务年度回顾与展望*

2021 年，我国各类资产证券化业务（不包括公募 REITs，下同）市场余额和新发行规模均出现了同比增速放缓的趋势，信托公司开展资产证券化业务也将面临更加激烈的市场竞争，未来资产证券化业务的开展有赖于对已有业务资源的把控和对增量业务机会的积极把握，同时也应加强风险防控。

一、市场规模：新增规模增速放缓

2021 年我国资产证券化市场规模余额保持增长但增速放缓。根据 Wind 数据，2021 年年底我国资产证券化市场规模余额为 5. 14 万亿元，较 2020 年年底的 4. 58 万亿增加 0. 56 万亿元，同比增长 12. 20% ，但与上年相比，市场余额增速回落 14. 62 个百分点。其中，信贷 ABS 规模余额为 1. 79 万亿元，同比增加 1 951. 63 亿元，同比增速增加 1. 55 个百分点；企业 ABS 规模余额为 2. 41 万亿元，同比增加 1 248. 31 亿元，同比增速回落 21. 18 个百分点；ABN 规模余额为 0. 95 万亿元，同比增加 2 392. 49 亿元，同比增速回落 56. 02 个百分点。

从新增规模来看，2021 年各类资产证券化业务新增规模增速放缓，其中企业 ABS、ABN 业务增速放缓更加明显。根据 Wind 数据，2021 年各类资产证券化业务新发行规模合计达到 3. 14 万亿元，同比仅增长 8. 99% ，与上年相比，同比增速回落 12. 97 个百分点。其中，信贷 ABS 新发行规模为 9 179. 44 亿元，同比增加 1 137. 54 亿元；企业 ABS 新发行规模为 15 774. 55 亿元，同比增加 82. 97 亿元；ABN 新发行规模为 6 446. 07 亿元，同比增加 1 368. 50 亿元；企业 ABS 和 ABN 同比增速分别回落 40. 87 个百分点和 48. 64 个百分点（见图 1）。

* 本文写于 2022 年 2 月 10 日。

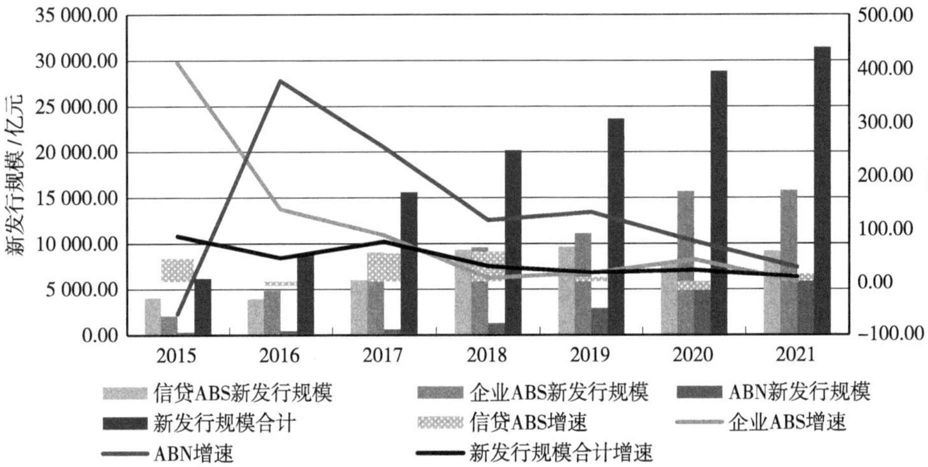

图 1　资产证券化市场增量情况

数据来源：Wind，中诚信托投资研究部整理。

二、发行主体：领先机构优势显著

从发行主体来看，资产证券化发行市场的领先机构表现出更为显著的优势。根据 Wind 数据，2021 年，共 43 家信托公司担任各类资产证券化业务的发行人/计划管理人。其中建信信托、华能信托、上海信托、中海信托、华润信托和外贸信托六家信托公司各类资产证券化业务发行规模均超千亿元，建信信托接近 3 000 亿元，业务规模远超其他信托公司。2021 年六家公司合计超过全行业六成市场份额，2019～2021 年市场份额占比也在六到七成左右（见表 1）。

表 1　TOP6 信托公司近三年信贷 ABS 和 ABN 业务规模

信托公司	信贷 ABS 新发行规模/亿元			ABN 新发行规模/亿元			合计新发行规模/亿元		
	2021	2020	2019	2021	2020	2019	2021	2020	2019
建信信托	2 701.77	2 722.33	2 533.66	289.64	587.93	126.73	2 991.41	3 310.26	2 660.39
华能信托	482.62	884.41	1 325.05	1 355.11	978.14	631.48	1 837.73	1 862.55	1 956.53
上海信托	883.35	609.85	1 074.39	274.67	51.96	69.76	1 158.02	661.81	1 144.16
中海信托	1 074.14	922.69	41.57	20.67	19.19	32.81	1 094.81	941.88	74.38
华润信托	492.85	869.14	1 428.04	548.24	392.15	184.83	1 041.09	1 261.29	1 612.87
外贸信托	869.92	765.29	432.25	151.82	69.97	42.32	1 021.74	835.26	474.57
全市场合计	9 179.44	8 041.90	9 634.59	6 446.07	5 077.57	2 891.63	15 625.51	13 119.47	12 526.22
TOP6 市场份额	70.86%	84.23%	70.94%	40.96%	41.35%	37.62%	58.52%	67.63%	63.25%

资料来源：Wind，中诚信托投资研究部整理。

领先机构保持优势的主要原因在于其长期以来积累的资源禀赋较为突出。一是股东优势。银行系、央企系信托公司普遍大力开发股东资产证券化业务需求。例如，建信信托与中国建设银行合作、交银信托与交通银行合作的信贷 ABS 业务，再如英大信托与国家电网有限公司、百瑞信托与国家电力投资集团有限公司合作的 ABN 业务等。二是长期战略合作的资源禀赋。例如，中海信托与中国工商银行的框架合作，交银信托与保利、中航信托与京东的合作关系等，是前述信托公司资产证券化业务保持一定规模的重要贡献因素。三是业务协同的资源禀赋。例如，华能信托、华润信托等，依托标品信托业务的承接能力，ABN 新发行规模实现了持续快速增长。

三、基础资产：政策导向影响突出

一是"碳中和"主题发展较快。2021 年 3 月，中国银行间市场交易商协会发布了《关于明确碳中和债相关机制的通知》，指出："鼓励企业注册发行以碳减排项目产生的现金流为支持的绿色资产支持票据等结构性债务融资工具创新产品。在满足绿色债务融资工具相关机制要求的情况下，资产支持票据（ABN）可通过发行前变更或备案转为绿色资产支持票据（含碳中和债）。"据金融二叉树[①]统计，2021 年共发行 42 只碳中和专项产品，其中 ABS17 只，发行金额 300.99 亿元；ABN25 只，发行金额 526.19 亿元。"中国三峡新能源（集团）股份有限公司 2021 年度第一期绿色资产支持票据（碳中和债）"等产品为绿色资产支持票据（含碳中和债）的典型代表。受"绿电"政策催化，2021 年，全市场共新发行 8 单以补贴款或补贴款债权为基础资产的资产证券化产品，较往年的年均 6 单左右有所增加。其中三单为英大信托发行的 ABN 产品，这也与国补类产品主要涉及电力补贴而英大信托实控人为国家电网有限公司有较大关系。

二是并表型 ABS/ABN 得到更多关注。2018 年开始，国务院国资委数次对央企下达并表口径下的降负债率要求。对此，近年来国有企业通过永续债、资产证券化等多种方式降低资产负债率，而并表型 ABS/ABN 的优势更加突出，尤其是可以实现"融资余额多反而资产负债率越低""资产负债率不升反降"的效果，因此实现了快速发展。2021 年以来，多家国企加入行列，并表型 ABN 案例显著增加。例如，淮河能源控股集团有限责任公司作为借款人的"淮矿上信融资租赁有限公司 2021 年度第一期淮能控股定向资产支持票据"、成都交子金融控股集团有限公司作为借款人的"华电金泰（北京）投资基金管理有限公司 2021 年度第一期成都交子定向资产支持票据"、山东

① 微信公众号，ID：JRECS。

钢铁集团有限公司作为融资人的“中光控股有限公司2021年度第一期光穗山钢定向资产支持票据”等均为2021年年底具有一定市场影响力的并表型ABN产品。但是，并表型ABS/ABN具有明股实债的特点，市场对此也有一定疑虑。

三是部分基础资产类型受到政策制约。例如，购房尾款ABS，受房地产领域风险暴露和交易所一度叫停购房尾款ABS的影响，购房尾款新发行规模略有减少。再如，个人住房抵押贷款类信贷ABS，受疫情等的影响，加之2021年第四季度监管窗口指导要求控制RMBS发行节奏，导致开展RMBS业务的迫切性下降，2021年及2020年新发行RMBS业务规模较2019年及2018年有所减少。

四、未来展望：市场竞争更加激烈

展望未来，信托公司在资产证券化市场的竞争将更加激烈。

一是信托公司对资产证券化业务的发展需求进一步提升。一方面，资产证券化业务作为信托本源业务，符合监管导向，是信托行业转型的业务重点。另一方面，信托公司做大受托管理资产规模，也势必要将开拓资产证券化业务作为战略重点。

二是近期监管政策收紧导致对优质业务的竞争更加激烈。近期交易所收紧弱资质城投债一定程度影响弱资质城投相关政信业务非标转标的开展，中国证券业协会规范私募债发行亦会影响到企业ABS和ABN业务的开展（目前已发行企业ABS全部为私募，ABN业务也大多为私募发行），加之交易所、中国银行间市场交易商协会时有窗口指导对信托公司参与资产证券化业务提出更高门槛要求，可能会在一定程度上影响资产证券化业务的市场规模，未来信托公司对优质资源、优质资产、优质客户的竞争将更加激烈。

在激烈的市场竞争格局下，信托公司要拓展业务机会，应从以下三个方面更多努力。

一是信托公司应持续加强业务资源挖掘和把控。在目前的资产证券化市场中，信托公司仍受制于角色通道化的发展障碍，为防止存量时代的“内卷”或恶性竞争，对业务资源的获取和掌控能力仍是重要的竞争力。

二是信托公司应把握政策导向，以积极把握增量业务机会。从资产证券化业务的发起人、原始权益人、基础资产结构变化趋势来看，符合政策导向的国企央企产生的基础资产仍是增量业务的主要来源。信托公司应将业务方向符合国家战略导向的国企央企作为业务拓展的重点，将资产证券化业务作为服务实体经济、助力盘活存量资产、降低资产负债率的重点推进业务，有利于在未来展业中将根据政策导向高效开发增量业务机会的能力形成破解“同质化”的竞争壁垒。

三是信托公司展业中应加强风险防控。从过往经验来看，个贷、消金等高分散类业务品种较为安全，过于依赖主体信用等级的房地产供应链、预期收益权等领域风险较高。为防止目前市场风险偏好下降及二级市场风险向一级市场传导，建议信托公司参与资产证券化业务发行阶段和基础资产形成阶段时，应适当规避风险暴露较多的下沉领域的基础资产。

（执笔人：崔继培）

新政策对信托公司能力建设的要求*

2022年4月，中国银保监会发布《关于调整信托业务分类有关事项的通知（征求意见稿）》（以下简称《征求意见稿》）开始征求意见。《征求意见稿》将信托业务分为资产管理信托、资产服务信托、公益/慈善信托三大类及十余项细分类。总体来看，《征求意见稿》弱化了信托公司的融资功能，指明了信托业务全面投资化、服务化的转型导向。未来，信托公司的展业方向将着力于投资类业务和服务类业务，这也对信托公司的风控能力、投研能力、运营能力和协同能力等方面的能力建设提出了新的要求。

一、提升风控能力，保障业务转型

一是根据业务转型要求，调整风控理念。《征求意见稿》明确资产管理信托区别于传统的私募投行业务，未来信托公司的传统融资业务将有序向投资转型，因此风控理念也应相应调整。目前信托公司对传统业务的风险防控主要集中于事前风控和事中管理，未来资产管理信托业务的风控，根据投资类业务的特点，则应更加注重宏观、政策、行业等变化导致的各类市场风险和操作风险，资产服务信托业务的风控，根据具体业务对受托人的要求，应更加侧重受托人履职尽责相关的操作风险。

二是根据业务开展实际，细化风控模式。根据《征求意见稿》，未来不同信托业务的功能和角色可能差异较大，也要求信托公司根据不同信托业务的实际情况，有针对性地采取不同的风控模式。例如，由于标品信托业务面临较大的市场风险，因此对标品信托业务的风控，既要在投资决策委员会层面，定期及不定期整体把控总体的业务方向和风控策略，也要将更多的风险控制措施体现于期间管理运营过程，包括实时监测标的舆情、定期跟踪标的经营业绩、严格落实触发预警、平仓线后相关操作等。而对于涉众性社会资金受托服务信托等行政管理受托服务信托，由于更多面临操作风险，所以需要对业务的具体运作流程加强规范化管理。

二、提升投研能力，推进投研一体化

一是投研一体化应持续推进。未来资产管理信托全面转向投资化，投研能力将是

---

* 本文写于2022年4月14日。

决定信托公司投资业绩、促进投资化转型的基础性专业能力和核心竞争力，因此也应通过持续推进投研一体化不断提升投研能力。信托公司应建立公司和业务两个层面既分层又统一的投研一体化体系，公司层面的投研更加侧重宏观与策略研究等业务方向的把控，业务层面的投研更加侧重个体研究等标的把控，两个层面的投研既相互独立，又在业务开展中建立沟通联系和协作机制。

二是投研能力的重点应与信托公司投资类业务发展的实际情况相结合。目前多家信托公司大力发展组合投资类业务。尽管与券商、基金相比，信托公司的投研能力相对较弱，但现阶段信托公司可充分利用已有的客户基础和业务基础，在组合投资业务方面仍有较大发展机遇，因此应适宜以资产配置类组合投资业务为突破口建立投研能力。

三是投研力量应不断加强。开展主动管理类投资管理业务需要大量的投研投入，包括人力投入、系统投入及外部合作资源投入等。信托公司向主动管理类标品信托业务转型，为尽快提升管理规模，也需要不断加强投研力量及相关投入。一方面，信托公司为保有和扩大资产管理信托规模，需要在一定的基础性研究员配置上，随着管理规模的扩大相应增加研究人员。另一方面，为提高投研效率，信托公司应加大对投研工具的投入，包括通过外采或自研自建的方式建立投资模型和数据库，开发投资交易系统、资产配置系统等，也可通过与外部机构合作获取外部的研究资源等。

三、提升运营能力，强化科技赋能

一是建立公司层面的统一的运营支持体系，加强运营支持的顶层设计。《征求意见稿》将信托业务分为三类一级分类、八类二级分类和十六类三级分类，意味着信托公司的信托业务场景将极为丰富，涉及的交易将更加高频，相关的业务运营也将更为复杂。对此，信托公司必须在业务运营方面加强顶层设计，充分考虑业务的复杂性和系统的兼容性，以战略核心为导向，以目标任务为牵引，统筹部署，推动运营部门、估值部门、风控部门、财务部门、科技部门等运营体系部门的相互配合，根据日益复杂的业务类型构建更为完善的运营管控体系和措施。

二是重点加强标品投资业务的相关运营体系。结合信托公司的业务基础，《征求意见稿》实质上要求未来信托公司资产管理信托业务的核心聚焦于标品信托业务，因此快速提升标品信托业务规模将成为信托公司接下来的发展重点，标品投资业务的相关运营体系也应重点加强。同时，标品投资业务作为市场中已经发展成熟的业务类型，目前已高度依赖投资管理系统，包括通过系统完成产品认购、份额登记、投资交易、风险管理、估值清算、信息披露等业务和运营流程，因此，标品投资业务相关运营保障也将在较大程度上依赖于标品投资管理系统的建设和完善。

三是加强资产服务类信托的运营体系支持。例如家族信托、涉众性社会资金受托服务信托、资产证券化信托等资产服务信托业务，业务流程较长且较为复杂，对操作风险把控要求和持久稳定服务要求均较高，需要信托公司在运营体系方面进一步加强支持。

四是强化科技赋能。一方面，要加强数据治理体系建设，进一步提高数字化能力。资产管理信托业务和资产服务信托业务均需要面向公司内外的数字化平台的支持，通过数字化运营、数字化投研和数字化营销保障业务的开展和规模的快速提升。另一方面，要提高信息科技水平。面对更加复杂和多变的市场环境，资管业务的广度和深度都在不断延伸，需要建立和完善相关的系统平台，通过科技能力赋能客户开发、产品运营、风险防控、投资研究等，以更系统、高效地开展客户服务工作、投研和交易运营工作、风险量化和监控工作等。

四、提升协同能力，统筹发展资源

一是用好股东资源。信托公司应进一步用好股东资源。例如，对于拥有产业类股东资源的信托公司，可加大开展股权投资业务力度，分享被投资企业与股东资源协同带来的股权增值收益，可加大开展资产证券化业信托业务力度，助力盘活股东存量资产，推动提高存量资产效能等；对于拥有金融类股东资源的信托公司，可积极争取股东资金成为股东的投资平台，积极争取股东高端客户开展家族信托、保险金信托等高端财富管理业务；对于拥有地方政府股东资源的信托公司，可加大开展涉众性社会资金受托服务信托、特殊需要信托、风险处置受托服务信托等信托业务，助力发挥信托功能，维护地方经济金融秩序，服务人民美好生活等。

二是维护重要客户与渠道资源。信托公司加大开展资产管理信托业务，资产端应注重与市场中的各类机构建立紧密联系和良好互动，保障存量业务的有序开展并挖掘更多新增业务资源，资金端应注重争取更多市场长期资金；信托公司加大开展资产服务信托业务，应积极对接银行、保险、专业机构的高端客户，打通渠道资源，争取渠道对高端财富管理业务客户资源的更多支持。

三是统筹子公司资源。多家信托公司享有丰富的子公司资源，包括银行、券商、公募基金、PE 等。其中，能够有效统筹子公司资源的信托公司，将显著受益于开展资产管理信托业务过程中对子公司优秀资管产品的投配。

（执笔人：崔继培）

简评信托公司2021年年报主要指标TOP10*

目前，共有61家信托公司的2021年年报已披露完毕。中诚信托投资研究部对已披露的信托公司年报数据（母公司数）进行了整理，并对重要指标的TOP10进行了排序，可以看出2021年信托公司资本实力持续提升，但业务结构与收入结构正在发生变化，公司之间仍呈现强者恒强的分化态势，转型发展的新格局正在逐步形成。

一、行业资本实力持续提升

从注册资本来看，2021年61家信托公司注册资本均值为48.61亿元，同比增长4.25%；行业排名第一的仍然是重庆信托，注册资本达到150亿元；排名第十的陆家嘴信托注册资本为90亿元，进一步提升了TOP10的门槛。前十的公司注册资本平均值为115.05亿元，集中度为38.80%，比上年略有下降（见表1）。

表1　2021年信托公司注册资本TOP10

信托公司	2021年排名	2021年注册资本/亿元	2020年排名	2020年注册资本/亿元	同比增长	排名变动
重庆信托	1	150.00	1	150.00	0.00%	持平
五矿信托	2	130.51	2	130.51	0.00%	持平
平安信托	3	130.00	3	130.00	0.00%	持平
中融信托	4	120.00	4	120.00	0.00%	持平
中信信托	5	112.76	5	112.76	0.00%	持平
华润信托	6	110.00	6	110.00	0.00%	持平
建信信托	7	105.00	7	105.00	0.00%	持平
昆仑信托	8	102.27	8	102.27	0.00%	持平
兴业信托	9	100.00	9	100.00	0.00%	持平
陆家嘴信托	10	90.00	21	48.00	87.50%	+11
行业均值	48.61		46.63		4.25%	
TOP10均值	115.05		110.85		3.79%	
CR10	38.80%		40.37%		下降1.57个百分点	

资料来源：61家信托公司年报，中诚信托投资研究部整理。

* 本文写于2022年5月6日。

从总资产来看，61 家公司均值为 133.70 亿元，同比增长 6.95%；TOP10 均值为 289.55 亿元，同比增长 5.21%，集中度达到 35.50%；其中华润信托总资产增长 21.01%，排名从上年的第 6 位上升至第 3 位（见表 2）。

表 2　2021 年信托公司总资产 TOP10

信托公司	2021 年排名	2021 年总资产/亿元	2020 年排名	2020 年总资产/亿元	同比增长	排名变动
中信信托	1	364.99	1	349.03	4.57%	持平
平安信托	2	322.91	2	344.25	-6.20%	持平
华润信托	3	320.85	6	265.13	21.01%	+3
重庆信托	4	314.67	3	295.13	6.62%	-1
华能信托	5	285.08	5	274.56	3.83%	持平
江苏信托	6	278.69	4	280.74	-0.73%	-2
五矿信托	7	269.75	8	250.23	7.80%	+1
建信信托	8	268.94	7	255.47	5.27%	-1
中融信托	9	242.71	9	224.62	8.05%	持平
兴业信托	10	226.89	11	212.81	6.62%	+1
行业均值	133.70		125.01		6.95%	
TOP10 均值	289.55		275.20		5.21%	
CR10	35.50%		36.10%		下降 0.60 个百分点	

资料来源：61 家信托公司年报，中诚信托投资研究部整理。

从净资产来看，61 家公司均值为 108.66 亿元，同比增长 7.66%；TOP10 均值为 247.71 亿元，同比增长 5.63%，集中度为 37.37%，保持了较高水平。其中，华能信托、华润信托、建信信托的净资产增速靠前（见表 3）。部分信托公司总资产的增速超过了净资产的增速，其原因可能与负债的变化有关。

表 3　2021 年信托公司净资产 TOP10

信托公司	2021 年排名	2021 年净资产/亿元	2020 年排名	2020 年净资产/亿元	同比增速	排名变动
中信信托	1	320.55	1	304.51	5.27%	持平
平安信托	2	273.20	3	263.37	3.73%	+1
华润信托	3	272.54	4	248.41	9.71%	+1
重庆信托	4	265.80	2	263.76	0.77%	-2
华能信托	5	254.97	5	230.19	10.77%	持平

续表

信托公司	2021 年排名	2021 年净资产/亿元	2020 年排名	2020 年净资产/亿元	同比增速	排名变动
江苏信托	6	241.84	7	223.07	8.41%	+1
五矿信托	7	231.60	6	224.68	3.08%	-1
建信信托	8	225.61	8	206.51	9.25%	持平
外贸信托	9	197.89	10	189.83	4.25%	+1
中融信托	10	193.08	9	190.61	1.29%	-1
行业均值	108.66		100.93		7.66%	
TOP10 均值	247.71		234.50		5.63%	
CR10	37.37%		38.09%		下降 0.72 个百分点	

资料来源：61 家信托公司年报，中诚信托投资研究部整理。

二、信托资产规模行业分化与结构调整明显

从信托资产规模来看，2021 年 61 家信托公司的均值为 3 240.89 亿元，同比略增长 0.67%；TOP10 均值为 9 792.03 亿元，远高于行业平均水平，且比上年增长 8.95%，集中度为 49.53%，比上年提升 3.48 个百分点。其中排名第一的建信信托，其信托资产规模达到约 1.70 万亿元，增速最快的外贸信托全年增长 63.69%，华润信托、五矿信托、英大信托、建信信托四家公司增速均超 10%，而中信信托、中融信托两家公司规模下降较为明显但仍保持行业前十（见表 4）。从以上数据可以看出，信托资产规模的行业分化已经十分明显，部分头部公司的信托资产规模还保持了较高增速，这种分化趋势预计未来会进一步加大。

表 4　2021 年信托公司信托资产规模 TOP10

信托公司	2021 年排名	2021 年信托资产规模/亿元	2020 年排名	2020 年信托资产规模/亿元	同比增速	排名变动
建信信托	1	16 977.29	1	15 261.14	11.25%	持平
华润信托	2	13 089.38	4	10 237.04	27.86%	+2
外贸信托	3	11 051.38	8	6 751.29	63.69%	+5
光大信托	4	10 957.03	3	10 260.76	6.79%	-1
中信信托	5	9 787.78	2	12 246.59	-20.08%	-3
五矿信托	6	8 174.05	7	7 028.52	16.30%	+1
华能信托	7	8 068.51	5	8 504.00	-5.12%	-2
中航信托	8	6 774.71	9	6 665.30	1.64%	+1

续表

信托公司	2021年排名	2021年信托资产规模/亿元	2020年排名	2020年信托资产规模/亿元	同比增速	排名变动
英大信托	9	6 652.82	12	5 742.54	15.85%	+3
中融信托	10	6 387.30	6	7 176.30	-10.99%	-4
行业均值	3 240.89		3 219.35		0.67%	
TOP10均值	9 792.03		8 987.35		8.95%	
CR10	49.53%		46.05%		上升3.48个百分点	

资料来源：61家信托公司年报，中诚信托投资研究部整理。

从信托资产规模的内部结构来看，2021年增长最为明显的是证券投资信托。61家信托公司证券投资信托均值达到了660.12亿元，同比增长54.14%，证券投资信托将成为未来信托资产规模中非常重要的构成。TOP10均值达到了3 038.84亿元，同比增长比行业均值更快，达到了73.50%，集中度达到75.47%，比上年提高6.66个百分点；华润信托、外贸信托的证券投资信托规模在行业内遥遥领先，且保持了较高增速；五矿信托、外贸信托、平安信托、江苏信托四家公司增速都在100%以上，五矿信托更是实现了326.47%的增长（见表5）。值得关注的是，证券投资信托TOP10的信托公司，有6家位于信托资产规模TOP10，有7家位于营业收入TOP10，可以看出综合实力领先的信托公司，更加注重证券投资信托业务的发展，有些公司已经形成了较为明显的领先优势，成为重要的收入贡献来源。

表5　2021年信托公司证券投资信托规模TOP10

信托公司	2021年排名	2021年证券投资信托规模/亿元	2020年排名	2020年证券投资信托规模/亿元	同比增速	排名变动
华润信托	1	8 434.15	1	5 446.09	54.87%	持平
外贸信托	2	7 098.30	2	3 054.71	132.37%	持平
五矿信托	3	3 003.57	13	704.29	326.47%	+10
建信信托	4	2 376.56	3	2 817.64	-15.65%	-1
平安信托	5	2 141.22	5	980.56	118.37%	持平
江苏信托	6	2 021.42	6	971.92	107.98%	持平
华宝信托	7	1 485.32	10	842.48	76.30%	+3
光大信托	8	1 403.70	7	970.79	44.59%	-1
交银信托	9	1 255.67	11	809.48	55.12%	+2
中信信托	10	1 168.46	9	917.37	27.37%	-1

续表

信托公司	2021 年排名	2021 年证券投资信托规模/亿元	2020 年排名	2020 年证券投资信托规模/亿元	同比增速	排名变动
行业均值	660.12		428.26		54.14%	
TOP10 均值	3 038.84		1 751.53		73.50%	
CR10	75.47%		68.81%		上升 6.66 个百分点	

资料来源：61 家信托公司年报，中诚信托投资研究部整理。

三、营业收入与盈利水平整体略有变动

从营业收入来看，2021 年 61 家信托公司均值为 18.24 亿元，同比略下降 3.61%；TOP10 均值为 46.39 亿元，同比略下降 2.22%，集中度达到 41.69%，比上年略有提高 0.17 个百分点，体现了明显的行业分化格局。TOP10 公司中，有 5 家公司营业收入同比提升，建信信托增长 27.69% 为最高；5 家公司同比下降，平安信托降幅明显（见表 6）。

表 6　2021 年信托公司营业收入 TOP10

信托公司	2021 年排名	2021 年营业收入/亿元	2020 年排名	2020 年营业收入/亿元	同比增速	排名变动
中信信托	1	67.20	1	70.73	-4.99%	持平
光大信托	2	62.04	3	56.30	10.18%	+1
华能信托	3	60.23	2	60.30	-0.11%	-1
中融信托	4	49.03	6	45.64	7.44%	+2
五矿信托	5	45.97	5	51.64	-10.98%	持平
华润信托	6	43.69	7	38.37	13.88%	+1
建信信托	7	36.21	13	28.36	27.69%	+6
中航信托	8	34.87	8	37.65	-7.38%	持平
外贸信托	9	33.44	12	30.89	8.24%	+3
平安信托	10	31.27	4	54.61	-42.74%	-6
行业均值	18.24		18.93		-3.61%	
TOP10 均值	46.39		47.45		-2.22%	
CR10	41.69%		41.52%		上升 0.17 个百分点	

资料来源：61 家信托公司年报，中诚信托投资研究部整理。

利润总额的变化态势与营业收入有所不同。61 家公司利润总额的均值为 9.89 亿元，同比略增长 4.68%；而 TOP10 均值为 29.29 亿元，仅增长 1.94%，这也意味着前十的行业集中度有所下降，从上年的 55.98% 下降至 48.55%。TOP10 公司中，华能信

托以50.03亿元排名第一；华润信托利润总额增长19.48%，达到了37.52亿元，排名第二；陆家嘴信托增长37.54%，排名提升9位，首次进入前十；光大信托下滑40.51%，排名下降6位但仍居前十（见表7）。

表7　2021年信托公司利润总额TOP10

信托公司	2021年排名	2021年利润总额/亿元	2020年排名	2020年利润总额/亿元	同比增速	排名变动
华能信托	1	50.03	1	50.36	-0.65%	持平
华润信托	2	37.52	5	31.40	19.48%	+3
中信信托	3	36.53	7	29.34	24.51%	+4
五矿信托	4	31.34	3	37.03	-15.37%	-1
建信信托	5	29.48	10	21.97	34.17%	+5
江苏信托	6	22.53	9	22.10	1.95%	+3
中航信托	7	22.10	8	26.15	-15.48%	+1
外贸信托	8	21.30	12	18.47	15.29%	+4
陆家嘴信托	9	21.16	18	15.39	37.54%	+9
光大信托	10	20.88	4	35.09	-40.51%	-6
行业均值	9.89		9.45		4.68%	
TOP10均值	29.29		28.73		1.94%	
CR10	48.55%		55.98%		下降7.43个百分点	

资料来源：61家信托公司年报，中诚信托投资研究部整理。

净利润的变化特征与利润总额整体相似。61家公司的净利润均值为7.63亿元，同比增长8.67%；但TOP10均值为23.06亿元，同比增长5.03%；前十的集中度下降9.01个百分点，但其水平达到49.53%，反映出净利润的行业分化程度比利润总额、营业收入都要高。中信信托、建信信托、华润信托、外贸信托、陆家嘴信托净利润增速均在15%以上（见表8）。

表8　2021年信托公司净利润TOP10

信托公司	2021年排名	2021年净利润/亿元	2020年排名	2020年净利润/亿元	同比增速	排名变动
华能信托	1	37.90	1	37.97	-0.17%	持平
华润信托	2	33.11	4	27.41	20.79%	+2
中信信托	3	27.82	7	20.33	36.85%	+4
五矿信托	4	23.62	3	27.84	-15.14%	-1

续表

信托公司	2021年排名	2021年净利润/亿元	2020年排名	2020年净利润/亿元	同比增速	排名变动
建信信托	5	22.02	10	16.56	32.95%	+5
江苏信托	6	20.40	9	19.44	4.91%	+3
中航信托	7	16.79	8	19.81	-15.24%	+1
重庆信托	8	16.67	6	24.49	-31.92%	-2
外贸信托	9	16.43	12	14.21	15.66%	+3
陆家嘴信托	10	15.86	18	11.52	37.64%	+8
行业均值	7.63		7.02		8.67%	
TOP10均值	23.06		21.96		5.03%	
CR10	49.53%		58.54%		下降9.01个百分点	

资料来源：61家信托公司年报，中诚信托投资研究部整理。

四、信托业务收入与固有业务收入变动不一

2021年，61家信托公司的信托业务收入水平整体略有提升，均值为14.11亿元，同比提升3.34%。TOP10的信托业务收入提升更加明显，均值达到39.76亿元，同比增长达到10.09%；集中度达到46.19%，处于较高水平，并且比上年提高1.83个百分点。在TOP10公司中，华能信托、英大信托、五矿信托的信托业务收入增速达到20%以上，英大信托该指标排名提升较为明显（见表9）。

表9　2021年信托公司信托业务收入TOP10

信托公司	2021年排名	2021年信托业务收入/亿元	2020年排名	2020年信托业务收入/亿元	同比增速	排名变动
光大信托	1	56.94	2	47.90	18.87%	+1
中信信托	2	56.42	1	57.86	-2.49%	-1
华能信托	3	49.20	6	38.23	28.69%	+3
五矿信托	4	45.24	7	37.54	20.50%	+3
中融信托	5	44.52	3	39.24	13.47%	-2
中航信托	6	39.50	5	38.26	3.24%	-1
平安信托	7	32.44	4	38.84	-16.47%	-3
建信信托	8	32.22	8	28.16	14.45%	持平
英大信托	9	21.20	14	16.99	24.79%	+5
外贸信托	10	19.93	11	18.17	9.74%	+1

续表

信托公司	2021 年排名	2021 年信托业务收入/亿元	2020 年排名	2020 年信托业务收入/亿元	同比增速	排名变动
行业均值	14.11		13.66		3.34%	
TOP10 均值	39.76		36.12		10.09%	
CR10	46.19%		44.35%		上升 1.83 个百分点	

资料来源：61 家信托公司年报，中诚信托投资研究部整理。信托业务收入以“手续费及佣金净收入＋其他业务收入：计入信托业务收入部分”之和估算。

固有业务收入的整体水平与信托业务收入变动相反。61 家信托公司的固有业务收入均值为 4.21 亿元，同比下降 26.47%，下滑幅度较为明显。从 TOP10 来看，均值为 14.40 亿元，同比略增长 3.48%；集中度达到 56.09%，比上年提高 11.61 个百分点，行业分化十分明显（见表 10）。值得关注的是，TOP10 中的华润信托、江苏信托、粤财信托、华能信托、重庆信托，其投资收益也排名行业前十，这也从侧面反映出投资收益对信托公司固有业务收入的重要性。

表 10　2021 年信托公司固有业务收入 TOP10

信托公司	2021 年排名	2021 年固有业务收入/亿元	2020 年排名	2020 年固有业务收入/亿元	同比增速	排名变动
华润信托	1	27.67	2	21.87	26.49%	+1
江苏信托	2	16.72	4	15.09	10.80%	+2
山东信托	3	14.29	11	11.53	23.93%	+8
上海信托	4	13.51	6	14.17	-4.65%	+2
外贸信托	5	13.50	9	12.73	6.09%	+4
粤财信托	6	13.29	13	9.00	47.54%	+7
华融信托	7	12.80	31	5.45	134.79%	+24
华能信托	8	11.03	1	22.06	-50.02%	-7
中信信托	9	10.78	8	12.87	-16.25%	-1
重庆信托	10	10.44	5	14.40	-27.53%	-5
行业均值	4.21		5.72		-26.47%	
TOP10 均值	14.40		13.92		3.48%	
CR10	56.09%		44.48%		上升 11.61 个百分点	

资料来源：61 家信托公司年报，中诚信托投资研究部整理。固有业务收入根据“营业收入－信托业务收入”估算。

（执笔人：和晋予　崔继培）

从年报看信托公司转型发展新格局*

已有61家信托公司披露了2021年度报告，从年报数据来看，信托公司已进入了行业转型的“深水区”，正面临“业务转型、压力提升、分化加速”的发展新格局。

一、业务转型持续深入

2021年，61家信托公司管理的信托资产规模整体略有增长，但其内部结构发生重要变化，反映出业务转型的持续深入。

一是投资类信托规模快速增长，融资类信托规模普遍下降。各信托公司年报数据显示，截至2021年年底，61家信托公司的平均投资类信托规模增至1 377.89亿元，同比增加316.76亿，增幅高达29.85%；占比增至42.31%，同比上升9.34个百分点。共有38家信托公司的投资类信托规模实现增长，其中17家公司增速在50%以上。与投资类信托相反，61家信托公司的平均融资类信托规模则降至680.18亿元，同比减少228.67亿元，降幅高达25.16%；占比降至20.88%，同比下降7.35个百分点。融资类信托规模下降的信托公司有57家，已成为行业的普遍现象。

二是证券投资信托规模和占比大幅提升，成为业务转型的主要方向。61家信托公司平均证券投资信托业务规模达到660.12亿元，同比增长54.14%，规模占比从上年的13.30%提升至20.27%；与之对比，基础产业、房地产和工商企业信托均值下滑，分别为375.16亿元、322.84亿元、794.13亿元，分别下降20.89%、19.96%和4.21%。全年共有41家信托公司的证券投资信托规模实现了增长，该领域已成为信托公司业务转型的主要方向。

三是财产权信托增长迅速，服务信托成为重要转型业务。2021年61家信托公司的财产权信托规模增长迅速，平均每家公司财产权信托规模余额为890.11亿元，较上年末增加229.94亿元，同比增长34.83%。财产权信托中，资产证券化、保险金信托、破产重整信托等服务信托是近年来监管部门倡导的重要转型业务。在财产权信托规模余额排名前十的信托公司中，建信信托、英大信托、华能信托、外贸信托等公司在服务信托方面取得了突出成效，其资产证券化、家族信托、破产重整信托等业务规模居

* 本文写于2022年6月2日。

于行业前列。

二、经营压力有所提升

受宏观环境和监管政策影响，2021 年信托公司面临业务结构调整、风险压力加大等多重挑战，整体的经营压力有所提升。

一是营业收入略有下降。61 家信托公司 2021 年平均实现营业收入 18. 24 亿元，同比减少 0. 68 亿元，降幅约 3. 61% 。营业收入下降的信托公司共有 38 家，占据行业多数，其中有 4 家信托公司营业收入同比降幅超过 50% ；仅有 23 家信托公司营业收入同比实现增长。在营业收入的结构中，尽管信托业务收入同比实现了 3. 34% 的增长，其占比也进一步提升至 77. 36% ；但固有业务收入明显下滑，降幅达 26. 47% ，对营业收入的整体水平影响显著。

二是盈利水平稳中略增。61 家信托公司平均实现利润总额、净利润分别为 9. 89 亿元、7. 63 亿元，同比略增长 4. 68% 、8. 67% 。超过半数的信托公司实现了利润总额与净利润的增长。在营业收入下降的情况下，盈利水平稳中略有提升，其中一个重要因素是信托公司对成本费用控制的加强，61 家公司业务与管理费平均水平同比下降了 5. 69% ，平均营收费用比（业务与管理费/营业收入）为 25. 93% ，下降 0. 57 个百分点。

三是固有资产质量有所下降。61 家信托公司固有不良资产平均为 9. 21 亿元，同比增加 2. 92 亿元，固有资产平均不良率达到 7. 64% ，同比提高 0. 78 个百分点。固有不良资产水平的提升，增加了资产减值计提，进而对盈利水平产生一定影响。2021 年，61 家信托公司平均计提资产减值准备 3. 04 亿元，在营业收入中的占比达到了 16. 64% 。共有 52 家信托公司计提了资产减值准备，其中有 12 家公司计提金额超过 5 亿元。

三、行业格局分化加速

信托行业发展格局多年来一直呈现分化态势，在行业转型不断深化的阶段，行业格局的分化有所加速，信托公司主要经营指标排名的提升难度有所提高。

一是“强者恒强、强者更强”的现象更为突出。从行业集中度来看，各指标排名前十的信托公司，集中了 35. 50% 的固有总资产、41. 69% 的营业收入、49. 53% 的净利润、49. 29% 的信托资产规模与 46. 19% 的信托业务收入，除固有总资产指标外，其他经营类指标的集中度已经达到了很高的程度，头部效应非常明显。此外，营业收入、信托资产规模、信托业务收入的前十集中度同比上年均有扩大趋势，呈现出“强者更强”的特点。

二是信托公司提升排名的难度整体较大。中诚信托投资研究部统计了 2021 年 61 家信托公司主要经营指标排名变动情况，发现固有总资产仅有 1 家公司进入前 10，1 家公司进入前 20；营业收入有 2 家公司进入前 10，4 家公司进入前 20；净利润有 2 家公司进入前 10，5 家公司进入前 20；信托资产规模有 1 家公司进入前 10，3 家公司进入前 20；信托业务收入有 2 家公司进入前 10，3 家公司进入前 20。整体来看，行业前 10 格局已经非常稳固，变动很小；前 20 格局仅有净利润变动较大，其余指标变动整体也较小。行业格局的相对固化造成了排名提升的难度加大。

三是影响信托公司指标排名的因素较为明确。对上述排名提升信托公司进行深入分析，我们发现固有资产排名提升的主要因素，在于未分配利润累积与负债水平提升；营业收入排名提升的主要因素，在于固有业务收入的增长；净利润排名提升的主要因素，在于营业收入的增长以及资产减值计提的减少；信托资产规模排名提升的主要因素，在于基础产业信托、证券投资信托、财产权信托规模的较快增长；信托业务收入提升的主要因素，与信托资产规模的增长主要相关。上述因素可为信托公司在转型中提升排名、提高自身竞争力提供借鉴。

（执笔人：和晋予）

资管产品会计处理规定对信托产品运营管理的新要求*

对资管产品进行准确的会计核算，是落实中国人民银行、中国银行保险监督管理委员会、中国证券监督管理委员会、国家外汇管理局《关于规范金融机构资产管理业务的指导意见》（银发〔2018〕106号，以下简称资管新规）对资管产品净值化管理要求的基础，也是管理人尽职履责的重要体现。2022年6月2日，财政部印发《资产管理产品相关会计处理规定》（财会〔2022〕14号，以下简称《规定》），对资管产品金融资产计量、收入费用核算等特定会计问题进行明确，对相关会计科目设置、账务处理方法等具体内容做出统一规范，对部分实务问题加以强调。《规定》的出台将进一步提升信托产品会计核算的质量，对信托产品的运营管理提出了新的要求。

一、《规定》是未来信托业务会计核算的重要规范

《规定》出台前，金融监管机构已对公募基金、银行理财的会计核算做出规范和指引。首先，2018年出台的资管新规要求资管产品实行净值化管理，净值生成应当符合企业会计准则规定，并对资管产品持有的金融资产计量方法做出原则性规定，鼓励使用市值计量，符合一定要求的可采用摊余成本法计量。随后，中国证券投资基金业协会发布《中国基金估值标准2018》，中国证券监督管理委员会发布《公开募集证券投资基金侧袋机制指引（试行）》《证券投资基金侧袋机制操作细则（试行）》，中国银行业协会理财业务专业委员会发布《商业银行理财产品核算估值指引（征求意见稿）》，分别对公募基金、银行理财产品的核算估值做出规范。2021年，中国银保监会进一步对理财产品估值做窗口指导，要求清理以摊余成本法计量的定开理财产品。

此次《规定》的出台，对包括信托产品在内的资管产品的会计核算做出统一规范。针对信托业务会计核算，财政部曾于2005年发布《信托业务会计核算办法》，但此后未跟随《企业会计准则》的修订而更新。2020年，财政部和中国银保监会发布《关于进一步贯彻落实新金融工具相关会计准则的通知》（财会〔2020〕22号），要求适用资管新规的各类资管产品自2022年1月1日起执行新金融工具相关会计准则。此

* 本文写于2022年6月10日。

次《规定》在要求资管产品实施《企业会计准则》的基础上，针对资管产品的特殊性，对相关会计处理以及会计科目设置和账务处理作出进一步细化规定。未来信托产品的会计核算需要全方位遵守《企业会计准则》以及《规定》的要求。

二、《规定》规范信托会计核算的重点内容

（一）核算理念：强调权责发生制原则

信托产品由于一般期限较短，且不少项目中，利息的收取和费用的支付多以信托年度为周期进行安排，因此在信托产品会计核算实务中，不少信托公司以收付实现制核算收入和费用，即在信托产品收到利息时确认收入，支付信托报酬和其他管理费用时确认费用。

《规定》则强调了资管产品核算采用权责发生制。一是明确资管产品的持续经营假设。资管产品具有有限寿命本身不影响持续经营假设的成立，这是权责发生制核算的基础。二是明确会计分期。明确资管产品统一以自然年度进行会计分期。三是明确收入费用核算方法。资管产品当期实现的利息等收入和发生的托管费、销售服务费、投资顾问费等费用，无论款项是否收付，均应当计入当期损益；特别提出，管理人收取管理人报酬的，资管产品应当按照权责发生制原则将费用计入相应服务期间。四是增设权责发生制相关科目和报表项目，包括“应付管理人报酬”“应付托管费”等。

（二）资产分类：限制摊余成本法计量范围

新金融工具相关会计准则将金融资产的计量方法分为以摊余成本计量、以公允价值计量且其变动计入其他综合收益、以公允价值计量且其变动计入当期损益等三类。其中，摊余成本法计量的资产估值波动小，净值平滑，有利于产品发行，但却不能完全反映金融资产的实际价格波动情况。资管新规对过渡期内资管产品采用摊余成本法计量执行较为宽松的标准，满足以下条件之一即可采用：①资管产品为封闭式产品，且所投金融资产以收取合同现金流量为目的并持有到期；②资管产品为封闭式产品，且所投金融资产暂不具备活跃交易市场，或者在活跃市场中没有报价，也不能采用估值技术可靠计量公允价值。

《规定》则进一步严格限定摊余成本法计量的范围。一是强调只有同时满足“本金加利息”的合同现金流量特征和“以收取合同现金流量为目标”的业务模式条件才能够采用摊余成本法计量，这意味着资管新规中提出的“不能可靠计量公允价值”不再成为以摊余成本法计量的理由。二是对于货币市场基金、现金管理类理财产品等允许使用“摊余成本＋影子定价”进行估值的产品，也要求根据持有金融资产的业务模式判

断计量方法；如以出售为目标，则应当对相关金融资产以公允价值计量。未来信托产品可采用摊余成本法计量的资产将主要为以持有到期为目的的贷款及应收款项类资产。

（三）减值计提：以预期信用损失为基础

在执行新金融工具相关会计准则前，信托产品持有资产按照“已发生损失法”计提减值准备。即只有发生贷款逾期等违约事件、出现信用损失的情况下，才对相关资产计提减值损失。这种方法计提减值准备具有一定的滞后性，存在低估资产信用损失、在确认时点又会引发资产价值断崖式下跌等问题。

为解决“已发生损失法”的不足，我国新金融工具相关会计准则（资管产品已于2022年1月1日起执行）引入了“预期信用损失法”，要求减值准备的计提不是以客观减值事件的发生作为前提，而是基于历史损失信息、当前信息和未来预测信息对预期信用风险损失进行估计。该模型将资产根据信用风险状况分为“信用风险低且未显著增加”“信用风险显著增加”“减值损失已发生”三个阶段，以便及时充分确认资产的预期损失。

《规定》进一步强调以“预期信用损失法”计提减值准备，针对以摊余成本计量的金融资产和分类为以公允价值计量且其变动计入其他综合收益的金融资产，应当以预期信用损失为基础进行减值会计处理。在信托会计核算实务中，以公允价值计量且其变动计入其他综合收益的金融资产的情形较为少见，因而计提减值准备将主要针对以摊余成本计量的贷款类金融资产。

三、《规定》对信托产品运营管理的新要求

（一）高度重视信托产品准确财务核算的重要性

随着净值化管理以及新金融工具相关会计准则的实施，对资管产品进行准确财务核算的要求也显著提高。信托财务核算并不仅仅是简单的记账功能，而是综合信托项目运行中的相关信息并对信托的财务状况和经营成果进行全面和准确反映，以此形成的净值是投资人申赎资管产品份额的依据，也是投资人对不同产品进行评价和比较的重要因素。目前，资管产品核算的准确性已成为监管重点关注内容之一。2021年，中国银保监会已分别对“净值型理财产品估值方法使用不准确”和“理财产品投资资产违规使用摊余成本法估值”开出罚单。在标品信托业务中，财务核算与估值的效率和质量已成为重要竞争力。未来，信托公司应高度重视信托产品准确核算估值的重要性，持续提升信托会计核算与估值的专业性。

（二）加强对信托财务核算的协同与系统支持

在信托产品财务核算中，无论以权责发生制核算收入费用，或是开展业务模式测

试，还是运用估值技术估值，都离不开业务条线和其他运营管理环节的基础信息和专业判断。为提升信托产品财务核算的效率和准确性，一是在信托产品设计时，应充分考虑收入费用收取方式和时间节点，特别考虑浮动报酬、超额报酬等非标准化条款对信托财务核算的影响。二是优化组织架构，集中运营职能，加强项目运营管理、信托估值和信托会计核算等部门间的协同与信息共享。三是加强信息系统对信托财务核算的支持力度，完善信托业务数据治理，提升数据质量，为信托产品准确高效核算提供系统保障。

（三）加强摊余成本法估值产品的合规管理

资管新规过渡期结束后，《企业会计准则》和《规定》均进一步限制摊余成本法计量范围，信托公司应加强对此类产品的日常管理。一是在信托设立环节，对产品设计方案、估值方法和估值条款进行严格审核，确保产品设计和估值方法符合监管规定。二是在信托运行环节，对所投资产严格执行业务模式测试和合同现金流测试，含有减记或转股条款的债券和不存在活跃市场报价且不以持有至到期为目的投资，不再采用摊余成本法计量。三是对现金管理产品采用适当的风险控制手段，控制摊余成本计算的净值与影子定价的偏离度。

（四）建立健全预期信用损失法实施的制度流程

《规定》强调相关金融资产采用“预期信用损失法”计提减值准备，对信托公司的估值管理提出新挑战。2022 年 5 月，中国银保监会发布《关于印发商业银行预期信用损失法实施管理办法的通知》（银保监规〔2022〕10 号），从董事会、管理层及其他内部机构职责分工、内部控制程序、具体组织实施、审计审查要求等方面对预期信用损失法实施过程进行规范。该办法也明确中国银保监会批准设立的其他金融机构可参照执行。为准确计提信托产品的减值准备，信托公司也应建立健全预期信用损失法管理制度，组建预期信用损失法实施管理团队，开发预期信用损失法相关信息系统，加强信用风险历史数据积累和信息收集维护，对资产减值计提的实施过程做好全方位管理。

（五）《规定》实施范围外的其他信托业务会计核算仍有待关注

《规定》的实施范围是适用资管新规且执行企业会计准则的各类资管产品。对于家族信托、保险金信托、公益慈善信托、资产支持证券，以及《关于调整信托业务分类有关事项的通知（征求意见稿）》中的其他服务信托，特别是以非货币财产设立的信托，《规定》并未明确。这些信托业务的会计核算方法仍有待进一步明确。

（执笔人：沈苗妙）

当前基础产业信托的发展特征与趋势展望*

2022年以来，我国经济增速放缓压力加大，加快基础设施建设投资成为稳住经济增长的重要手段。信托公司抓住基础设施投资发展的机遇，积极开展基础产业信托业务，上半年基础产业集合信托发行规模稳中有升，已成为集合信托产品发行市场的重要支撑。

一、上半年基础产业信托产品发行明显增长

一是基础产业集合信托产品成立规模及占比均有增长。根据用益信托网数据，2022年上半年基础产业集合信托成立规模为1 639.96亿元，同比微增1.15%，规模占比30.11%，同比提高14.72个百分点。就单月而言，自2021年11月，成立规模呈现上升趋势，除2月受到春节因素影响，月度基础产业集合信托成立规模超过300亿元，规模占比稳步增长，其中3月、5月、6月基础产业集合信托成立规模占比超过40%（见图1）。目前，基础产业集合信托成立规模及占比是继金融领域后第二大领域，已成为集合信托产品发行市场的重要支撑，是信托公司重要的展业方向。

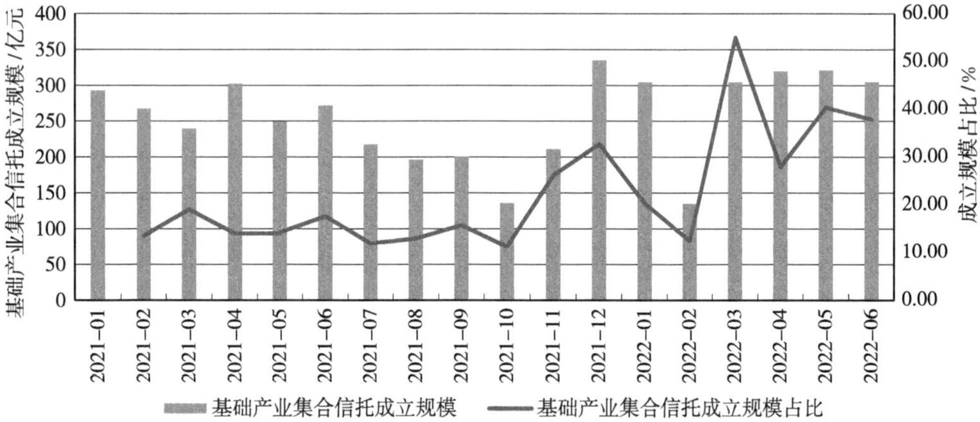

图1　2021年1月至2022年6月基础产业集合信托成立规模及占比情况

数据来源：用益信托网，中诚信托投资研究部整理。

二是基础产业集合信托成立数量大幅提升。根据用益信托网数据，2022年上半年基础产业集合信托成立数量达3 862单，同比增长39.98%，成立数量占比为29.21%，

---

* 本文写于2022年7月14日。

同比提升 11.64 个百分点，成立数量及占比显著高于房地产、工商企业及其他领域。就单月而言，与成立规模保持一致趋势，自 2021 年 11 月，成立数量显著上升，2022 年以来 1 月、3 月、4 月单月成立数量超过 700 单（见图 2）。

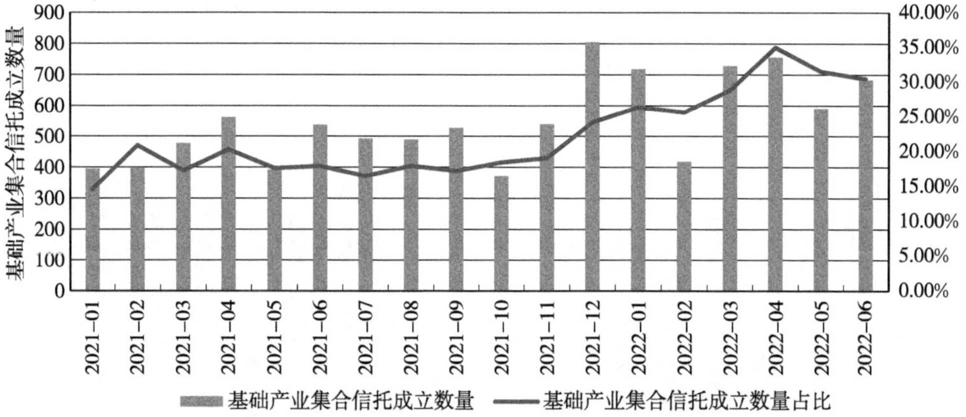

图 2　2021 年 1 月至 2022 年 6 月基础产业集合信托成立数量及占比情况

数据来源：用益信托网，中诚信托投资研究部整理。

三是第二季度以来产品收益率下降较为明显。2021 年至今，基础产业集合信托产品基准收益率相对稳定在 6.85% ~7.10% 的区间，区间内略有波动。其中，2021 年 8 月，基础产业集合信托产品基准收益率达到 7.12% 的高位。2022 年第二季度以来市场流动性较为宽松，基础产业集合信托产品的收益率下降较为明显，至 6 月下降至 6.85%（见图 3）。相较于房地产、工商企业、金融投向的集合信托产品而言，基础产业集合信托产品基准收益率保持相对稳定，略低于房地产及工商企业产品基准收益率，高于金融投向的集合信托产品基准收益率。

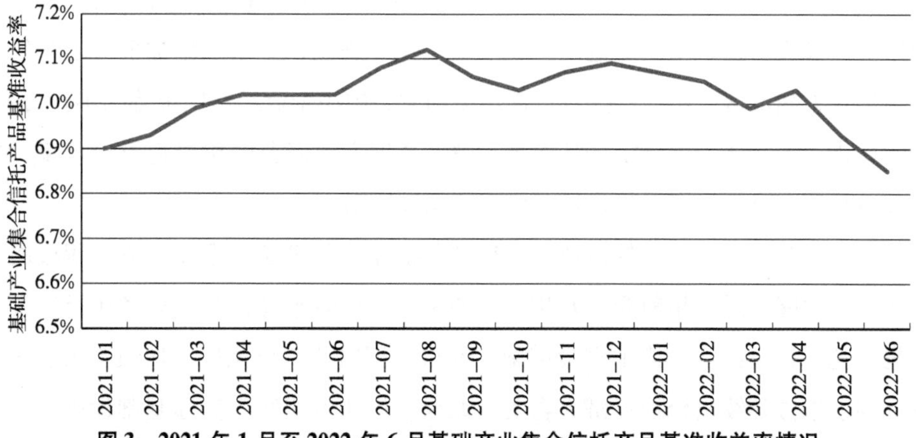

图 3　2021 年 1 月至 2022 年 6 月基础产业集合信托产品基准收益率情况

数据来源：用益信托网，中诚信托投资研究部整理。

四是基础产业集合信托资金运用方式相对集中于权益投资。根据用益信托网数据，2022年上半年基础产业集合信托资金运用于贷款、股权投资、权益投资及组合运用的规模分别为620.67亿元、56.53亿元、1 009.8亿元和2.25亿元，占比分别为36.74%、3.35%、59.78%和0.13%，资金运用于权益投资的规模远高于其他方式，其占比接近60%，是基础产业集合信托资金运用的最主要方式（见图4）。

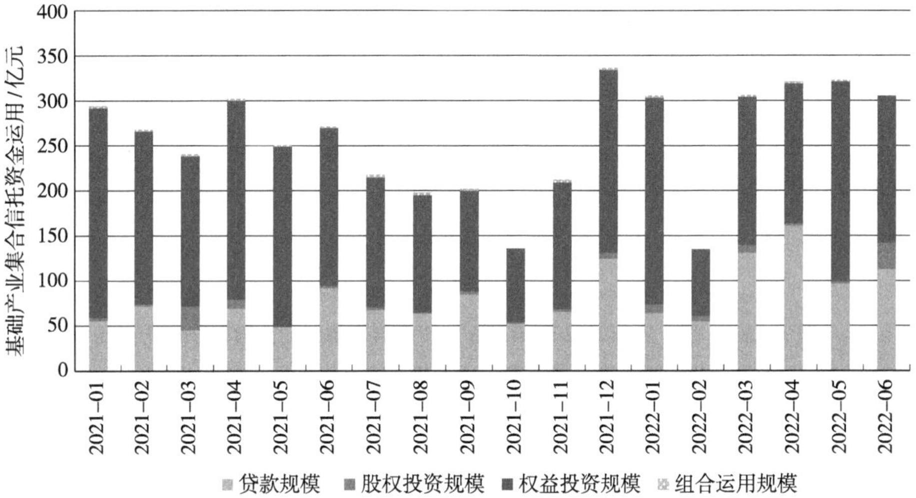

图4　2021年1月至2022年6月基础产业集合信托资金运用方式规模情况

数据来源：用益信托网，中诚信托投资研究部整理。

二、影响上半年基础产业信托业务发展的主要因素

一是稳定经济增长的需要。2022年以来，在俄乌冲突、疫情反复等国际国内复杂局面下，国内经济增速放缓，压力加大。2月金融数据阶段性走弱，M2同比增速、新增人民币贷款、社会融资规模增量均不及市场预期；3月PMI降至荣枯线以下；4月全国固定资产投资增速、全国房地产开发投资增速、规模以上工业增加值等宏观经济各项指标出现大幅回落，房地产企业偿债压力加大、中小企业经营困难等困难较为突出，市场预期进一步转弱。为稳定经济增长，中央及地方政府及时出台稳投资政策，加大基础领域投资，发挥投资对稳住经济增长的积极作用。

二是宏观政策实施效果的体现。2021年年底中央经济工作会议明确，积极的财政政策要提升效能，适度超前开展基础设施投资。5月国务院召开全国稳住经济大盘会议，提出扎实稳住经济一揽子政策措施，要求保证财政支出强度，加快支出进度。随后各部委、地方陆续出台稳经济大盘支持政策，以水利工程、交通基础设施、综合管廊、新基建为主的基础设施重点领域建设项目加快布局，基建领域投资快速增长。固定资产投资国家预算资金及债券累计增长率呈现高速增长，其中，债券在2022年5月

累计增长率高达 94.8%（见图 5）。在宏观政策支持下，基础产业投融资需求大幅增加，信托作为社会融资的重要渠道之一，基础产业信托规模呈现快速发展。

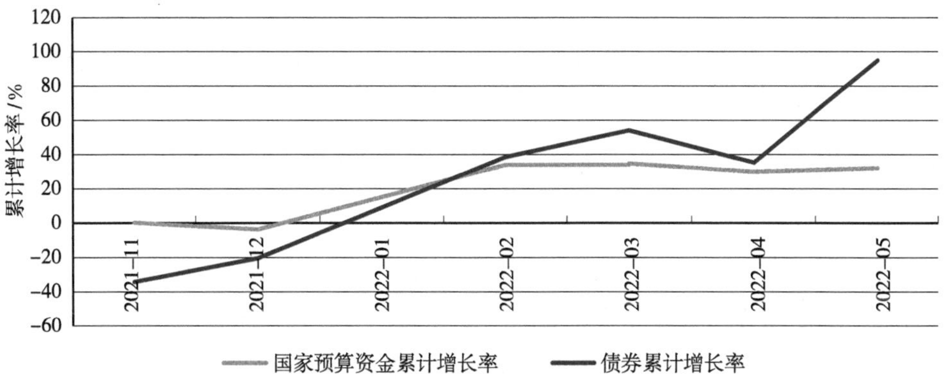

图 5　2022 年固有投资国家预算资金及债券累计增长率情况（截至 5 月）

数据来源：国家统计局，中诚信托投资研究部整理。

三是信托公司业务发展的要求。近年来，信托公司加快推进业务转型步伐，一方面是房地产行业深度调整，房地产信托业务持续收紧；另一方面是标品信托业务、资产证券化、高端财富管理等转型业务需要一定时间培育，短期内规模效应和即期收入贡献较为有限。在转型过渡期内，基础产业投资兼具收益与安全性，成为各大金融机构青睐的优质资产。此外，信托公司近年来积极对接保险等长周期资金，可有效提升信托公司参与基础产业投融资的竞争力，推动基础产业信托成为信托公司当前业务发展的重点领域。

三、对基础产业信托发展趋势的分析

一是从方式来看，由非标融资转为标债投资。目前信托公司参与基础产业领域的模式除传统贷款、权益投资外，积极拓展了债券投资、产业基金股权等多种方式，其中标债投资占比将进一步提升。城投债是目前基建投资领域的重要资金来源，当前在“适度超前”的政策总基调下，城投平台的融资需求有所提升，结合资管业务非标转标的要求，越来越多的信托公司通过发行信托计划，募集资金后投资城投债来支持基础设施领域建设。根据中国信托业协会公开数据，第一季度债券投资信托规模为 2.6 万亿元，环比增长 10.78%，其中有相当一部分的投向为城投债。此外，资产证券化也是信托公司参与的重要方式。近年来，信托公司积极开展基础设施收费权、基础设施收费收益权作为基础资产的各类资产证券化项目，涵盖供热、供电、供气、供水，以及通行收费、公交客运等基础设施领域。

二是从主体来看，城投融资转为国央企投融资。原有基建投资多由地方政府牵头推进，其融资方多为地方融资平台。近年来基建融资主体中，国企央企主体有所增加。在地铁、大型水利、农村电网改造、宽带乡村、棚改等公用设施或公益性的领域，国央企作为直接项目承接方和建设单位，积极运用产业投资基金等方式进行融资。在国央企转型国有资本运营公司改革背景下，未来将有更多的国央企承担起基础产业发展、基础设施建设和融资的主体责任。信托公司可以加强与国央企合作，进一步探索参与产业基金投资、PPP 项目融资、可续期债权等方式，为国央企承接大型基础设施建设提供投融资服务。

三是从资金来看，关注长周期资金支持。超前布局新兴业务领域基础设施建设是国家开展逆周期调节和实施战略布局的重要方式。与新兴领域基础设施建设相适应，应匹配更加长期的资金支持。中央也密集协调长期资金支持基础设施建设，如《中国银保监会、交通运输部关于银行业保险业支持公路交通高质量发展的意见》（银保监发〔2022〕8 号）提出，要充分发挥保险资金规模大、期限长、稳定性高的优势，鼓励保险机构参与重大公路交通基础设施、新型交通基础设施等项目建设；国务院常务会议推出“发行 3 000 亿元开发性金融债，用于补充包括新型基础设施在内的重大项目资本金”政策。信托公司可积极对接保险资金等长期资金为基础设施建设提供服务。

四是从风险来看，关注地方财政实力、主体再融资能力及项目经营能力和资金退出方式。在国内外经济依然有较大增速放缓压力的背景下，开展基础产业信托要更加关注业务风险。基础产业信托的主要还款来源为地方财政收入、融资主体的再融资能力及项目主体经营现金流，因此在项目前期审核阶段，需强化地方财政实力、财政收入结构、融资主体评级等维度的分析，在业务结构设计方面，全面综合考虑资金退出方式，保障业务的安全性。

（执笔人：张炜）

影响上半年信托公司经营业绩的主要因素*

近日，已有59家信托公司披露了部分未经审计的上半年经营数据。总体来看，信托行业上半年经营业绩整体出现一定程度的下滑，部分信托公司经营压力较大，其原因主要体现在传统融资业务规模的收缩、创新转型业务尚待培育、固有业务收入下降明显、风险项目计提减值准备等四个方面。

一、传统融资类信托业务收缩

59家信托公司披露的未经审计上半年经营数据显示，2022年上半年，信托公司的信托业务收入整体下滑，行业平均（重庆信托、平安信托仅披露合并数，由于其合并数据与母公司数据差异较大，同比测算时暂剔除重庆信托、平安信托的合并数，下同）实现信托业务收入6.04亿元，同比减少0.95亿元，同比下降13.62%。信托业务收入的下滑，主要是传统融资类信托业务收缩所致，由于传统融资类收入贡献较大，一旦出现大幅收缩，会对信托业务收入产生较大影响。

上半年传统融资类信托业务收缩，主要表现在以下两个方面。一是传统融资类信托业务规模出现了整体收缩。从社融数据来看，新增信托贷款规模持续为负，存量信托贷款规模也持续降低，央行数据显示，2022年上半年累计信托贷款增量-3 752亿元，截至2022年6月末，信托贷款存量规模较1月也减少了0.39万亿元，降幅为8.95%。从信托产品发行情况来看，集合非标类信托产品的成立规模也出现了大幅下滑，根据用益信托网数据，上半年非标类集合信托成立规模为2 783.51亿元，同比下降54.17%。

二是部分传统融资类信托的主要领域出现了明显收缩。2022年上半年，工商企业信托业务受宏观经济增速放缓和中长期融资需求疲软影响较大，根据用益信托网数据，工商企业类集合信托产品成立规模合计674.45亿元，较上年同期下降了56.00%。房地产信托业务受2021年以来房地产市场变化影响较大，信托公司主动减少了对民营房企的融资，上半年房地产类集合信托产品成立规模合计606.5亿元，较上年同期下降了82.45%。基础产业信托业务虽然没有下滑，但增长也较为有限，根据用益信托网

* 本文写于2022年7月22日。

数据，上半年基础产业集合信托产品成立规模合计 1 639.96 亿元，同比仅增长 1.15%。

二、转型创新类业务有待进一步培育

转型创新类信托业务主要包括标品信托业务和资产服务信托业务，其共同特点是以管理费收入为基础，但是目前尚处于投入期，信托报酬率还比较低，就对信托公司的收入贡献而言，尚未形成主要的收入来源，仍需要进一步培育。

一是标品信托业务有待进一步扩大规模，提高主动管理能力。近年来，标品信托业务成为行业重点转型方向，也形成新增信托资产规模的重要动力。中国信托业协会数据显示，截至2022年第一季度末，投向证券市场的资金信托规模余额为3.54万亿元，同比增长45.72%，占比为24.00%，同比上升8.78个百分点，规模和占比保持了持续上升的态势。但是，从行业整体来看，目前标品信托业务尚未形成显著的盈利贡献，主要是管理规模和主动管理能力仍有待提高，需要信托公司持续推进投研一体化建设，进一步提高标品信托相关的投研能力，提高投资收益和应对市场波动的能力，同时提高风控、运营等对标品信托业务的支持保障。

二是资产服务信托业务有待尽快扩大规模。由于资产服务信托业务往往投入较大且收费较低，所以必须通过做大规模才能实现盈亏平衡。在资产证券化业务方面，上半年规模整体有所减少，根据Wind数据，截至2022年7月19日，信贷ABS、ABN存量余额较1月分别减少1 594.18亿元和34.16亿元。在破产重整信托业务方面，尽管已有建信信托、平安信托、国民信托、中信信托、光大信托、紫金信托等多家信托公司积极参与，但尚未形成成熟稳定的盈利模式，多数信托公司并未普遍开展此类业务。在家族信托等财富管理业务方面，尽管规模增长较为显著，但由于人力、运营系统、外采服务等各项成本投入较高，而家族信托短期内的收入难以弥补成本的整体投入，所以绝大多数信托公司的家族信托业务仍处于孵化培育的“保护期”阶段，只有持续积累并提升规模、提高主动管理能力，才能促使家族信托尽快实现合理的业务收入。

三、固有业务收入显著下降

59家信托公司披露的未经审计上半年经营数据显示，2022年上半年，行业平均实现固有业务收入1.99亿元，同比减少0.86亿元，同比下降30.08%，其中行业平均公允价值变动损益为－0.57亿元，同比减少0.85亿元，是影响固有业务收入的主要因素。

公允价值变动损益产生了较大幅度的减少，主要有以下两方面原因。一是与执行新的会计准则并对金融资产以公允价值计量有关。信托公司固有资产本身以投资为主，近年来投资类资产在固有资产中的占比保持在80%左右，按照修订后的《企业会计准则第22号——金融工具确认和计量》（财会［2017］7号），原持有至到期投资、可供出售金融资产等金融投资分类为以公允价值计量且其变动计入当期损益的金融资产，并列报为交易性金融资产，使得交易性金融资产规模和占比与未追溯调整之前相比大幅提高，公允价值变动损益的波动也相应显著加大。

二是与上半年我国资本市场的波动调整有关。部分信托公司由于自营股票、基金投资及以自有资金投资风险资产规模较大，因此产生较大公允价值变动损失。参考中国信托业协会数据，第一季度行业平均营业收入、信托业务收入和固有业务收入同比分别下降28.25%、10.02%和81.52%，上半年累计平均信托业务收入降幅扩大，而第二季度平均营业收入和平均固有业务收入指标显著收窄，主要是由于第二季度资本市场的反弹，进一步说明资本市场波动对信托公司固有业务收入影响较大。

四、风险因素对经营业绩的影响有所提升

从相关指标来看，2022年上半年行业平均计提各类固有资产减值0.79亿元，同比增长63.81%；行业平均公允价值变动损益由2021年上半年的0.28亿元下降至2022年上半年的－0.57亿元，同比变动达到－307.02%；两项合计1.36亿元，对营业收入的影响达到17.10%，高于上年同期14.99个百分点。

风险因素对经营业绩的影响，主要体现在部分信托公司固有信用风险资产规模及不良规模较大，进一步造成了固有资金的固化，影响了经营业绩。部分信托公司2022年上半年的信用风险资产损失计提规模较大，与其固有信用风险资产或不良规模较大或同比增长较快有较大关系。仅上半年就有5家信托公司计提信用减值损失甚至达到5亿元以上，对业绩影响非常显著。

（执笔人：崔继培）

新政策对信托公司财富管理业务的影响*

近期，信托公司收到监管部门下发的《关于开展调整信托业务分类试填报工作的通知》（以下简称《通知》）及所附的信托公司信托业务分类释义。与之前的《征求意见稿》相比，新的信托业务分类对资产服务信托中的财富管理服务信托进行了丰富与细化，提出了家庭服务信托、其他个人财富管理信托、企业及其他组织财富管理信托等类别。从信托公司的经营管理角度来看，这些新的分类将产生深刻长远的影响。

一、引导信托公司财富管理业务重心向“配置”转型

长期以来，信托公司财富管理业务的重心是“销售”，即以资产端形成的各类信托产品为核心，向个人或机构投资者募集资金。特别是2007年《信托公司管理办法》《信托公司集合资金信托计划管理办法》（2009已修订）实施，以及信托公司换发新的金融许可证以来，伴随宏观经济增长、基础产业与房地产等行业的快速发展，构建各类信托产品、发挥投融资功能成为信托业务的重点所在，这也是信托公司从信托业务获得收入的重要来源。而财富管理业务的功能主要体现在信托产品的销售方面，实质是围绕资产端的资金募集行为。自2012年起，信托公司开始探索家族信托、保险金信托等围绕客户需求开展的财富管理业务，但到目前为止规模仍较为有限，根据中国信托登记有限责任公司的数据，2022年上半年，家族信托初始登记规模存量为4 390亿元，且公司之间发展差异巨大，尚未成为信托公司财富管理业务的主流。

《通知》中将财富管理服务信托业务划分成7个子类别，在《征求意见稿》中家族信托、保险金信托、特殊需要信托、遗嘱信托的基础上，增加了对家庭服务信托、其他个人财富管理信托、企业及其他组织财富管理信托的明确规定，这将对信托公司财富管理业务未来发展的重心产生极为重要的影响，引导财富管理实现从“销售”到“配置”的转型。尤其是家庭服务信托，初始财产门槛低至100万元，配置底层资产为标品的公募基金或信托产品，期限不低于5年，这不仅极大地扩大了以“配置”为核心的财富管理信托的服务范围，而且与信托公司大力发展的以标品为投资标的的资产管理信托业务将会形成紧密衔接，还能突破信托公司自身产品局限、全市场进行资

* 本文写于2022年10月20日。

产配置。在家庭服务信托以“配置”为核心的业务模式带动下，信托公司在家族信托、其他个人财富管理信托、企业及其他组织财富管理信托业务中的资产配置功能也将进一步加强，通过“配置”还可以替代一部分产品“销售”功能。因此，未来信托公司财富管理业务将会形成以“配置”为重心、“配置为主、销售为辅”的格局。

二、推动信托公司发挥财富管理的综合服务优势

与其他金融机构开展的财富管理业务相比，信托公司的财富管理业务依托于信托制度在财产转移和财产管理等方面的优势，除了传统的财富保值增值功能，还能够发挥资产隔离、财富传承、合理分配、公益慈善以及满足特定人群的特殊需求等多种功能，更能够满足客户与财富相关的各类需求，具有强大的市场竞争力。在《通知》之前，信托公司持续开展的家族信托、保险金信托、特殊需要信托等业务，已经体现出这种综合服务优势，但由于家族信托门槛较高、保险金信托财产类型特定等因素，这种财富管理的综合服务优势并未充分发挥出来。

《通知》提出的家庭服务信托、其他个人财富管理信托、企业及其他组织财富管理信托等业务，可以更好地推动信托公司的财富管理业务发挥综合服务优势。其中，家庭服务信托明确信托公司要提供风险隔离、财富保护和分配等服务；其他个人财富管理信托明确信托公司要提供财产保护和管理服务；企业及其他组织财富管理信托明确信托公司要提供综合财务规划、特定资产处置、薪酬福利管理等信托服务。对客户而言，初始财产门槛较低的家庭服务信托除了保值增值的功能之外，也可以获得多种类型的综合受托服务；其他个人财富管理信托、企业以及其他组织财富管理信托服务虽然门槛较高，但受托服务的内容也更加广泛。因此，未来在财富管理市场中，财富管理信托业务的综合服务优势更为明显，其综合服务功能具有广阔的发挥空间。

三、提升财富管理业务对信托公司的价值贡献

由于财富管理业务长期以“销售”产品为主，其对信托公司的价值贡献主要体现在资金募集方面，而在规模和业务收入方面的贡献较为有限。家族信托、保险金信托虽然在规模方面有一定贡献，但从信托行业整体来看，其在信托资产总规模中所占比重仍然较小，且信托报酬率普遍较低，目前仍无法替代传统信托业务对信托公司的规模和收入贡献。

新分类下的信托公司财富管理业务对信托公司经营管理的价值贡献将更为突出。

一是从规模来看，未来信托公司财富管理业务规模具有广阔的发展空间。例如，家庭服务信托门槛更加适用于中产家庭的财富保值增值与分配传承需求，以及适用于

未来投资者对传统非标融资类信托产品转向标品信托等资产管理信托产品投资的需求；其他个人财富管理信托的初始财产门槛为600万元，且可以设立为自益信托，比家族信托的市场空间更为广泛；企业及其他组织财富管理信托虽然规定了1 000万元的初始财产要求，但其他方面的服务功能更为广泛，预计也将具有良好的市场前景。因此，未来信托公司财富管理业务规模增长潜力巨大，可以为信托公司形成可观的规模贡献。

二是从收入来看，随着财富管理业务未来规模的扩大、期限的延长以及服务内容的多样，其产生的业务收入将会对信托公司形成更多的贡献。传统以销售为导向的财富管理业务，产品的存续期限整体偏短，而以配置与服务为导向的财富管理业务往往期限较长，即便是100万元初始财产的家庭服务信托，期限也不能低于5年；家族信托、保险金信托等业务的信托期限更长；长期限的财富管理业务的信托业务收入将会形成“滚雪球”效应。此外，受托管理服务内容的多样化，也将帮助信托公司不断增加财富管理业务的信托报酬，通过高质量的服务获得更多业务收入。

值得关注的是，新分类下的信托公司财富管理业务以“配置”为重心，可以摆脱传统的产品销售模式对信托公司自身产品线的依赖，可以在全市场范围内为客户配置产品。从这个角度来看，未来信托公司的财富管理业务完全可以单独成为重要的业务条线，为信托公司贡献长期、持续、较为稳定的规模和收入。

四、加快信托公司对财富管理业务的能力建设

一是产品设计能力。新分类下信托公司财富管理业务被划分成7个子类别，这就要求信托公司根据每一类业务的特点分别设计产品模式与方案。在传统以销售为主的财富管理模式下，产品主要由资产端的业务部门负责；而在以配置为主、附加服务的财富管理模式下，财富管理业务部门需要具备独立的产品设计能力。一方面，要实现产品的标准化、流程化，从而实现业务规模的快速提升；另一方面，也要考虑特定产品的个性化，从而满足不同客户对财富管理的需求。

二是资产配置能力。信托公司的财富管理业务需要以客户为中心，建立资产配置体系，其核心是全市场资产的选择能力与风险控制能力。从资产选择来看，信托公司需要依托专业的投研能力，对不同类别的资产建立相应的选择标准，同时根据大类资产的变化构建组合策略。从风险控制来看，需要借助金融科技手段，加强对客户资产的净值化管理，根据组合策略做好相应的风险控制措施。

三是客户服务能力。信托公司要围绕未来财富管理的需要，一方面，提升财富管理人员的专业能力与水平，在财产保护、财富传承、财产安排等方面为客户出具专业方案，满足客户多元化需求；另一方面，要搭建更加完善的客户服务生态，与专业律

师事务所、会计师事务所以及其他服务机构建立紧密联系，为高质量服务打下坚实基础。

四是整合内部资源。面对从销售到配置的变化，信托公司的财富管理业务体系与资产端业务部门的关系也在发生转变，财务管理业务组织体系也需要进一步优化调整。信托公司不仅要统筹财富管理业务条线与资产端业务条线的关系，从为客户配置资产的角度搭建两者的协同机制；而且要根据财富管理业务的新内涵，丰富财富管理业务条线，优化专业人员配置，在资产配置、专业服务方面加强组织与人员的支持。

（执笔人：和晋予）

2022 年度集合类标品信托市场发展的主要特征*

2022 年以来，在监管引导及信托行业投资化、标准化转型加速推进等因素的影响下，标品信托业务规模余额实现快速增长，集合类标品信托市场呈现出产品发行规模持续提升、领先信托公司优势突出、市场分化不断扩大、产品类型更趋稳健、产品设计不断优化、投资策略不断丰富等发展特征。

一、标品信托规模余额快速增长，集合类产品发行规模持续提升

从中国信托业协会发布的季度数据来看，标品信托规模余额不断增长。截至 2022 年第三季度末，证券投资信托规模余额达到 5.05 万亿元，为 2010 年有统计数据以来的最高水平（见图 1）。比较来看，证券投资信托规模余额仍保持较高增长率，其中较年初增加 1.02 万亿元，增长 25.22%，较上年同期增加 1.39 万亿元，增长 37.83%。

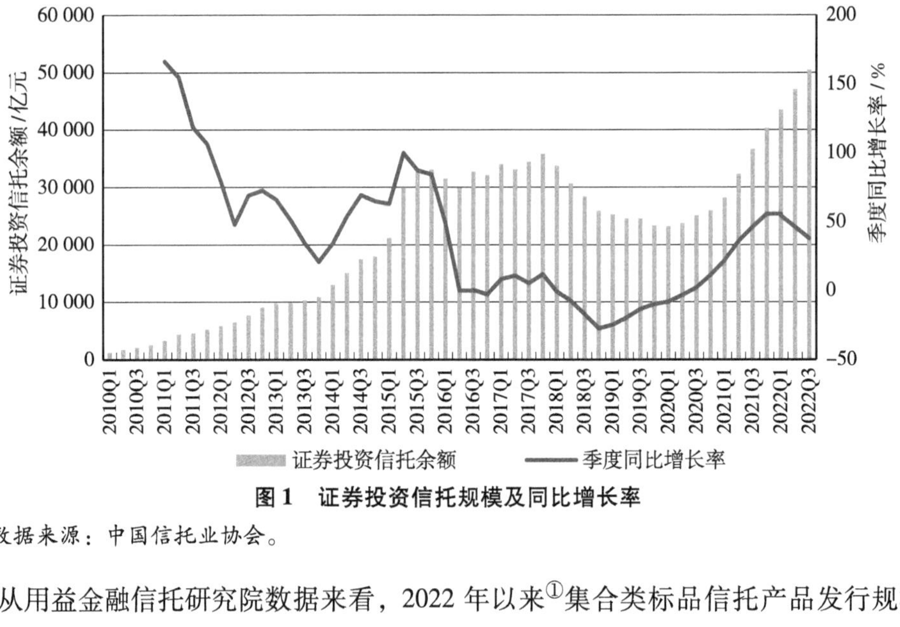

图 1 证券投资信托规模及同比增长率

数据来源：中国信托业协会。

从用益金融信托研究院数据来看，2022 年以来①集合类标品信托产品发行规模显著提升，合计成立份额为 3 907.58 亿份，较 2021 年全年增长 133.49%。其中，集合类标品信托产品的平均成立份额也实现了大幅提升，2022 年以来产品平均成立份额为

* 本文写于 2022 年 12 月 30 日。

① 本文中“2022 年以来”涉及的数据均为截至 2022 年 12 月 23 日的数据。

6 400.62 万元，较 2021 年全年增长 174.57%。

二、领先信托公司优势突出，市场分化不断扩大

根据用益金融信托研究院数据，头部机构在集合类标品信托产品发行与成立方面的竞争优势十分突出。排名第一的外贸信托 2022 年以来的集合类标品信托产品成立规模达到 1 889.90 亿元，占全行业集合类标品信托产品成立总规模的 48.39%，其成立规模较 2021 年增长 155.08%；排名第二的华润信托 2022 年以来集合类标品信托产品成立规模达到 812 亿元，占比 20.78%，其成立规模较 2021 年全年增长 2 745.61%。除外贸信托、华润信托本身为标品信托业务头部机构、竞争优势极为突出外，光大信托、中海信托等机构也分别实现了集合类标品信托产品成立规模 830.72% 和 1 019.82% 的增长。在市场排名方面，华润信托、中海信托的市场排名也较 2021 年分别提升了 13 个名次和 12 个名次。

从市场集中度来看，头部机构占据了绝大部分的集合类标品信托市场份额，且出现了市场分化不断扩大的趋势。根据用益金融信托研究院数据，成立规模方面，2022 年以来排名前十的信托公司成立产品份额合计 3 763.38 亿份，较其 2021 年全年增长 188.59%，增幅高于行业均值 55.10 个百分点，十家信托公司成立份额在全市场中的占比为 96.31%，较其 2021 年全年提高 18.39 个百分点；成立数量方面，头部机构表现也优于市场平均，2022 年以来成立规模排名前十的信托公司成立产品数量为 5 342 只，在全市场中的合计占比为 87.50%，较其 2021 年全年提高 7.91 个百分点。

三、产品类型更趋稳健，产品设计不断优化

从产品风险等级来看，2022 年以来集合类标品信托产品的风险收益特性更趋稳健。一是产品的风险偏好有所下降，主要是信托公司主动调整了业务方向，更多开展中低风险债券投资业务的缘故。根据用益金融信托研究院数据，2022 年以来已成立的集合类标品信托产品中，R3 和 R2 风险等级的成立份额均有大幅增长，规模占比也有快速提升，其中 R3 风险等级的产品成立数量和规模均居首位，涉及成立份额 1 946.18 亿份，规模占比达到 49.81%，R2 风险等级的成立规模次之，涉及成立份额 1 075.62 亿份，规模占比达到 27.53%，其他风险等级中，R4、R5 风险等级的产品成立规模占比均有下降。二是产品的基准收益率/业绩比较基准也随之出现了下降。根据用益金融信托研究院数据，2022 年以来成立的设置基准收益率/业绩比较基准的集合类标品信托产品主要分为“3%（含）~4%”“4%（含）~5%”“5%（含）~6%”“6%（含）~7%”“7%（含）以上”五个收益挡位，其中“3%（含）~4%”及“4%（含）~5%”收益挡位的集合类标品信托产品成立规模占比较 2021 年全年分别提升 4.08 个百分

点和16.11个百分点，但其他三个较高收益挡位产品的成立规模占比均有下降。

从产品设计来看，2022年以来成立的标品信托产品更加注重资金运作效率和流动性安排的平衡。2022年以来，新发债券票面利率整体下行，为进一步提高封闭期资金运作效率，同时更好地匹配信托投资者长期投资需求及流动性需求，标品信托产品在开放周期的设置方面进行了适当延长。根据用益金融信托研究院数据，2022年以来共成立1 057只设置开放周期的集合类标品信托产品，涉及成立份额726.80亿份，其中开放期设置以按年开放、按月开放、按半年开放居多，成立份额均在200亿份左右，合计占比在81.64%左右，较2021年以按月开放为主的开放周期设置有所延长。

四、投资标的以债券为主，投资策略不断丰富

从投资标的来看，整体标品信托业务及集合类标品信托产品均以债券投资为主。根据中国信托业协会数据，截至2022年第三季度末，资金信托中债券投向规模余额为3.27万亿元，达到2010年以来的最高水平。债券投向规模余额在资金信托中证券市场投向中的占比达到78.18%，同样为2010年以来的最高水平，规模占比不但保持了自2020年以来的整体上升态势，且已连续四个季度处于70%以上。与标品信托投资标的整体以债券为主相对应，集合类标品信托产品的投资标的也以债券投资为主。根据用益金融信托研究院数据，在2022年以来成立的集合类标品信托产品中，债券策略成立份额规模最大且占比最高，规模占比也实现快速提升。2022年以来债券策略集合类标品信托产品共成立3 049只，成立份额为2 476.06亿份，较2021年全年分别增长386.28%和214.30%，在2022年以来集合类标品信托产品中的占比分别为42.47%和63.37%，是成立规模最大、规模占比最高且保持了高速增长的投资策略。

投资策略覆盖层面，除前述债券策略外，集合类标品信托产品已覆盖其他市场主流的大类投资策略，在细分投资策略方面也出现了不断丰富的趋势。根据用益金融信托研究院数据，2022年以来已成立集合类标品信托产品主要涉及了五大策略，分别为多资产策略、股票策略、期货及衍生品策略、债券策略和组合基金策略。在策略组合上，有效应对了产品的净值波动：一方面根据市场变化，集合类标品信托业务以债券策略和组合基金策略为主，适当收缩股票投资；另一方面，积极创设包括市场中性的相对价值策略等集合类标品信托产品，通过开展市场套利或对冲，在上涨或者下跌的环境下均能获得相对稳定的收益。根据用益金融信托研究院数据，2022年以来多数集合类标品信托产品实现了整体优于市场或与市场基本持平的产品净值表现。

（执笔人：崔继培）

第三部分

信托业务研究

（一）资产管理信托

当前信托公司开展城投债投资的机遇展望*

债券市场投资是信托公司大力发展标品信托的重要方向。2022年以来，在“稳字当头、稳中求进”的经济工作总基调下，各类机构对城投债的投资需求明显增加。对于信托公司而言，当前开展城投债投资业务面临阶段性机遇。

一、关注中西部区域阶段性的投资机遇

从区域选择来看，根据短期债务规模、财政总收入、城投净融资等指标测算区域流动性压力，结合2021年末各省份利差情况，对城投债发行区域进行对比研究发现：一是部分中西部省份存在阶段性投资机遇。从风险与投资收益两个维度综合来看，目前湖北、安徽、河南、山西、陕西、新疆等中西部省份短期债务压力总体可控，区域净融资均为流入状态，兼具安全边际和利差空间，相对具有较大挖掘价值，可适当下沉至地级市主平台及部分省会城市重点区县。二是部分信用利差相对较高的同级别城市存在一定投资机遇。可关注入库省份利差较高的省会城市以及同省份内利差空间较大的地级市，如西安、盐城、扬州等，标的城市分析时需重点研究区域政策面并控制投资期限，目前建议选择高层级平台的中短期产品。三是债务水平较高且财政资源分配难度大的区域，需谨慎分析投资价值。建议通过摸排区域金融资源可调度情况等了解区域再融资边际，谨慎下沉，如湖南和江西部分地级市、苏北苏中局部区县等。

同时，我们也要看到区域投资可能存在的部分风险因素。一是估值波动风险。优质票息资产稀缺使得城投债收益率持续下降，部分江浙区县城投债估值处于高位，而监管对信用债市场调结构和对城投债控增量的大趋势或引发城投融资政策边际收紧，若出现估值修复和集中折价抛售，将造成投资组合净值下挫和流动性承压。二是信用违约风险。信托公司产品负债端成本较高，标品业务拓展阶段对信用风险容忍度偏低，投资组合布局中需平衡区域配置并分散个券集中度。此外，信托负债端久期偏短，在做投资期限决策时需结合区域政策面展开配置，并在账户管理过程中根据估值变化等

---

* 本文写于2022年1月27日。

情况及时调整持仓。

二、通过“自下而上”精细化择券寻找投资机遇

在债务违约逐渐常态化及缺乏有效风险定价的情况下，机构往往采用区域“一刀切”的方式，回避将一定违约概率的主体纳入选择范围。收益率普遍下降的债市环境中，精细化择券则是对传统的“自上而下”分析思路的补充，可增厚投资组合的收益。

首先，建议重点关注弱省份强主体，如黑龙江、吉林、辽宁、甘肃、宁夏的核心平台的中短期限公开债，一是由于公开债偿还优先级较高；二是由于上述区域债务规模不大且平台数量较少，主平台可享受财政资源确定性较大；三是由于主平台除基建外普遍还承担包括棚改、市政、公用事业等核心业务，部分业务处于地方垄断地位，有稳定现金流，违约风险实际较为可控。其次，对于债务高企且存在历史债务违约的云南、贵州、天津等区域，省级功能性和综合性平台短期限产品可酌情考虑。此外，可通过寻找估值修复及市场情绪变化带来的机会性波段获得收益，如市场出现“黑天鹅”或“灰犀牛”事件而造成局部信用利差上行，可通过对区域内主体基本面的分析把握确定性，从而赚取超额利差。

风险提示方面，城投信用分化使得弱区域城投债净融资多处于萎缩状态，近期兰州建投私募债的兑付亦未提振市场信心。存量债务本身并不会凭空消失，借新还旧不畅的情况下，信用保障基金帮扶能力有限，而最有效的风险缓释方式即属地银行进行“债转贷”等形式的救助，后续或通过地方政府债券置换等方式逐步消化，故在关注上述区域时需深入了解地方金融资源和政府隐债化解计划。

三、关注隐债置换托底区域的投资机遇

2020 年年底，地方政府再融资债券用途变更，明确可用于化解存量隐债。2021 年第一批置换隐债的再融资债券规模为 6 128 亿元，置换对象主要为债务负担较重的建制区县，包括重庆、天津、贵州等。同年 10 月，第二轮隐债置换额度超 2 000 亿元，发行对象转而倾向于财政实力强劲区域，如广东和北京，置换标的所在区域突破建制县，行政层级上升为地市和省级，助力隐债清零。2022 年新增置换隐债的再融资债规模预计达 1 万亿元，1 月 19 日，北京市发行再融资债券 849 亿元，募集资金均用于偿还存量债务，其间海国鑫泰出现多笔低于估值成交。

从投资角度来看，北京、上海、广州等财力强劲区域基本无利差空间，挖掘价值不大，建议关注有存续平台债券且计划近期申报建制区县化债试点的区域，如陕西汉中市和榆林市定边县等，并关注相关省份再融资债券发行动态。2022 年 1 月 26 日，国

务院印发《关于支持贵州在新时代西部大开发上闯新路的意见》（国发〔2022〕2号），明确指出在确保债务风险可控的前提下，对贵州适度分配新增地方政府债务限额，研究支持在部分高风险地区开展降低债务风险等级试点。该意见对于债务高企的贵州来说总体利好，但并不意味着中央政府对地方债务兜底，属地债务市场化化解依旧是政策倡导方向，部分合规性存疑的债务在展期及重组过程中仍有违约可能，机构在投资云南、贵州、四川等高债务率地区过程中，即使有明确的化债计划，仍需加强信用风险甄别能力，寻找同自身匹配的投资标的及价格。

在风险提示方面，首先，再融资债券发行规模受地方政府债务限额限制，加之置换存量隐债属长效机制，化债成效需时间沉淀，具有不确定性。其次，试点建制县普遍财力弱且债务风险高，在对区域内投资标的选择时应加强基本面分析比较。最后，若再融资债券发行不及预期，上述区域在土地市场发展放缓且城投融资收紧情况下极易触发债务风险，投资分析时应将区域历史债务管控能力和违约情况作为重要参考指标，债务率高但信用记录良好一定程度佐证政府债务管理能力较强，如江西、重庆。

四、关注强担保债券和私募债的价值挖掘机遇

目前，弱资质发行人的强担保债券发行主体多以区县级和园区平台为主，担保方多为专业担保公司或同区域高等级城投平台。由于担保债券收益率一般高于作为担保人的高等级平台自身发行债券的收益率，存在一定溢价空间，而AAA等级债券质押回购亦可增加投资组合杠杆操作空间，故担保债券具有价值挖掘潜质。分析担保个券时首先需评估担保方资质和担保条款，一般来说，专业担保机构担保的债券较同区域城投所担保的债券安全性更高。其次，当担保人为母公司或同区域平台时，需评估区域整体出险情况下担保人是否仍有代偿能力，故尽调时应加强对区域财政和金融资源了解，“区域一盘棋”情况下城投互保有效性存疑。

此外，还可关注城投企业债品种，高质量的募投项目可一定程度对冲发行人资质的短板。中等资质主体私募债品种具有一定流动性溢价空间，但投资时需把控期限，优选短期或含权产品。

在风险提示方面，尾部城投债结构化发行一般以私募债形式存在，财政提质增效过程中的反腐将对城投债结构化发行形成打击，故私募债投资过程中需对同一主体发行的个券一事一议，重点关注债项发行的合规性，可通过对发行票面利率，一、二级市场价差，异常成交记录等信息进行结构化发行的甄别。

（执笔人：王冲）

信托型组合投资产品的比较优势分析*

通过多元化的资产配置，FOF① 在波动相对较低的情况下，可获取稳定的收益，已逐步被市场所认可。在市场竞争日趋激烈的背景下，信托公司可发挥定制化、灵活的资金运用等比较优势，增强 TOF② 的市场竞争力。

一、定制化特征更为明显

围绕客户的特定需求，以特色的定制化为核心竞争能力。信托公司传统的融资类业务是围绕资产端开展的，产品的风控、营销等相关业务逻辑也由此而展开。但与传统的融资类业务逻辑不同，组合投资类业务是从资金端的客户需求出发，通过满足客户特定的需求以实现资金的留存和增值。在产品设计方面，需根据客户资金的风险偏好（进取、积极、平衡、稳健、保守等）确立投资原则和投资策略目标，并以此为后续工作的基点；在组合投资运营过程中，根据策略目标的要求，确定持仓的资产标的和持仓比例。在具体投资标的评价和选择方面，也需根据风险偏好水平确定各评价指标的权重；在营销过程中，针对既有客户群体资金保值增值需求和风险偏好特点，有针对性地销售符合其特征的产品等。

以先锋基金为例，其旗下 FOF 产品主要有三大系列：生命周期基金、生活方式基金和定期支付型养老金。其产品设计主要出发点均是满足不同年龄阶段、不同投资者的风险偏好。生命周期基金根据投资者年龄段设置目标日期，到达目标日期后资产配置仍然动态调整，最终实现配置目标。生活方式 Lifestyle 系列基金，包括：成长型（Growth）、稳健型（Moderate Growth）、保守型（Conservative Growth）以及收入型（Income）几类。在资产配置策略方面，上述几类基金股票资产的配置比例分别为 80%、60%、40% 和 20%。定期支付型养老金则是根据投资者收入支出需求而设计的。

从信托公司来看，当前对组合投资产品具有配置需求的投资者主要包括既有类固收客户和家族信托客户两类。在融资规模压降的背景下，类固收客户资产配置需求难以得到满足，促使了“固收 +”类产品的短期井喷；而家族信托客户则对长期的资产

* 本文写于 2022 年 2 月 24 日。

① FOF 全称 Fund of Funds，即“组合投资类产品”。

② TOF 全称 Trust of Funds，即“信托型组合投资产品”。

保值和增值更为关注。通过个性化的设计，组合投资产品即可以根据类固收客户的风险偏好，打造低波动、稳收益的替代型产品，满足客户需求，也可通过多元化资产配置，满足家族信托客户的配置需求。

二、资金运用方式更为灵活

FOF 投资采取多元化的资产配置，降低组合内资产的相关性以获取稳定的收益。公募 FOF 在发展初期，以全天候策略、B-L 模型等为主要方法，策略较为单一，且配置对象也以自家发行的股债为主要标的，严重制约产品的市场表现。当前，FOF 投资在资产配置策略和范围上已经有了较大的提升，但已不再局限为自家的产品。不过从主要的公募 FOF 信息来看，持仓标的仍以公募基金为主。从效果来看，在 2021 年资本市场结构性分化的情况下，据 Wind 数据，92% 以上的 FOF 基金业绩实现正收益，其中华夏聚丰稳健目标、平安养老 2045 五年、建信福泽裕泰、平安养老 2035 等多只产品自 2022 年年初以来收益率达 10% 以上。

信托公司可以横跨实业、资本、货币三大市场，符合 FOF 投资的多元化资产配置理念。信托公司在开展 TOF 的过程中，根据投资目标的要求也需增强在投资策略、投资范围等方面的灵活性。在投资策略方面，综合运用股票多空对冲、股票多头、市场中性、事件驱动、CTA、债券等多种策略，在不同经济周期下，构建不同的策略组合，体现差异化竞争力；在投资标的上，除了公募基金外，还可选择私募股票基金、REITs、私募股权（Private Equity，PE）基金和不动产等，投资范围相对更广。借鉴境外成功经验，以坚持长期价值投资的贝西默信托为例，其资产配置主要包括发达国家或新兴市场的大盘股、世界范围的中小盘股基金、战略机遇基金、实际收益基金、固定收益与地方债券投资组合、PE 基金与不动产等。中国信托业协会《2021 年信托业专题研究报告》数据显示，近年来，贝西默信托平均年化收益率保持在 12% 以上，客户资产留存率达到 98%，信托收入从 2012 年的 3.37 亿美元上升至 2020 年的 6.31 亿美元。

三、优中选优功能更具优势

2021 年以来，资管机构加大 FOF 产品拓展力度，市场竞争日趋激烈。2021 年年底，公募 FOF 规模已经突破 2 000 亿元，其中交银施罗德基金旗下的交银安享稳健养老一年（FOF）规模已达 244 亿元。易方达基金、汇添富基金、中欧基金、民生加银基金、国泰基金、兴全基金等 12 家基金公司也上报了 16 只 FOF – LOF 产品。此外，银行理财子公司也纷纷退出 FOF 类产品，招银理财针对不同的客户群体需求发行了固收 FOF、多资产 FOF、多策略 FOF、权益 FOF，风险等级覆盖 R2 至 R5。

在激烈的市场竞争中，信托公司可通过受托服务和主动管理两种模式，突出 TOF 优中选优的功能。在受托服务方面，信托公司主要承担证券类信托的估值、交易和清算等职能。在受托服务过程中，信托公司可通过对积累的交易数据定量和定性分析，选取优质的投资标的或投资顾问。早在 2013 年，外贸信托已根据服务类证券信托业务的数据探索布局主动管理 TOF 业务，并逐步发展壮大形成了良好的示范效应；而在主动管理方面，信托公司可与券商、公募基金、私募基金等机构展开合作，通过采购优质的投研服务、选取优质机构作为投资顾问，共同打造定制化产品等方式展开合作，形成合力提升投资回报。市场大多数私募产品投资门槛较高，信托型组合投资产品却可使投资者实现一揽子优质资产投资，有助于提升产品竞争能力。

四、资金沉淀时间相对更长

从资金来源的角度来看，TOF 资金沉淀时间相对较长。在类固收客户方面，既有的类固收产品投资期限一般为 2 年左右，投资门槛在 100 万元以上，客户群体风险偏好相对较低。与公募基金随时申赎相比，客户资金沉淀时间相对较长，若考虑客户滚动投资，该部分资金沉淀时间则更长。在融资类业务规模不断下降的情况下，部分资金缺乏合意的配置标的；家族信托客户方面，信托资金存续时间较长，对资产的保值增值需求更高。随着人均财富的增长，财富传承需求不断提升，该部分资金规模也逐年扩大。

信托公司需充分利用客户资金沉淀时间长的优势，以组合投资产品为基础，以低波动、收益稳健为配置目标，满足类固收客户的需求，做好既有客户群体的转化；加强与家族信托的联动，开发符合家族信托长期稳健配置的组合投资产品。信托公司可以“固收 +”为切入点，通过资金在不同资产间的布局和轮动，在减少市场波动的同时，实现或超越类固收产品的收益，有效衔接融资类产品稀缺条件下客户的投资需求。

（执笔人：杨晓东）

当前信托公司城投私募债投资业务的发展特征*

根据用益信托网数据，2 月城投私募债投资信托产品发行数量快速增长，在当月集合信托发行中表现较为显著。我们认为，此类业务当前拥有一定阶段性发展基础，因此对此类产品进行了梳理，并对其发展特征进行了总结。

一、城投私募债投资业务具有阶段性的政策和市场基础

从政策基础来看，城投私募债投资业务顺应了当前监管的政策要求。信托行业近年来积极进行业务转型，监管持续压降融资类信托规模，鼓励开展标品信托、股权投资信托、资产证券化等资产管理和资产服务类业务。城投私募债投资业务是这一监管导向的重要体现。自 2020 年下半年开始，信托公司与传统非标融资类业务交易对手的合作部分转向投资其私募债模式，城投私募债投资业务开始规模化开展。

从市场基础来看，城投私募债投资业务对扩大基础设施投资起到一定积极作用。当前我国经济面临“需求收缩、供给冲击、预期转弱”三重压力，宏观经济增速放缓压力较大。2022 年，我国经济稳增长的主线为基建托底，即在基础设施领域进行高质量的有效投资，通过稳投资来稳增长。2021 年年底中央经济工作会议也要求适度超前开展基础设施投资，城投平台因此迎来参与契机，其融资需求有所提升。因此，信托业也积极通过投资城投私募债支持基础设施领域投资，且因城投领域业务风险相对较低，因此部分信托公司加大了城投私募债投资业务的开展力度。

二、城投私募债投资业务具备标品和传统政信业务的双重特点

城投私募债投资业务的投资标的为标准化债券，具有标品信托的业务属性。当前信托公司城投私募债投资业务的投资方式主要为信托计划直接或间接参与城投私募债一级市场认购和二级市场转售，其底层资产为在交易所或银行间市场发行的债券。根据标债资产认定规则，该类底层资产属于标准化债权类资产，因此城投私募债投资业务属于标准化投资类业务。尤其是组合投资模式的城投私募债投资产品，产品形式为分期发行、期限不等的标准化债券池产品系列，收益率表现为报价型，报价随行就市，是当前标品信托的主要产品类型之一。

---

* 本文写于 2022 年 3 月 10 日。

城投私募债投资业务底层资产的债券主体与传统政信业务交易对手基本相同，风控措施类似，具有传统政信业务属性。根据用益信托网公开资料及行业调研，城投私募债投资信托业务涉及主体方面，底层资产的发行主体和增信主体与传统政信业务交易对手基本相同；涉及风控措施方面，主要包括发行人或同区域其他城投平台收益补足、发行人对标的债券予以远期回购、由同区域其他城投平台提供（不可撤销的）连带责任保证担保等方式，与当前传统政信业务的风控措施也较为一致；产品收益率水平方面，大多城投私募债投资信托产品收益率在7%左右，与当前传统政信非标业务基本持平。

三、城投私募债投资业务面临较为复杂的风险挑战

一是城投私募债投资业务底层资产涉及发债主体和增信主体较为下沉。从主体所在区域特征来看，省份方面，以山东、江苏、重庆、陕西等省份居多，主要是由于该区域为政信业务的重点区域且城投融资规模较大、城投债发行规模较大，个别省份还有结构化发行规模较大导致现阶段再融资压力较大从而转由信托承接的原因；地市方面，涉及区域均为平台数量多、负债率高、舆情多发且近期城投债融资较为困难的区域，例如潍坊、柳州等地市，部分区域还存在非标违约历史，例如韩城等。从主体自身平台层级来看，以区县级为主。从主体外评及涉及情形来看，基本处于AA—AA+区间，且大多为AA级，不少主体还存在区域有不良信用记录、区域有负面舆情、区域其他城投评级下调、区域融资恶化、债券发行终止等情形。结合近期私募债发行备案政策、交易所收紧区县级城投债发行窗口指导等相关监管政策，前述主体和区域私募城投债投资的安全边际或有进一步收紧的趋势。

二是城投私募债投资业务风控手段及效果较为有限。从风控手段来看，因该类业务形式上属于投资类业务，不设资产抵押措施，导致缺乏风险处置抓手，但其政信业务属性意味着面向标债的信评体系也不适用于该类业务；从风控效果来看，增信效果面临较大不确定性，部分产品的风控措施为区域内同层级城投互保或其他同层级城投收益补足，但该类增信措施实质仍为信用担保，在区域“一盘棋”环境下实际上增信效果大减。

三是城投私募债投资业务面临监管调整带来的政策风险。2014年以来下发的多个城投监管政策，要求剥离城投平台政府融资功能，推动平台公司市场化转型。现实中，城投平台转型也确有迫切性和必要性。但由于城投平台本身盈利能力较弱，加之其经营性业务无明显竞争优势，如市场化转型为一般国有企业，反而会因城投属性下降和经营不善导致更高信用风险。

四、城投私募债投资业务对信托公司实质上提出了更多要求

城投私募债投资业务的开展需要信托公司具有一定的政信业务基础。由于城投私募债投资业务底层资产的主体仍为传统政信业务展业中较为熟悉的交易对手，且风控措施与传统政信业务类似，因此开展城投私募债投资业务需要信托公司拥有一定的政信业务基础。根据用益信托网公开资料和各信托公司2020年的年报数据，近期开展单票投资类城投私募债投资业务的信托公司，往往政信业务基础较好，其2020年年底基础产业信托业务普遍规模较大且占比较高。

城投私募债投资业务对信托公司估值管理能力提出了一定要求。由于底层资产为标准化债券，因此应根据净值化管理要求对信托产品和底层资产开展估值管理。城投私募债由于资质较弱，估值波动也大于公募债券，亦容易受部分城投负面事件的干扰，同时，近年来市场风险偏好下移，城投信用利差持续分化，弱区域、弱资质城投债信用利差大幅走阔，其估值波动风险也更大，因此城投私募债投资信托业务的估值管理也应更加注意底层资产及信托产品净值可能出现的波动性调整。

城投私募债投资业务对信托公司在违约债券风险化解和处置方面的能力也提出了要求。信托公司开展主动管理类标债投资经验尚不丰富，对标债资产的风险化解和处置能力也处于起步阶段。从我国违约债券处置历史来看，自2014年出现债券违约事件以来，整体违约债券处置效率普遍较低，处置周期长且清偿率较低，维权难度大。尽管目前我国城投债尚无违约记录，但城投的整体债务风险和偿债压力已处于高位，信托公司应提前做好风险应对准备，包括建立完善内部管理流程和工作机制，加强流动性监测和流动性管理，做好风险监测预警，一旦出险，也应充分利用法律手段，在债委会中积极行使债权人权利，推动债务化解，最大程度维护信托受益人利益。

（执笔人：崔继培）

国内信用风险缓释工具的发展及对信托的影响*

2022年以来宏观经济持续承压，信用风险事件数量剧增，债券市场结构性分化背景下的民营企业陷入融资困境。中国银行间市场交易商协会和上海证券交易所、深圳证券交易所近期均推出了信用风险缓释工具（Credit Risk Mitigation，CRM）助力民企债券发行，引起市场高度关注，可能对信托公司业务发展带来一定影响。

一、国内信用风险缓释工具的设立背景与发展历程

2005年以来，我国成为亚洲最大信用债市场，但配套信用衍生产品的缺失制约了信用风险管理手段的丰富性，影响了信用债市场持续健康发展。与国内相反，欧美金融市场信用衍生品高速发展，但由于缺乏监管导致产品结构复杂、杠杆过高，成为引发2008年金融危机的重要因素。在此背景下，中国银行间市场交易商协会于2010年年底正式推出CRM，核心品种包括信用风险缓释合约（Credit Risk Mitigation Agreement，CRMA）和信用风险缓释凭证（Credit Risk Mitigation Warrant，CRMW），约定标的均为单一债务（债券、贷款等），主要规避标的债务违约风险；2016年进一步推出合约类产品信用违约互换（Credit Default Swap，CDS）和凭证类产品信用联结票据（Credit-linked Note，CLN）两项新品种，其标的由盯住单一债务变为盯住标的主体，规避标的主体信用风险。

CRM自推出之后，在相当长的一段时间内并未得到快速发展。债券市场信用债违约事件较少，CRM缺乏市场需求，符合资质的参与机构数量少且热情不高，CRM的发行一度陷于停滞。自2018年以来，随着宏观经济增速放缓、民营企业发行债券的违约事件增加，中国银行间市场交易商协会在当年重点推广民营企业发债搭配CRMW的模式，在帮助民企融资方面取得一定成效。交易所也于2018年末相继开启信用保护合约试点，随后也增加了信用保护凭证品种。

自2020年以来，债券市场信用风险事件频发，信用债的市场结构化失衡问题进一步加剧。在此环境下，CRM的分散风险功能有所显现，发行规模显著增长。交易商协会统计数据显示，截至2021年年底，各类CRM存续200笔，名义本金总计422.42亿

---

* 本文写于2022年5月19日。

元，较上年末增长 89.7%。其中，凭证类产品存续 165 笔，名义本金总计 370.85 亿元，较上年末增长 90.6%；合约类产品存续 35 笔，名义本金总计 51.57 亿元。由于凭证类产品的可流通性较强，所以其比合约类品种更受买方市场青睐。

二、信用风险缓释工具面临的挑战

（一）市场结构失衡问题较为突出

当前国内 CRM 的市场结构失衡问题较为突出。一方面，交易商参与度低和产品的局限性造成了产品流动性偏弱。根据交易商协会统计数据显示，截至 2021 年年底，CRM 市场参与者合计 124 家，包括核心交易商 64 家、一般交易商 60 家；CRMW 创设机构[①] 75 家、CLN 创设机构 51 家，参与者涉及商业银行、证券公司、增信机构、资产管理公司、公募基金、保险公司等，相对于银行间市场庞大的金融机构成员来说，符合条件且有意愿参与的机构数量占比过低。

另一方面，创设机构多为银行，集中度过高易造成风险聚集。根据交易商协会统计数据显示，自 2010 年以来发行的 467 只 CRMW 中，有 294 只为商业银行创设，占比 63%，而浙商银行和中债增两家机构合计发行 120 只产品，创设机构集中度较高。参与主体较少易形成风险偏好高度趋同，进而造成信用风险在核心交易商中聚集，不利于信用风险的分散和转移。

（二）估值定价基础薄弱

违约概率与违约损失率是衍生品定价模型的关键依据，由于 CRM 产品发行数量偏低，信用风险事件绝对数量仍偏少，CRM 产品的定价存在基础数据积累不足问题，易造成产品定价偏离内在价值。例如，市场曾出现 CRMW 创设价格和标的主体信用等级倒挂现象，造成挂钩同行业、同区域股东背景相似的 AA + 主体的 CRMW 发行价格低于挂钩 AAA 主体的 CRMW 发行价格。

为避免价值偏离造成的损失，创设机构在发行 CRMW 时更倾向于选择信用等级较高的挂钩主体，覆盖债券更偏向短期品种。根据交易商协会统计数据显示，截至 2021 年年底，挂钩发行主体 AA + 占比约 50%，而挂钩短融的产品发行规模占比也达到 45% 左右。CRM 设计初衷之一是通过分散转移信用风险以便利低信用等级主体融资，但由于估值定价问题造成的创设机构选择偏差，所以在一定程度上背离了设计初衷。未来可借鉴欧美相关产品定价经验，随着基础数据的积累逐步改进定量分析技术，建立更为科学合理的估值定价体系。

① 创设机构为具备一定条件的核心交易商，需经备案认可。

（三）风险对冲功能发挥尚不充分

一是CRM产品发行规模相较标的债券发行规模偏小，创设覆盖率整体较低。根据交易商协会统计数据显示，2019～2021年，CRMW发行规模占标的债券发行总额的比重分别为24.06%、25.10%和27.46%，对标的债券规模覆盖比例低，风险缓释功能发挥不足。

二是民企挂钩标的占比下降，国企规模快速上升。根据交易商协会统计数据显示，2019～2021年，挂钩标的为民企的占比逐年下降，分别为84.95%、75.29%和46.45%。相比之下，地方国有企业在数量和占比上均逐年增多，其中，2021年创设的147笔CRMW中，国企占比约55%，同比增加178.3%，配套监管制度完善程度和债券市场的法制化程度等因素制约了信用衍生品的发展，挂钩标的主体性质的变化反映了市场的选择偏差。

三是对城投债的保障力度不足。根据交易商协会统计数据显示，在已发行的467只CRMW中，针对城投债的占比仅为15%左右，挂钩城投债标的名义本金对相应城投债发行规模的覆盖率仅为20%。城投主体为银行间非金信用债占比最大的群体，尾部城投的违约风险在分化过程中迅速上升，其迫切需要配套的衍生工具缓解融资困境。

三、信用风险缓释工具对信托业务的影响

一是有利于缩小标品信托业务的风险敞口。受制于负债端的高成本和债券市场的“资产荒”，信托公司当前信用债投资面临着一定的信用下沉压力。随着CRM在债券市场逐步推广，信托公司可选择相应产品规避信用风险。特别是近期民营房企信用债价格波动较大，如果其配套发行了类似风险对冲工具，有利于信托公司降低该领域的债券投资风险敞口，减小投资风险压力。

二是对房地产信托风险化解起到一定积极作用。交易所在当下选择民营房企作为信用风险缓释工具的产品试点，表明了监管对该类主体的重视和支持立场，有利于恢复市场信心。监管后续或推出“一揽子”工具辅助相关企业参与直接融资，通过修复融资能力缓解主体流动性压力，对房地产信托风险化解可能会起到一定的积极作用。值得关注的是，本次试点采用的模式是承销机构（中信证券）为创设主体，中国证券金融股份有限公司运用自有资金买入，其承担了类似对中信证券再担保的职能，政策性较强，未来能否市场化批量帮助民营房企恢复债券融资尚待观察。

三是为信托公司带来创新参与CRM的业务机遇。信托公司是资产证券化市场的重

要参与者，部分信托公司还拥有债券承销资质，未来可以在其熟悉的房地产、政信等领域，探索加入风险对冲工具的使用，成为 CRM 产品创设机构，充分挖掘资产价值。此外，信托公司也可以交易商身份参与，把握市场中的套利机遇，但需要更高的研究能力，对市场走势做出准确研判。

（执笔人：王冲）

信托公司参与资产担保债务融资工具相关业务的初步设想*

近期，“盐城市城镇化建设投资集团有限公司2022年度第一期定向资产担保债务融资工具”（22盐城城镇PPN001CB）在银行间市场成功发行，作为一款具有主体和资产现金流双重偿债来源的创新债券品种，CB① 受到市场关注。未来，CB相关业务中，信托公司可以发挥一定作用，参与到业务的某些特定环节。

一、资产担保债务融资工具的主要特征

CB是指发行人以表内资产提供担保，由发行主体或担保资产所产生的现金流作为偿债来源的债券。CB在欧美国家发展较为成熟，主要为以银行为主的金融机构通过信贷类资产等作为担保物发行债券。受限于相关法律法规和监管制度的缺位、信用环境制约、境内外金融机构监管差异等，我国境内CB市场为空白。至2022年，在房地产行业发展放缓、宏观经济承压背景下，中国银行间市场交易商协会于5月发布《关于开展资产担保债务融资工具相关创新试点的通知》（中市协发〔2022〕88号），正式开展CB创新试点，旨在加快发展保障性租赁住房，发挥资产信用优势进而稳市场主体。根据协会文件，试点优先不动产、土地使用权、准不动产等流动性强、易变现的担保资产类型，并在项下专门推出“保障性租赁住房”主题债券，开辟绿色通道引导资金流向保障性租赁住房领域。未来，在基于真实交易背景及风险可控的前提下，可发展动产和无形资产等作为担保资产，监管对资产池不做同质性要求。

CB产品特征主要包括三点。一是具有主体和资产现金流双重偿债来源。CB的投资人和发行人为债权债务关系，投资人对发行人具有完全追索权，投资人在发行人无法履行债务时可就资产处置所得价款优先受偿。二是交易结构灵活。交易模式可为表内模式，即指定表内某一项或几项资产作为债项的担保资产，进行抵质押登记，如住宅地产和股权等资产。另一种交易模式为结构化模式，即当担保资产系未来能产生持续现金流的资产时，如出租商业物业，可考虑引入信托计划等破产隔离载体，在主体

---

* 本文写于2022年6月30日。

① CB全称Covered Bond，即“资产担保债务融资工具”。

破产情况下，通过实现担保资产收益权的隔离更好保护 CB 投资人对资产收益的偿债优先权。三是设置分层和信用触发机制等。可根据不同担保资产的现金流和期限结构进行分层设计，并根据发行人信用资质指标变化等设置信用触发机制，更好满足投资者风险配置需求。

二、资产担保债务融资工具和资产支持证券的区别

CB 与 ABS[①] 类似，均以特定资产作为重要信用支持，CB 的债项信用等级和 ABS 的信用等级都可高于融资主体信用资质，均可设计出表交易结构。但二者在基础资产类型、资产池管理、偿债来源和风险敞口等方面存在差异。

一是基础资产区别。ABS 基础资产需为权属明确，可以产生独立、可预测的现金流且可特定化的财产权利或者财产。而 CB 的担保资产无该要求，基础资产可以为无可预测现金流的不动产、权益性资产、无形资产等，资产范围更宽泛。基于此，CB 利好弱资质发行人（民企和尾部城投等）和强周期产业类发行人通过增加担保资产发债，获得长期稳定资金，优化其债务结构。

二是资产池管理区别。CB 发行人需对担保资产进行动态管理，抵质押资产价值对债务覆盖情况发生变化时，如因资产摊销和信贷资产违约等造成担保资产对债务覆盖能力下降，融资人需调整入池资产。而 ABS 的基础资产池一般固定不变。

三是偿债来源区别。仅当 CB 融资主体不具备偿债能力后，投资人才会向担保资产进行追索。而 ABS 基础资产现金流原则上是 ABS 偿债的首要来源。

四是风险敞口区别。担保资产不出表的交易结构下，CB 发行人承担了相关资产全部风险敞口；引入信托计划出表的交易结构下，基于主体现金流仍为第一还款来源，若如期偿债，担保资产将回流融资人表内，故融资人对担保资产的管理动力较高。而 ABS 为表外融资，融资人理论上持续监控与管理基础资产动力较弱，风险全部由投资人承担；此外，ABS 理论上（不同国家法律法规和监管要求不一致）可通过层层打包使得风险在资产服务机构间传导，易发生系统性风险。

三、信托公司参与资产担保债务融资工具业务的设想

（一）对担保品进行管理和处置

一是在 CB 的表内交易模式下，信托公司可担任债权代理人。中国银行间市场交易商协会规定，为解决由于投资人较为分散而导致的办理抵质押登记以及违约后追偿

① ABS，全称 Asset-Backed Security，即“资产支持证券”。

不便等问题，CB 产品应明确债权代理人机制，债权代理人可由受托管理人担任。当主体现金流无法覆盖债务时，信托公司作为债权代理人履行接受资产抵押、行使抵押权、处置抵质押资产等职责。

截至 2021 年末，中国银行间市场交易商协会非金融企业债务融资工具受托管理人有 93 家，主要为银行、券商、信托公司和律师事务所。具有银行间市场承销资质的信托公司，可适当增加债券承销和相关业务的资源投入，提升债券业务总体参与度，同时提高作为受托管理人的业务能力。

二是结构化交易模式下，引入信托计划等破产隔离载体，信托公司可担任信托计划受托人。根据新信托业务分类，资产服务信托项下专门设有担保品受托服务信托，未来可较好衔接 CB 产品。信托公司可作为第三方，受托管理债券担保物权，代表债券持有人利益，提供担保物集中管理和处置服务。此外，若债务人陷入破产重整，可发挥信托制度的隔离功能、管理功能等优势，通过设立破产重整信托更好地保障债权人的权益，信托公司可进一步增加业务机会。

（二）开展资产担保债务融资工具投资

相对于一般信用债、ABS、非标等投资产品，CB 在流动性、性价比、风控资源投入等方面对投资人更加友好，主要体现为以下几点。

一是流动性和安全性更高。相较于项目贷和融资类非标产品，同样含资产抵质押，但 CB 显著提高了金融资产的流动性。此外，CB 为债券，发行流通环节和信息披露要求相对于贷款和非标更高，有利于提高产品安全性。

二是风险相对更小。主要为三个层面风险。第一，相对于一般信用债或 ABS，主体和资产双重追索权模式更易提升发行人偿债意愿，进而使得 CB 违约风险相对更小。第二，在风险事件触发债券加速清偿条款情况下，发行人需对产品追加增信，投资人往往承担了增信以后的再投资风险，并可能损失风险事件应获得的额外收益。而 CB 触发加速清偿的概率较小，当发行人主体现金流无法偿付 CB 时，担保资产现金流可优先用于偿债；同时，动态资产池管理模式亦增加了偿债保障。第三，含权债券若发生基础资产增值情况，发行人可能行使债券回购权，此时投资人需进行资产再配置。而 CB 的资产池为动态调整，无特殊约定的情况下基本无提前兑付风险。

三是收益的性价比更高。对于相同风险敞口或相同信用等级的单券投资，CB 或具有相对更高的收益率，亦可通过丰富投资组合方式提高收益率。

四是风险识别资源投入更少。投资人对 ABS 的信用风险识别更加耗时耗力，尤其是以分散信贷类资产为基础资产的 ABS，可能经过层层打包，或为获取更高的信用评级而人为复杂化，投资人较难清楚辨别底层资产真实风险。CB 的担保资产一般为相对透明的表内资产，信用评估方式也因此相对简单。

（执笔人：王冲）

如何评估政信业务交易对手的债务风险管理能力*

政信业务作为信托公司重要的业务类型，在2022年1~7月发行的集合信托产品中的规模占比约达到30%。当前，信托公司开展政信业务面临着交易对手信用分化加剧、行业不确定性增加等情况。鉴于债务风险管理能力已经成为衡量地方城投信用风险的重要评价因素，如何评估政信业务交易对手的债务风险管理能力，也成为信托公司需要重点关注的问题。

一、债务风险管理能力是当前考量地方城投信用风险的重要因素

2014~2017年，信用体系扩容和《预算法》① 的修正为城投公司带来庞大增量资金，城投体量高速增长，政府信用背书充值"城投信仰"，这期间开展政信业务主要关注地方政府财力。2017年以来，降低地方政府债务风险成为重要政策目标，政策随经济变化呈多空交织，但"化解地方存量债务、控制地方增量债务"始终是政策前提，剥离城投平台政府融资职能的长期思路不会变，也是防范地方债务风险的根本，信托公司对政信业务交易对手的信用评价思路也随之变化。

政府融资职能的剥离促使平台投融资方式发生改变，存量债务在长端利率下行的趋势下依赖债务滚续实现以时间换空间，增量债务则不再单纯依托政府信用背书，需融资主体自行寻求资金平衡，故投资人对于城投标的信用状况考量方式需从政府兜底思路转向城投自身基本面评价，核心则在于评估城投主体对自身债务的管理能力，即融资人对存量债务的再融资能力和对增量债务的资金平衡能力。

二、地方城投存量债务风险管理能力的评估维度

存量债务主要形成于城镇化进行中的公益性和准公益性基建、园区开发、城市保障性住房建设等业务，通过政府信用背书获得融资，较难实现项目资金平衡。地方政府通过发行债券进行城投历史债务置换，但受限于地方隐债体量庞大，2018年至今化解效果不明显，城投公司需自行再融资滚动存量债务。因此，城投自身再融资能力和

---

* 本文写于2022年8月11日。

① 现行《预算法》是2018年修正的。

区域整体的再融资能力对于防范存量债务风险至关重要。当前房地产市场发展放缓对地方政府财力负面影响较大，叠加金融机构风险偏好下降，共同推高地方隐债风险，弱区域的再融资能力下滑是造成城投分化的根本原因。信托公司在对城投主体及区域的再融资能力评估时可围绕以下几个维度展开。

（一）关注政策走势影响

政策变化影响城投再融资的通畅性。

2022 年《国务院办公厅关于进一步推进省以下财政体制改革工作的指导意见》（国办发〔2022〕20 号）中明确地方债务风险由省级财政负责，再次强调控制地方隐债增量以及“中央不兜底不救助”的原则，影响有三点。一是强调加大对省内财力薄弱地区的支持力度，特别提到加强省级对县级的财力支持，利好内部分化严重省份的弱城投，如江苏省的苏北区域，非标政信业务需求量亦较大，信托公司可适当关注。二是以开发区为代表的行政层级的财政自主权有所上收，该类城投受到一定负面影响，信托公司在选择投资标的的时候需关注开发区政府财政情况的变化及对投资标的债务偿还的影响。三是明确中央不兜底，意味着靠自身能力无法偿债的弱省份“城投信仰”或被打破，近期遵义道桥的银行债务重组亦是结果的印证。贵州省自身财力无法偿还债务，银行等金融机构被迫进行债务展期，从偿债意愿来看，信托公司政信类业务的债权一般优先级劣后于银行，故信托公司在开展政信业务的时候需更加谨慎选择区域，建议先对省级财政进行甄别，再关注区域分布分化带来的业务机会。

（二）关注区域金融资源

区域金融机构一般在区域内部深入展业，且和财政的关系更为紧密，在城投公司需要资金调剂时往往发挥重要作用。当弱资质城投融资途径收缩时，一方面会选择高成本的非标融资接续，另一方面也会在政府的调节下由地方银行进行纾困。

近期遵义道桥主要是银行类债务展期，而在这之前已频繁出现定融和非标违约，非标违约信息一般非公开，不影响融资主体的征信状况，而银行贷款逾期一定期限将归为不良资产，影响融资人征信记录，故就还款意愿来看，非标融资劣后于银行贷款。信托公司在项目开展前需了解区域金融资源、交易对手的银行授信及其和各金融机构的关系等情况，提升出险后的主动性和风险处置可行性。

（三）关注区域信用违约走势

从评级变化情况来看，2022 年上半年共有 28 起城投评级下调，涉及 22 家发行人，贵州 11 个，市级平台 2 家，区县级平台 9 家；其次为云南，共计 5 次，省级平台 3 家，市级平台 2 家。2021 年全年共有 16 个城投主体评级下调，贵州、山东和重庆区域较多，2020年共10个城投主体评级下调。

中债隐含评级2022年以来发生城投评级下调167起（截至2022年8月11日，按照单个主体单日一次计算），涉及发行人143个，区域涉及贵州、云南、山东、广西、甘肃、重庆等。就近期情况来看，潍坊滨海新区、鱼台县、柳州市、韩城市中债估值收益率接近或超过10%，贵州的大部分地级市估值超过15%，上述区域亦较多出现偏离估值情况。

从定融违约情况来看，2022年上半年定融违约104次，2021全年为137次，山东、四川和河南分别占比49.04%、18.27%和10.48%，山东省定融违约情况愈发严重，而四川省呈改善趋势，定融违约数量和占比均大幅下降。从非标违约情况来看，2022年至今非标违约14笔，贵州有5笔，其余涉及甘肃、云南、陕西、湖南、内蒙古等地区。

2022年上半年评级下调的城投数量超2021年全年，贵州和云南评级下调、非标违约较严重；山东部分地市城投估值不断走高，定融违约严重；四川省定融违约情况有所改善。信托公司可参考外部违约风向进行区域筛选。①

（四）关注利差走势

根据DM数据统计，截至2022年8月10日，利差最高的青海省和最低的上海市之间的差值为793.89个基点，2022年5月10日和2月10日，这一差值分别为659.33个基点和466.14个基点，区域利差分化持续走阔。而青海和贵州在资产欠配、城投利差总体下行的情况下呈利差快速走阔的趋势，一定程度印证投资人的行为趋同性。另外，近半年利差下行较多的省份为天津、新疆、重庆、辽宁等，说明估值得到修复，得益于政策面，也受融资主体数量、融资体量和方式等变化多重因素影响。

三、地方城投增量债务风险管理能力的评估维度

2018年中央甄别地方隐债后的债务不再纳入隐债范围，理论上需要城投公司自己偿还，这部分债务为城投的增量债务。城投增量债务的资金平衡方式是当下选择政信非标对手需要把控的重点。信托公司在开展政信业务时需要对交易对手新增债务对应形成的资产和偿债来源进行严谨的甄别，摸清近年来新增债务的募投项目或新增的业务类别等，了解项目周期和债务周期匹配程度，项目能否产生现金流，尤其是在当前经济增速放缓周期中现金流是否能够如期实现。若是新增债务的风险较大，叠加再融资能力下滑，在失去政府兜底的情况下，信托债权很有可能成为城投公司首先违约的

① 数据来源：DM。

债权。城投增量债务风险的管理能力评估可从以下三个维度展开。

（一）了解城投的转型方向以及业务可持续性

当前我国城镇化程度已超越欧美多数国家，传统基建业务几近饱和，城投逐渐由基建投融资主体演化成城市运营服务商，其在区域公用事业投资运营、乡村振兴、地方产业培育等方面产生新的业务机会，城投的职能定位愈发清晰化。部分城投开展市场化业务，轻资产经营城市的公用设施资源等，增加自身现金流；部分城投转型为国有资本运营公司，以区域产业竞争力为核心，控股区域战略性核心业务主体，负责产业培育，提高区域产业竞争力；部分城投转型为国有资本投资公司，从管企业向管资本转型，承担国有资本保值增值的任务；部分城投转型为金控类公司，持有地方金融股权，并主导或参与地方产业基金管理运营。信托公司需要充分了解业务交易对手的历史沿革和现阶段的城投职能定位，判断目前的发展路径能否够持续，以及未来债务偿还的可能性。

（二）判断交易对手城投属性是否依然存在

减少基建增加多元化业务后的主体是否仍归类为城投企业，属性判断可从股权关系、业务机会是否仍来自地方政府、业务交易对手是否仍主要为地方政府、从事的业务是否仍在区域内具有显著资源优势等几个方面进行分析。

（三）分析交易对手近年来新增债务的投向

市场化发展和城投属性并不矛盾，多元化且有现金流的业务能够提高城投的造血能力，在原先业务基础上拓展的多元化业务一般仍具有区域专营优势，如城投基建完成后新增城市供水、供电、供热、市内交通运输和城市停车位运营等业务。浙江县域经济发达，其县域城投在城市运营能力方面优势明显，部分城投开展乡村电商相关业务的培育，导入产业基金，结合当地的特色进行新业务拓展，业务良性发展，为自身补充现金流。反之，盲目开展无关市场化业务的城投则需警惕其对增量债务风险的管控能力。

（执笔人：王冲）

近期城投债务风险化解方式及其对信托业务的影响*

城投债务化解问题对于区域再融资环境重塑和经济长期发展至关重要，目前来看，主要的化债方式有政府债券置换、财政资金偿还、借新还旧、债务展期、转化为企业经营性债务等。近期，贵州、云南等区域对城投债务风险化解采取了非标展期与降息、提前兑付债券等方式，这些方式对信托业务的影响各有侧重，信托公司未来开展城投类融资业务需要考虑不同的策略。

一、非标展期与降息方式及其影响

2022 年 9 月，财政部印发《支持贵州加快提升财政治理能力奋力闯出高质量发展新路的实施方案》（财预〔2022〕114 号，下文称 114 号文），可视为贵州省非标债务展期及降息的政策依据。114 号文明确贵州省债务风险的化解方式，一方面允许融资平台与金融机构协商采取展期、债务重组等方式维持资金周转，并降低债务利息成本；另一方面安排新增政府债券，债务由平台向政府转移。

114 号文所明确的非标展期与降息方式对于城投债务化解而言具有重要意义。以贵州省为例，一是贵州区域较多融资平台已逐渐丧失市场化再融资能力，频繁出现除标债以外的债务违约，存续标债（私募债为主）到期后或不再具备借新还旧的能力，可能主要由地方银行承接。二是标债融资规模下降的情况下信托等非标融资渠道支撑作用凸显，实际融资成本不断提高，财政或无法负担区域综合利息支出，造成借新还旧难以维系。在政策支持下，银行贷款和非标展期加降息的化债方式或成为贵州当下最优选择，但并不意味着目前会被其他区域复制。对于仍有再融资能力且财政能承受付息能力的区域而言，凌驾于银行和非标投资人利益之上的展期降息将严重破坏区域金融生态，使得后续信用修复具有很大的不确定性。

非标展期与降息方式将会对相关区域的基础产业信托产生较大影响。一是信托公司和融资人的地位不对等，融资人受到政策支持，且已丧失偿债能力，信托公司只能被迫接受展期，并无选择余地。信托公司也将面临由于处置违约效果不佳而造成的声

---

* 本文写于 2022 年 9 月 22 日。

誉损失等。二是投资人风险收益不对等。遵义某平台近期向信托公司提供信托计划展期方案：展期 8 年后兑付信托计划本金，展期期间综合利息成本降至 3%。当下信托产品的个人投资者较为分散，大部分投资人难以接受长期限展期和展期期间利息的大幅下调，融资人的展期条款对非标债权人缺乏公平对待。

二、提前兑付债券方式及其影响

与贵州省被动化债形成对比的是，云南康旅公告计划提前偿付全部存量债券，化被动为主动的积极化债态度在一定程度上提振了投资人对云南省级平台债券的投资情绪。云南康旅选择提前兑付公开债券主要基于以下两个前提。一是云南康旅公开市场债券的偿债高峰已过，提前兑付公开债在财政或区域金融能力承受范围内。二是除云南康旅外的部分云南省级平台仍具有市场化融资能力，云南康旅的提前兑付有利于修复区域整体信用，解决一、二级市场倒挂等问题，便于后续其他平台再融资及区域综合融资成本下降，效果或等同于市场化债务重组，避免了直接采用贵州化债方式对于区域信用的严重损害。

云南康旅本次的化债方式或可能成为弱信用资质且内部存在分化省份化债的样本案例。利率下行通道中，债务成本下降是大趋势，省级政府支持下先通过银行贷款或财政资金置换高成本债务，融资人暂时退出二级市场，进而减少不可控负面因素。一方面，提振市场信心，修复区域信用，区域内其余主体再融资渠道保持畅通；另一方面，提前兑付的融资人在降杠杆和经营情况改善后可再回归债券市场融资，或通过平台整合等方式重塑信用。

公开债券提前兑付使得此前参与云南康旅债券投资的高收益债投资者获利。除债券提前兑付外，部分信托公司近期也接到了云南康旅提前兑付的告知函，但融资人显然将标债兑付放在更高的优先级，有选择性地对部分非标产品进行兑付，部分进行展期，对于非标债权人总体缺乏公平对待。后续若融资人资产处置不理想、区域信用环境再度恶化，则不排除其效仿贵州化债方式，存续的银行贷款和非标债权人被迫接受展期与降息。

三、不同债务风险化解方式下的信托业务策略选择

不同的债务风险化解方式对于信托公司的影响尽管各有侧重，但作为管理人的信托公司在勤勉尽责和投资专业性等方面需要进一步提升。

（一）非标展期与降息方式下的策略选择

信托公司需要在投前做好尽职调查和对投资人充分的信息传递、投后进行更积极

的动态风险管理、项目出险后需要和融资人及投资人做好充分沟通，需要关注的策略包括以下两个。

一是以风险收益对等为原则筛选项目，加强投资者信息披露与风险认知。贵州类似区域的融资人趋向于标债规模缩减，并逐步退出公开市场融资，意味着其将失去市场化定价基础，易造成银行和非标债权人风险收益不对等的局面。信托公司需结合市场利率变化趋势与投资人进行沟通，还需根据此类项目高风险的本质同融资人争取更高的溢价空间，建立公司内部政信业务区域划分和对应定价原则，提高专业水准。

二是加强投后动态风险管理，提升履职尽责能力。信托产品运行情况和底层资产营运情况高度相关，信托公司需及时做好风险监测，包括解读相关政策、开展区域和主体舆情监测、观察各类型债权人的行为变化等。当出现风险后，信托公司应以投资人利益最大化原则，及时做好和投资人的沟通及信息披露，并和融资人积极协商尽快处置和化解风险。

（二）提前兑付债券方式下的策略选择

云南康旅提前兑付反映了政府的支持意愿和积极的化债态度，二级市场债券表现提振也说明了努力保再融资的举措产生了一定积极效果。但云南省区域信用资质脆弱的本质并没有改变，提前兑付和债务重组本质上是融资人信用资质弱化的表现。值得关注的是，目前云南省十余家省属发债平台债务特点是短债（1 年以下）占比超 80%，债务期限短期化，平均融资成本高企，且债务总规模依旧在上升，说明区域债务风险仍在积聚。该种化债方式下，非标业务需要关注的策略包括以下两个。

一是持续观察区域融资人对待非标投资人的态度，保持前台对融资人和市场态度变化的敏感性。利率下行背景下，政府相关债务都趋向于以越来越低的利率滚动，未来会有更多的化债政策引导降低债务成本，各类型债权人或被区别对待。非标业务人员更需关注区域对不同债权人的态度及方式，有选择性地开展业务。

二是风控环节以交易对手偿债能力分析为根本，而不以某项利好政策或某些个体的化债行为信仰充值。目前来看，主要基础产业信托交易对手涉及区域基本面弱，土地财政承压，再融资紧张，需重点关注区域存量债务化解成效以及增量债务控制情况。比如，云南区域债务违约风险仍在不断上升，后续需关注区域杠杆率变化、企业经营和盈利改善情况、再融资边际改善和债务优化等情况。具体项目层面，仍需以交易对手基本面分析为主。此外，信托公司需以区域为单位控制风险敞口，规避集中度风险。

（执笔人：王冲）

信托公司参与境内高收益债市场的模式探索*

近年来，房地产行业调整和城投资质分化等因素促使境内高收益债市场供给扩容，高收益债标的能够满足特定投资人的需求，具有一定发展空间。信托公司未来发展资产管理信托业务可关注高收益债市场特点，丰富产品形态，但同时也面临一定的机遇和挑战。

一、境内高收益债市场发展现状及前景展望

（一）境内高收益债市场规模较小，处于扩容阶段

按中债行权收益率超10%（含）作为标准，根据华泰固收及中证估值数据，截至2022年5月27日，境内高收益债规模约为4 390.59亿元（不含违约或展期债券），较2021年末增长约7.8%，占信用债总规模的比重约为1.69%；从行业分类来看，房地产和城投占比合计约为81.14%；从评级分布来看，AAA等级债券占比最高，约33.76%，AA+占比约24.22%；从成交活跃度来看，2021年有行情的高收益债券数量占比约为78.88%，同比上升35.83%；从成交价格来看，高收益城投债成交价集中在80元以上，而地产债价格易受事件因素驱动急速下跌，低于50元的个券占比较大。总体看来，境内高收益债市场规模较小，处于扩容阶段，行业集中度高，外部评级区分度低等因素使得中高等级信用债占比较高。

（二）境内高收益债市场具有一定发展空间

一是从需求端来看，当前市场资金面宽松，利率整体维持低位，高收益资产配置需求旺盛。

二是从资产端来看，首先，当前高等级信用债利差极度压缩，投资价值降低；其次，权益市场2022年以来经历两轮大幅下跌，风险敞口较大的资管产品回撤幅度大，亦影响转债市场表现；最后，融资类信托压缩，加之房地产行业发展放缓使得非标产品风险集中暴露，高收益资产供给大幅减少，而高收益债作为一类收益相对较高的替代标的，具有一定投资潜力。

三是从供给角度来看，地产风险集中暴露和城投资质严重分化的背景下，高收益

---

* 本文写于2022年10月27日。

债供给规模势必扩容。

四是随着估值模型和交易机制的不断完善、违约处置经验的持续积累、信用衍生工具的不断创新，高收益投资将获得更多投资人的关注。

（三）境内高收益债市场发展局限

一是风险定价难度大。由于市场规模较小、流动性弱和交易机制不健全等因素，所以高收益债缺乏有效估值模型，尤其是产品净值化改革后，高收益债投资现阶段主要以特定私募产品封闭运作居多，产品规模普遍较小。

二是尚无完善的退出机制。我国债券市场起步较晚，2018 年以来债券违约才趋于常态化，违约处置模式仍处于探索阶段，债券违约处置难度大、现金清偿率低、回收周期长，缺乏完善的投资人保护机制，一定程度上挫伤投资人参与的积极性。

三是配套风险管理金融工具发展滞后。我国债券市场信用衍生品种类较少，起步阶段市场化风险对冲工具规则限制较为谨慎，如部分 CRM 相关工具严格挂钩特定债务，在二级市场不可作为金融资产单独交易，不可卖空，一定程度限制市场化定价和投资交易机会，降低了高收益债市场的活跃度。

二、信托公司参与高收益债投资的驱动因素和策略分析

（一）高收益债资产特质对信托业务的匹配性

一是较高的负债端成本驱动信托公司寻找高收益资产，信托公司私募产品信用下沉空间相对较大，进而有动力参与高收益债投资。

二是高收益债投资可作为标品信托业务的特色补充，在业务转型过程中丰富资管产品种类，充实投资组合资产标的。

三是信托公司长期的非标项目经验对于部分市场主体，尤其是民营地产主体和中低资质城投主体信息掌握具有一定优势。

四是信托公司业务开展灵活性高，相对公募机构在高收益债获取方式和渠道方面具有一定优势。

五是高收益债作为固收投资补充领域，在增厚收益的同时在一定程度上对冲信托公司固收投资短板。受制于杠杆和投资体量，信托公司利率债投资优势不明显；而信用债当前估值收益率处于历史低位，一方面易造成成本收益倒挂，另一方面宏观经济企稳回升后债市或将转弱，信用债面临估值回调风险，故高收益债投资可在固收组合中承担润滑作用。

（二）信托公司高收益债投资策略分析

高收益债投资主要有两个策略。

一是博弈交易性反弹机会。该类高收益债主要为事件驱动型，一般债券价格下跌幅度不会很大，违约风险相对可控。比如，行业整体调整冲击使得部分稳健主体出现同步估值下调，但并无实质违约风险，则可把握“捡漏”机会博弈估值反弹；或者城投个体违约事件触发投资机构风险预警，进而规模抛售相关区域城投债，形成投资机会。把握交易性反弹机会对投研能力要求很高，不仅需要对个体基本面研究透彻，也需要对行业走势、宏观经济和区域基本面等深入理解，进而才能高效决策，迅速把握机会。

二是博弈债券兑付概率。发行人偿债能力和偿债意愿决定兑付概率。比如，云南康旅及其子公司提前兑付等事件使得前期预判及果断交易的投资行为获得可观收益；再如，部分涉险房企，当其债券价格滑落至很低的区间内，若博弈后最终完成兑付，投资人将收获可观收益率。博弈兑付策略主要依赖两点核心能力：其一为估值定价能力，需要合理判断风险和价格水平是否匹配，在最优价格水平择券；其二为有效信息获取能力，对个体事件和市场动向保持高度敏感和快速预判，尤其是发行人在偿债能力受限的情况下对每笔债务的偿债意愿驱动因素分析及相关信息的及时获取等。

三、信托公司参与高收益债投资的核心能力建设

高收益债投资的前提是相对稳定的负债端、与产品风险等级相匹配的风控措施、成熟的信用研究和估值定价能力、较强的市场信息获取能力等。信托公司开展高收益债投资业务可重点关注以下几点。

在产品设计方面，信托公司以私募形式发行产品，可进行产品风险分级，提升投资者风险认知。运作方式更适合采用封闭运作以保证负债端的相对稳定，由于违约债券处置相对困难，周期不确定高，所以在业务开展初期或需要公司给予一定资金和资源投入支持。

风险控制方面，一是严格限制个券集中度以分散投资风险，进而稳定产品净值；二是根据产品风险等级划定下沉尺度并严格制定止损线，提升决策执行力和交易水平，精准把握市场交易机会；三是控制组合久期，高收益债发行人信用风险较高，债券价格受消息面影响较大，短期基本面分析时效性较强，使用博弈兑付策略时应尽量缩短组合久期。

投研能力方面，信用债投资核心能力是信用风险分析，并将信用风险量化，通过

合理定价进而择券。违约及回收数据模型化依赖有效历史数据，但境内相关历史数据的缺乏在一定程度上限制了高收益债投资规模化发展。就现阶段高收益债估值方式来看，对于回收率预测主要通过对发行人财务数据进行加压测试，依据债务属性和资产变现可能性等进行加压，参数设置一般参考行业整体经验和已违约主体回收情况等。而投资经理的实战经验、研究员的投资逻辑分析支持、信托公司以往对非标市场主体的经验积累对现阶段高收益债投资更为关键。

（执笔人：王冲）

信托公司参与公募 REITs 业务的战略价值与策略建议*

公募 REITs（基础设施领域不动产投资信托基金）自 2021 年首批项目上市以来持续推进试点，在 2022 年 5 月国务院办公厅《关于进一步盘活存量资产扩大有效投资的意见》（国办发〔2022〕19 号）及相关政策的鼓励下，2022 年下半年公募 REITs 项目储备及发行上市进程明显加快，同时二级市场整体表现较好。鉴于公募 REITs 业务的战略价值，未来信托公司将深入参与 Pre – REITs 和二级市场投资业务，并不断提升相关的专业投研能力、长期运营管理能力和风险管理能力。

一、现阶段公募 REITs 业务发展明显加快

一是市场规模不断扩大。2022 年下半年以来，受《关于进一步盘活存量资产扩大有效投资的意见》的影响，多行业、多区域积极储备公募 REITs 项目，发行上市明显加快。根据 Wind 数据统计，第三季度已成立公募 REITs 产品 7 只，远高于第二季度的 2 只和第一季度的 0 只。截至 2022 年 11 月 7 日，目前全市场共有 20 只公募 REITs 上市，此外 4 只处于首发问询或已审批通过待上市阶段。从已上市的公募 REITs 来看，合计募集规模已达到 618.14 亿元。与此同时，5 只已上市公募 REITs 的扩募已申报受理，未来在新发基金和基金扩募的驱动下，公募 REITs 市场将继续保持增长。

二是基础资产不断丰富。截至 2022 年 11 月 7 日，已上市公募 REITs 基础资产类型已涉及生态环保、仓储物流、交通基础设施、能源基础设施、园区基础设施和保障性租赁住房 5 个类别，具体涉及 50 个具体资产，多数资产已竣工超过 5 年，部分资产已竣工 10 年以上，部分基础资产所属项目公司甚至已运行 20 余年，整体来看历史运行良好。未来，公募 REITs 基础资产有望继续扩容，基础资产的类型也将不断丰富，例如近期多家大型发电集团拟将旗下新能源基础设施申报公募 REITs，底层资产具体类型涉及风电发电项目、天然气热电项目、其他清洁能源项目等。

三是市场机构参与积极。公募 REITs 试点以来，整体市场表现较好，已有多家保险机构、银行理财公司、证券公司以自有资金或资管产品方式积极参与公募 REITs 的

* 本文写于 2022 年 11 月 10 日。

战略配售、网下发售及二级市场投资。

四是目前监管政策更加支持。《关于进一步盘活存量资产扩大有效投资的意见》要求加大盘活存量资产支持，包括积极落实项目盘活条件、有效提高项目收益水平、落实财税金融政策等，支持信托等机构发挥各自优势积极参与。11月，国家发展和改革委员会发布《关于进一步完善政策环境加大力度支持民间投资发展的意见》（发改投资〔2022〕1652号），再一次提出支持民间投资项目参与公募REITs试点，要求拿出优质项目参与试点。

二、当前信托公司参与公募REITs业务的战略价值

一是通过公募REITs业务推动信托公司传统非标业务转型。公募REITs业务以实体经济中具有较好现金流的项目为载体，在项目的投融资阶段，与信托公司优势业务的匹配性较好，有利于发挥信托公司的传统优势。在Pre-REITs阶段，信托公司可采取债权、股权、股债混合等多种金融工具对基础设施资产提供金融支持，以及可利用传统基础产业信托业务优势对基础设施资产提供运营服务，获取基础设施项目运营收益及项目价值增值带来的投资收益，进而实现较高的综合收益。

二是通过公募REITs业务拓展信托公司标品投资业务范围。公募REITs的投资收益来源于底层资产运营增值和基金二级市场资本利得两个方面。从已上市公募REITs来看，绝大部分项目评估日评估增值较多，报审前营业收入和净利润表现较好，2022年现金分派率表现突出，根据Wind数据统计，多个项目甚至超过9%。从未来现金流测算来看，已上市公募REITs项目也保持较高派息率预期。例如，鹏华深圳能源REIT的2022年及2023年预测的派息率将达到11.69%和9.67%。从上市以来的二级市场表现来看，不考虑派息的情况下，20个公募REITs项目中有18个实现了正收益，其中12个项目上市至今累计收益率甚至超过30%。从2020年年初以来的表现看，超过六成已上市公募REITs项目二级市场收益率为正，且所有项目均跑赢上证综指、深证成指、沪深300、中证500的表现。综合派息及资本利得表现，公募REITs市场整体投资回报率较为可观。根据Wind数据，信托公司已积极参与公募REITs的配售和二级市场投资。例如，信托公司已参与绝大部分已上市及已配售的公募REITs项目，参与数量达到20个。从具体参与公司来看，多家标品信托业务及传统政信业务表现较为突出的信托公司参与较为积极，如华润信托、外贸信托、建信信托、华鑫信托、中粮信托等（见表1）。

表1　信托公司参与公募 REITs 项目的战略配售情况

简称	信托自营资金参与	集合信托计划参与
博时招商蛇口产业园 REIT	无	华鑫信托
东吴苏州工业园区产业园 REIT	苏州信托	华鑫信托
华安张江光大园 REIT	无	华鑫信托
建信中关村产业园 REIT	无	外贸信托、华润信托、华鑫信托
华夏合肥高新产园 REIT	五矿信托、云南信托	华润信托、华鑫信托、建信信托、外贸信托、中粮信托、百瑞信托、紫金信托
国泰君安临港创新产业园 REIT	云南信托	外贸信托、华润信托、建信信托、华鑫信托、百瑞信托
国泰君安东久新经济 REIT	外贸信托	外贸信托、华润信托、建信信托、中粮信托
中航首钢生物质 REIT	无	华鑫信托
富国首创水务 REIT	苏州信托	华鑫信托
鹏华深圳能源 REIT	五矿信托	建信信托、华鑫信托
平安广州交投广河高速公路 REIT	无	华鑫信托
华夏越秀高速公路封闭式基础设施 REIT	无	华鑫信托、外贸信托、百瑞信托
华夏中国交建高速 REIT	华鑫信托、五矿信托	建信信托、华鑫信托
国金中国铁建高速 REIT	五矿信托、云南信托	华鑫信托、百瑞信托
华泰江苏交控 REIT	五矿信托	华润信托、外贸信托、百瑞信托、华鑫信托
中金安徽交控 REIT	外贸信托	外贸信托、华鑫信托
红土创新盐田港仓储物流 REIT	五矿信托	华鑫信托
中金厦门安居保障性租赁住房 REIT	无	建信信托、华鑫信托、外贸信托、华润信托
红土创新深圳人才安居 REIT	五矿信托、云南信托	外贸信托、建信信托、华鑫信托、紫金信托、百瑞信托
华夏北京保障房 REIT	云南信托	外贸信托、建信信托、紫金信托、华润信托

资料来源：Wind，中诚信托投资研究部整理。

三、信托公司参与公募 REITs 业务的策略建议

一是深入开展 Pre - REITs，获取底层资产运营收益。从具体的资金支持方式来看，如前所述，信托公司可通过债权、股权、股债混合等多种方式参与支持基础设施项目。从通过公募 REITs 方式退出来看，鉴于信托行业在支持基础设施领域投资建设方面已经积累了丰富的经验，部分信托公司参与了多个保障房项目建设、产业园区及物流园区建设、城市更新、新基建项目建设等重大基础设施项目建设，下一步，具备基础设施管理运营能力的信托公司可转型为专业的基础设施管理运营商，基础设施业务的重点也将从投资建设投融资支持转向运营管理。从该类业务具体的组织架构模式来看，信托公司既可设立专门的基础设施运营管理团队甚至可成立专门的基础设施运营子公司，同时还可作为基础设施项目的原始权益人与基金管理公司合作成立子公司，专业从事基础设施项目运营。根据现行规则和业务实践，信托公司及其子公司可作为原始权益人获取运营收益，在基础设施项目转给项目公司阶段可享受税收优惠，如果同时作为公募 REITs 的大份额持有人，在基金上市后还将享受资本利得收益及继续享有底层资产运营收益，整体综合收益较高。

二是积极参与公募 REITs 的配售。上市首日的公募 REITs 普遍涨幅较高，例如三只保障性租赁住房 REITs 于 2022 年 8 月 31 日上市首日全部达到 30% 的最大涨幅，2022 年前三季度上市的 9 只公募 REITs 上市首日平均涨幅亦超过 20%，显示了较好的打新收益。但是由于公募 REITs 供给不足，配售比例也不断走低，2021 年 6 月首批上市的东吴苏州工业园区产业园 REIT 公众投资方比例达到 12. 30%，而 2022 年三只保障性租赁住房的配售比例已均低于 1%，红土创新深圳人才安居 REIT 公众发售部分的比例甚至已低至 0. 39%，因此建议信托公司积极参与配售环节。

三是策略性参与二级市场投资。对于优质 REITs，尤其是可供分配金额规模较大及现金流分配率较高的产品，可长期持有。根据《国家发展改革委关于进一步做好基础设施领域不动产投资信托基金（REITs）试点工作的通知》（发改投资〔2021〕958 号）规定的公募 REITs 业务规则，基础设施项目应满足现金流投资回报良好，预计未来 3 年现金流分配率原则上不低于 4%，尤其是特许经营权类项目，现金分红稳定且派息率高，偏向于长久期固定收益类产品，适合长期持有。

四是应提升在公募 REITs 业务方面的专业能力。首先是专业的投研能力，特别是对底层资产的投资价值研判。例如公募 REITs 根据底层资产的产权属性可分为产权类和经营类，两者的估值差异较大，进而影响其二级市场表现。其次是长期的运营管理能力。由于公募 REITs 试点项目运营时间原则上不低于 3 年，所以信托公司如果作为

基础设施运营方，就需要具备长期的专业管理能力。最后是专业的风险管理能力。对于 Pre - REITs 业务来说，信托公司在参与的过程中应积极关注基础资产类型是否在试点范围之内、基础资产权属是否清晰、土地使用是否依法合规等合规要点；对于公募 REITs 二级市场投资来说，除加强对投资价值的研判外，也应关注公募 REITs 底层资产运营不达预期、二级市场价格出现波动、二级市场流动性不足、估值过高导致的溢价过高等带来的投资风险。

（执笔人：崔继培）

近期房地产金融支持政策对房地产信托的影响分析*

近期，监管部门陆续发布“第二支箭”、保函置换预售监管资金等房地产金融支持政策，内容涵盖信贷、发债、“保交楼”、资金监管等政策领域，将对房地产市场形势、房地产信托风险化解与转型等方面产生重要影响。

一、近期房地产金融支持政策的主要发力点

整体而言，近期一系列房地产金融支持政策的主要目标是通过阶段性调控维护市场稳定健康发展。具体来看，一系列政策主要着力于五个方面。

（一）积极维持市场稳定

政策从供给端多措并举支持项目和优质房企的合理融资需求，对行业融资政策和资金监管政策进行结构性松绑，强调“对国有、民营等各类房地产企业一视同仁”，通过并购、风险处置、“保交楼”专项贷款等多方面金融支持政策推动项目交付，稳定市场供给，修复市场信心。

政策从需求端通过施行差别化住房信贷政策、优化新市民住房金融服务等手段支持刚性和改善性住房需求，通过协商房贷展期等调整保护购房者合法权益，充分释放和保障市场合理购房需求，提振市场情绪。

（二）缓解房企流动性风险

政策从开发贷投放、发债融资、项目并购融资等方面全方位支持优质房企合理融资需求，同时通过合理债务展期、保函置换预售监管资金等政策缓解房企资金端压力，并明确支持优质民企融资，行业整体融资环境大幅改善。政策目的是通过阶段性融资“输血”，助力部分优质房企恢复经营“造血”能力。

（三）推动化解系统性风险

在行业动荡加剧、市场持续低迷的背景下，政策对此前较为严格的监管政策做了适当调整，如加大融资力度、允许存量融资展期、允许保函置换预售监管资金、“延长房地产贷款集中度管理政策过渡期安排”、支持信托等资管产品提供融资等，舒缓了行

* 本文写于2022年11月17日。

业流动性问题，既防止了行业风险的进一步扩散，也维护了系统性金融安全。

（四）重点支持“保交楼”

政策专门就“积极做好保交楼金融服务”推出具体措施：一是支持开发性政策银行提供“保交楼”专项借款，并要求封闭运行、专款专用；二是鼓励金融机构提供配套融资支持，并在相关合规管控方面给予政策支持，例如允许半年内向专项借款支持项目发放的配套融资，在贷款期限内不下调风险分类，又如对新发放的配套融资形成不良的，相关机构和人员已尽职的可予免责。这些政策的出台，对调动政策银行、商业银行等金融机构参与“保交楼”、盘活风险资产将具有针对性和积极作用。

（五）支持房地产行业发展新方向

政策明确加大住房租赁金融支持力度，并允许商业银行向保障性租赁住房项目发放的有关贷款不纳入房地产贷款集中度管理；同时，鼓励信托等资管产品为房地产企业项目并购、商业养老地产、租赁住房建设等提供融资支持。这些政策支持的重点代表了房地产行业未来发展的主要方向。

二、政策对房地产市场的影响呈现分化态势

（一）对房地产市场的短期影响更加明显

政策稳市场意图明显，并在供需两端齐发力。供给端主要作用是改善行业融资环境、维护市场稳定，特别是加强了对优质民营房企的融资支持，是对前期市场出现不稳定情况的一种调整。需求端主要作用是释放和保障购房需求，相关信贷、纾困政策其实早已有之，近期监管政策中再次重申体现了监管贯彻落实的决心和定力，有利于提升市场信心和预期。可见，近期政策主要解决的是行业资金短缺、流动性不足、风险加剧、市场情绪低迷等问题。在政策支持下，上述问题在短期内可以得到改善，行业有望重回稳定发展轨道。但从长期来看，房地产市场的复苏还取决于一些关键因素，包括经济形势发展、人口城镇化等因素带来的需求变化、“房住不炒”总基调下行业体制改革进程等，这些都不是当前政策所涉及的领域，未来走势有待进一步观察。

（二）对一、二线区域、优质项目的影响更加突出

在近期金融政策支持下，房地产行业短期流动性危机将有所缓解，风险压力有望整体回落。不过，当下市场区域分化的特点决定了政策对不同项目给予的支持强度也将有所差异。这是因为政策更强调项目层面的合理性金融支持，对房企债券融资的支持则需要谨慎判断其合理性。这就导致有限的金融资源向优质资产的倾斜，实际上加

剧了市场复苏的区域化特性。对于位于一、二线城市、区域位置较好、未来去化前景明朗的优质项目，通过提供金融支持可在短期内有效解决流动性问题，顺利推动项目交付和回款，取得良好的政策效果。而对于多数三、四线城市的项目，短期流动性支持也并不能解决未来销售去化的问题，政策支持意愿和效果都将大打折扣。

（三）对整体稳健、土储质量较高的房企支持更大

首先，政策明确重点支持的是经营稳健、治理完善、资质良好的房企，因此对于很多债务和经营问题较严重的房企而言，其获得金融支持的力度恐怕十分有限。

其次，由于项目资产受政策支持力度呈现区域分化的特点，所以土储质量较高的房企更加受益。拥有更好土储分布的房企，例如一、二线城市、长三角等经济发达、人口净流入的城市、住宅土储占比更高的房企，在获得金融机构的支持后，更容易通过流动性压力缓释实现房地产开发、销售的正向循环，从而尽快跨越低迷期，实现企业的正常运转和持续经营。

三、推动房地产信托风险化解与业务转型并重

（一）促进房地产信托风险化解

从短期来看，存量房地产信托的兑付压力可能有所缓解。新政明确存量信托贷款可积极通过展期、调整还款安排等方式予以支持，促进项目完工交付；未来半年内到期的，可以允许超出原规定多展期 1 年，可不调整贷款分类，报送征信系统的贷款分类与之保持一致。目前房地产信托存续规模仍高达 1.4 万亿元，且合作对手多为民营房企，风险敞口较大，对信托公司造成了较大的兑付压力和舆情压力。因此，允许存量房地产信托展期对缓解信托公司兑付压力具有重要意义。另外，新政改善行业融资环境，降低房企短期流动性压力，加上“保交楼”专项借款、纾困基金、并购贷款等增量资金的支持，房企的违约风险有望明显下降。

不过，新政的支持政策结构性倾向于较为优质的房企和资产，房地产信托风险也将呈现分化特征。信托公司应梳理存续项目特性，重点关注交易对手、项目区域市场情况、当地政府和金融机构对项目的支持力度、项目未来盈利前景、操盘方运营实力和积极性等多方面因素。

在政策引导下，“保交楼”、风险处置、项目贷款等融资支持力度有望持续加强，地产风险项目处置迎来重要“窗口期”。对信托公司而言，当下应把握政策风口期，积极对接政府、银行、AMC、其他优质房企、纾困基金、专业投资机构等渠道，推动风险项目处置盘活。

（二）引导房地产信托业务转型

首先，房地产业务逻辑发生转变，信托公司在展业时应兼顾交易对手和资产质量。交易对手方面，应选择发展稳健、治理完善、资质良好的房企；资产质量方面，应选择区域经济发展良好、人口净流入、去化前景明朗、未来盈利空间较大的优质项目。

其次，以住宅开发为主向功能型物业转型。房地产将由增量市场逐步过渡到存量市场，传统高周转模式的住宅开发市场将逐步收缩。在这一背景下，新政明确鼓励信托公司加快业务转型，为商业养老地产、租赁住房建设等提供金融支持。信托公司也应积极响应政策号召，探索布局物业管理、商业养老、住房租赁等新型存量地产领域，发挥资产隔离、资产管理、资产服务等功能优势，打造房地产信托业务新增长点。

再次，更加关注政策性、保障性住房项目。新政明确提到加大住房租赁金融支持力度，并鼓励信托公司为住房租赁建设提供支持。根据银河证券测算，“十四五”期间全国 70 个大中城市预计建设保障性租赁住房总计 1 041 万套，预计总投资额超过 2 万亿元。明确的政策导向加上巨大的规划发展空间，为信托公司开展房地产业务转型指明道路。

最后，重点拓展中长期资金渠道。信托公司传统的向自然人合格投资者募集的资金来源，已不能完全满足未来房地产信托资产端的转型需要。目前来看，保险、股权投资基金等机构资金具有期限长的特点，可成为信托公司重点拓展的渠道；家族信托等长期财富管理业务也可提供长期资金支持。

（执笔人：韩鸣飞）

（二）资产服务信托

保险金信托的业务模式演进和功能创新*

保险金信托以财富的保护、传承和管理为目的，兼具保险与信托的功能优势，是居民财富管理和传承的重要工具。正因如此，伴随着财富的积累和客户日益丰富多元的资产管理需求，保险金信托业务在我国迅速发展，其业务模式不断演进，功能逐步实现创新发展和丰富完善。

一、当前保险金信托的主要业务模式

目前主流的保险金信托业务模式主要有1.0、2.0与3.0三种模式，在实际运用中，2.0模式和3.0模式都可视为在1.0模式基础上的升级迭代。三种业务模式的具体操作方案如下。

（一）保险金信托1.0模式

在传统的1.0业务模式下，委托人自行投保并将其持有的人寿保险或年金保险的保单受益权或保险金作为信托财产委托给信托公司设立信托，经过被保险人同意，将信托公司变更为保单受益人，当保单约定的赔付条件达到后，保险公司将保险金赔付给信托公司，信托公司作为受托人，按照信托合同中的约定，管理和运用信托财产，将信托财产及收益逐步分配给委托人指定的信托受益人。此种模式综合了信托和保险的优势，同时也可以降低家族信托的设立门槛。

（二）保险金信托2.0模式

保险金信托2.0模式是基于1.0操作模式的升级版。在保险产品和信托产品均成立后，经过被保险人同意，将投保人、保单受益人均变更为信托公司，在保单存续期内，由信托公司利用信托财产继续代为缴纳保费，并作为保险受益人，受托管理和分配保险金。由于后续投保人变更为信托公司，所以避免了投保人身故后保单作为遗产被分割或者作为投保人财产被强制退保等风险。

---

* 本文写于2022年1月7日。

（三）保险金信托3.0模式

保险金信托3.0模式是委托人以其自有资金设立信托，委托信托公司购买保险，信托公司作为受托人用信托财产支付保费并与保险公司签订保险合同。此种模式下，信托公司不仅是保险的受益人，也是保单的直接投保人，在理赔机制触发后，受托管理和运用保险公司理赔的保险金。3.0模式可以从投保阶段、保单持有、理赔之后三个维度为客户的保单提供全方位托管服务，也可以实现将投保品种由传统的人寿保险扩大为多种保险类别，让保险成为信托财产资产配置的组成部分，进一步发挥保险金信托在实现财富管理方面的作用。

二、保险金信托三种业务模式的比较

从业务结构角度来看，现有三种保险金信托业务模式的核心区别主要体现在投保人、受益人、委托资产及设立流程等方面，具体对比如表1所示。

表1 保险金信托不同业务模式对比

业务模式	投保人	受益人	委托资产	备注
1.0模式	委托人	信托公司	保险金请求权	受益人待保单成立后变更为信托公司
2.0模式	信托公司	信托公司	保险金请求权	投保人为委托人，后变更为信托公司；受益人变更为信托公司
3.0模式	信托公司	信托公司	委托人的资金	信托公司投保；信托公司为保单受益人

资料来源：由中诚信托投资研究部整理。

三种模式的保险金信托业务优势各异，适用场景有所不同。1.0模式综合信托和保险的优势，有效避免客户购买大额保单后的赔付金滥用风险，并可以降低信托设立门槛；2.0模式利用信托资产的独立性，更好地实现资产保护，避免投保人身故后保单作为遗产被分割或者作为投保人财产被强制退保等风险，满足更多高净值客户的资产保全与传承的需求；3.0模式直接由信托公司通过信托财产购买保险、订立保险合同，充分实现风险隔离（见表2）。

表2 保险金信托业务模式优点及适用场景

业务模式	业务优点	适用场景及解决问题
1.0模式	传统模式，综合信托和保险优势	基本模式，市场广泛运用，降低信托门槛；解决购买大额保单后的赔付金滥用问题

续表

业务模式	业务优点	适用场景及解决问题
2.0 模式	更好地实现资产隔离，有利于业务进一步扩展	避免投保人身故后保单作为遗产被分割或作为投保人财产被强制退保等风险；解决客户投保资金的保护问题
3.0 模式	以资金设立信托，直接满足委托人隔离保护意愿；扩大投保品种，实现全方位托管服务	信托公司直接投保，充分隔离风险

资料来源：由中诚信托投资研究部整理。

三、保险金信托业务的功能创新

在规范发展既有传统业务模式的基础上，部分信托公司创新推出“升级版”保险金信托业务模式，不断丰富保单所涉及的险种和受托服务形式。例如，市面上已经推出的“保险金信托 1.5 模式”“家庭保单”“保险金信托 + 遗嘱”“保险金信托 + 养老”“保险金信托 + 慈善”等多种保险金信托业务类型，在实现功能创新的同时，也满足了客户更多元化的总资产管理需求。

（一）“保险金信托 1.5 模式”

保险金信托 1.5 模式指的是基于 1.0 模式搭建保险金信托后继续追加现金进入信托的业务模式。此种模式可通过家族信托，同时以资金及保单作为交付资产，委托人将现金及保单委托给受托人，进一步提升了保险金信托的功能性，在对保单理赔资金进行规划安排的同时，还可以对客户资产进行同步配置安排，并且满足传承需求。

（二）“家庭保单”模式

“家庭保单”保险金信托为客户整体统筹名下的所有保险资产，使保险金信托在延续家族掌舵人意志、传承家族财富、凝聚家族精神方面发挥更大作用。此种模式可以为客户打通不同保单间的壁垒，打造统一的家庭保单和财富受托平台，将客户的资金和多家保险公司多种类型的保单放在一个家族信托账户中进行管理，方便了客户的财富规划与传承。

（三）“保险金信托 + 遗嘱”模式

“保险金信托 + 遗嘱”模式将遗嘱理念融入保险金信托中，使委托人的遗嘱意志得以充分体现，信托财产得到有力保障。客户在设立保险金信托后，可以通过订立遗嘱的方式，指定名下遗产在其身后追加进入保险金信托，将信托、保险和遗嘱三大传承工具结合，帮助委托人更好地规划身后遗产安排，提供更加全面的财富传承规划方案，既可以实现家族财富在生前的灵活支取、使用，也可保证身后财富的正确运用，实现真正的福佑子孙后代。

（四）“保险金信托 + 养老”模式

“保险金信托 + 养老”模式将大额保单与养老信托相结合，一方面发挥信托的风险隔离、资产管理、灵活分配等特色，另一方面还可实现保险赔付之后的长期管理，达成传家、守业的目标。此种模式考虑委托人在养老规划中加入大额保单配置的需求，为客户筛选大额终身寿险保单，以客户为中心整合资源，通过养老信托专户帮助客户获得高品质、高自由、高效率的养老体验。

（五）“保险金信托 + 慈善”模式

“保险金信托 + 慈善”模式在保险金信托中引入慈善捐赠服务安排，在设立信托的基础上综合考虑委托人的捐赠需求，为客户进行个性化的信托条款和服务设置，将信托的灵活性与慈善捐赠的自愿性进行有机结合，实现了保险保障、财富传承和慈善三项功能的融合。

（执笔人：殷晓薇）

以多保单设立保险金信托的情景分析*

保险金信托近年来在我国迅速发展，其业务成熟度和市场认知度逐渐提高，业务模式不断演进，逐步实现功能的创新和完善，目前已有部分多保单的保险金信托探索。从目前的业务开展来看，以多保单设立的保险金信托可以分为四类主要情景，其关注的要点也有所不同，值得结合案例进行分析探究。

一、家庭保单涉及多个被保险人

当前已有多家信托公司逐步尝试推动和落地“家庭保单”保险金信托服务，委托人以“家庭保单”模式成立保险金信托，即保单投保人为同一人，但被保险人不为同一人设立信托，且将家庭成员全部纳入信托受益人范畴，并将保单权属变更到受托人名下，实现财产隔离、财富传承的功能。此类业务有以下三个要点：一是多数家庭已经安排保险保障，但家庭保单缺乏统筹管理，亟须有序分配，客户对“家庭保单”保险金信托服务的需求逐渐显露；二是应关注被保险人、保单原受益人和信托受益人之间的关系，保险金信托的受益人不应与原有保单利益以及保险法的相关规定冲突，应在此前提下完成对家庭成员作为信托受益人的收益获取方式及相应比例的安排；三是要注意充分考虑家庭保单理赔后的相关手续办理、资产投资管理、分配条款设定等相关问题。

案例1：客户L太太35岁，先生创立的互联网公司高速发展，身价不菲，儿子三岁，小女儿即将出生。L太太有诸多忧虑：一是先生业务繁忙、休息不足、身体状况频出；二是夫妻二人父母均健在，但养老与健康问题日益突出；三是L太太管理家庭财务，投资稳健并注重风险防范，已为自己、先生和儿子购买寿险，但随着年龄增加，加之疫情暴发，其对生命的不确定性充满担忧；此外，L太太还希望当下制订的保单等保障计划能覆盖尚未出生的女儿。

综合考虑之后，L太太整合家庭保单，将家庭三人的人寿保险打包设立保险金信托，合计保额3 800万元，选择稳健型投资方案兼顾投资安全与收益，同时在分配方案中为未出生的女儿做好保障，将L太太与先生的父母四人、L太太夫妻二人、一双

---

* 本文写于2022年3月24日。

儿女均作为保险金信托受益人，通过分配计划有序安排家族财富管理及传承，实现保障、支持与激励。

通过“家庭保单”保险金信托整合全家保险方案，一是更有利于保单梳理与管理，对家庭成员的保单形成长期有序的管理和分配机制；二是可在保单赔付后由受托人专业负责资产投配和保值增值；三是可通过受益人设置使家族老中小三代均受保护，并将保障覆盖未出生子女，全面应对意外风险。

二、多保单保险金信托涉及多个委托人

保险金信托业务中，就目前已经广泛开展的1.0模式和逐步推广的2.0模式而言，都是由保险投保人作为委托人设立信托，因而在这两种业务模式下置入多个保单的信托委托人通常不止一人，实践中常有夫妻二人希望共同作为多保单保险金信托委托人的情形，对此需要注意以下三个要点：一是关注信托目的，应充分尽调，确认多个委托人信托目的的合法有效性；二是关注信托受益人与保单受益人的关系，若信托受益人同时是保单受益人，则不应突破保险相关规定对受益人的要求；三是应处理好委托人之间的权力分配及利益关系问题，特别是注意防范由婚姻关系破裂而引发的风险。

案例2：客户G先生与W女士是再婚夫妻，二人分别经营公司，均运转良好，结婚时分别带着各自的女儿，后共同育有一子。现两个女儿已大学毕业且分别临近婚期，二人均希望给女儿提供丰厚嫁妆，但是既担心女儿大肆挥霍巨额财产，又担心因女儿婚姻不顺导致财富外流；此外，二人共同的儿子年龄尚小，二人也希望为儿子做好未来生活、学习、就业以及婚育方面的保障规划。

因此，G先生与W女士决定为子女投保大额年金险，并以子女为受益人设立保险金信托。一方面，通过安排长期分配计划避免女儿直接占有财富，并可防止未来婚姻风险带来的不利影响，同时通过锁定即时现金流释放未来财富的现金流；另一方面，通过全面的分配计划为小儿子提供定期生活来源，防止二人出现意外所带来的风险，并为小儿子未来可能遇到的学习、创业、婚育问题提供保障。

夫妻委托人通过设立多保单保险金信托，在明确各自对信托的权力关系的前提下进行收益分配方案规划，可提供对子女生活的充分保障，在完成财富传承的同时，还可以实现婚姻保护与防挥霍功能。

三、多个保单涉及不同险种

目前应用于保险金信托的保险险种主要为终身寿险和大额年金险，包含多个保单的保险金信托同时可能涉及不同的险种，对于涉及不同险种的保险金信托业务应注意

以下两个要点：一是注意信托财产价值的确定，应按照置入保险金信托的不同险种，分别以总保额或总保费确定信托财产价值；二是关注信托受益人同时也是保单被保险人时相关事宜的安排情况，特别注意在以终身寿险保单设立的保险金信托中，保单的被保险人无法成为该部分信托财产所对应的信托受益人。

案例3：客户Z先生和太太都是私立医院的医生，育有一对子女，大儿子被诊断为自闭症，小女儿刚上小学，身体健康。Z先生担心儿子将来没有生存能力，希望能多留财产保障生活，同时希望自己百年之后有专人照顾儿子。

经过充分交流，委托人Z先生决定用保险、信托、法律文件相结合的信托服务为孩子将来的生活提供保障。Z先生投保了总保额500万元的终身寿险，同时为子女投保大额年金险，并整合保单设立保险金信托。首先由儿子和儿子将来的监护人作为以终身寿险身故保险金请求权为信托财产的受益人，儿子每月可领取生活费，可凭医药费票据申领医疗金，监护人正常履行监护人职责时可领取监护人报酬；其次由儿子和女儿分别作为以各自年金险保险金请求权为信托财产的受益人，并安排对应分配计划；Z先生同时委托律师制作监护文件，约定自己和太太去世后儿子的遗嘱监护人照顾其生活并代为行使各项民事权利。

通过置入不同类型保单，设立定制化的保险金信托，委托人可在保障下一代生活的同时进行更全面的保护安排，通过专业的受托机制和服务能力，为特殊需要群体提供相应的关怀和完善的生活照料，全面体现保险金信托的功能优势。

四、多个保单涉及不同的保险公司

高净值人士在投保时往往会对个人及家庭的保障计划进行多元安排、分散风险，其作为委托人设立保险金信托，整合名下保单统筹规划的需求较为强烈，因此信托项下所包含的多个保单通常涉及不同的保险公司。在这种情况下，对不同保险公司在保单中的责任界定、保单价值确认及价值变化条款、保单变更相关事项约定等内容都要予以关注。首先，应确认不同保险公司在保单及信托项下的权利义务，对保险人应履行的责任进行界定并在信托文件中予以明确；其次，对不同保险公司的保单还应分别确认其价值和规定，区分不同保险公司的保单在减保、退保方面的条款情况，在信托文件中进行相应约定，以防范信托财产价值损失或其他影响信托存续的风险。

案例4：客户S女士离异多年，寿险保单的受益人虽然是自己的儿女，但仍然担心自己身故后儿女挥霍理赔资金，无法有效安排个人生活。

因此，S女士将自己作为投保人的各保险公司终身寿险归集，作为委托人设立保险金信托，并向对应保险公司申请将各保单受益人均变更为受托人，信托期限永续，预计赔付金额超 3 000 万元，并通过对信托受益人的分配设置，安排在被保险人身故后将赔付资金分批次给付，同时通过受益权的顺位安排，设定未来还将部分理赔资金按计划给付于未出世的孙子。

委托人整合名下多个保险公司保单，以风险隔离和生活保障为目的设立信托，由受托人对信托财产进行管理、运用和处分，并按计划向受益人分配，实现专业化财富管理及有序传承，在保障子女生活的同时还可避免挥霍，也实现了跨代传承功能，为第三代未来生活面临教育、婚育、大额医疗以及创业基金等需求提供保障。

（执笔人：殷晓薇）

保险金信托架构中相关主体的合理衔接问题*

保险金信托业务近年来在我国迅速发展，业务开展中经常涉及保险相关主体和信托相关主体之间关系的处理。上述两类主体身份角色的有效安排与衔接是保险金信托设立的重要前提。信托设立时需关注保险相关主体是否可以直接或有条件地成为保险金信托的当事人。具体而言，可分为以下几种情况。

一、保险相关主体与信托相关主体的直接衔接

一是保险投保人即为信托委托人。目前大部分保险金信托均采用投保人作为委托人的模式，主要是保险金信托 1.0 和 2.0 模式，由投保人作为保险金信托的委托人，需关注其所享有的财产权利。投保人可以作为委托人设立保险金信托，一方面是由于保单受益人享有的保险金请求权包括具有人身性质的请求保险人给付保险金的身份资格和获得保险金的财产利益，这种身份资格只有在保险事故发生后才能够享有，而对保险利益的受益权更是在保险事故发生前拥有的一种具有期待性质的受益权，并非既得权利；另一方面是由于被保险人享有的保险金请求权虽然不同于保单受益人，而是以被保险人特定的人身性为基础，不能被更换或替代，具有固有性，但被保险人享有的保险金请求权并不包括受益权，没有直接的财产属性。因此可认定投保人是以自身合法财产与保险人成立保险关系，有权变更受益人且有权对保单价值进行处置，其作为信托委托人的财产权利充足。

二是保险金信托受托人在保险架构中具有多种角色。具体而言，在保险金信托 1.0 模式中，委托人变更信托公司为保险受益人，此时信托公司既是受托人，也被指定为保险受益人；在保险金信托 2.0 模式中，是将投保人、保险金受益人均变更为信托公司，此时信托公司既是受托人，也变更为保险投保人和受益人；而在保险金信托 3.0 模式中，则由信托公司作为投保人投保，同时成为保单受益人，使用信托财产支付保费并管理理赔资金，此时信托公司既是受托人，也直接成为投保人和保险受益人。由此可见，受托人通常会成为对应保单的受益人，同时按照信托文件的约定对理赔资金进行管理、运用和处分，需关注的是信托公司在保险金信托业务中具有受托人和保

* 本文写于 2022 年 4 月 28 日。

单相关角色的多重身份，各项操作还需符合保险相关法律法规的要求，防范保险相关主体进行变更所引发的合规风险。

二、保险相关主体不能直接作为信托相关主体的情况

一是被保险人不能成为信托受益人的情况。一般而言，对信托受益人的要求和限制较为灵活宽泛，受益人可以是自然人、法人或者依法成立的其他组织，委托人可以成为受益人，也可以是信托的唯一受益人。但在保险金信托实践中，应关注被保险人、保单原受益人和信托受益人之间的关系，特别要注意以终身寿险设立的保险金信托中，其被保险人无法成为该部分信托财产所对应的受益人，保险金信托的受益人不应与原有保单利益以及保险法的相关规定冲突，应在此前提下完成对保险金信托相关主体及交易结构的安排设定。

二是投保人不能成为信托受益人的情况。虽然有别于家族信托，保险金信托可以是自益信托，可充分扩大保险金信托的灵活度及业务优势，但投保人在一定情况下无法成为信托的受益人。例如，在投保人为自身投保终身寿险的情况下，若以名下保单设立保险金信托，委托人同时作为自身投保终身寿险的被保险人，则无法享有该部分保险金请求权作为信托财产的信托受益权。

三、保险相关主体与信托相关主体有条件衔接的情况

一是需要关注保单受益人是否一定为保险金信托受益人。保险金信托受益人原则上不需与原保险受益人一致。具体实践中，相比于原保险，保险金信托的受益人可扩大为一个具体范围，既包含多个受益人，也可包含委托人现有或未来将有的继承人等，受益范围更广。根据保险合同约定，人身保险的受益人由投保人或被保险人指定，保险金信托的受益人需符合此项要求，但与原保险受益人不需完全一致，而由于保单受益人并非保险合同当事人，其所享有的保险金请求权不具有固有性且仅为具有一定期待性质的受益权，因而受益人的利益是否减损并不依赖于信托合同设立与否，而取决于投保人或被保险人的意志。因此，信托受益人无须限定于保单受益人，可根据委托人对实现信托目的的要求进行设置。

二是需要关注被保险人是否可以成为信托财产管理过程中的指令角色。设立保险金信托时，保单中的部分相关主体可以以投资代表、监察人等身份参与信托财产的管理运用，但应注意以终身寿险设立的保险金信托中，被保险人去世后触发保险理赔，被保险人无法成为该部分信托财产所对应的受益人，因而也不能在信托财产管理运用的过程中担任有指令作用的角色。

四、保险相关主体与信托相关主体衔接可能涉及的其他限制条件

一是对属于家族信托范畴的保险金信托，信托受益人也应当按照相应规定执行，必须为包含委托人在内的家庭成员，且委托人不得是唯一受益人，这就要求此类信托设立时在受益人中增加投保人以外的相关家庭成员主体。

二是应注意信托受益人与保单受益人的关系，若信托的某个受益人本身也是保单受益人，则不应突破保险相关规定对受益人的要求，确保信托的设立不与保险法等相关规定冲突。

三是保险金信托相关当事人的设置除了满足信托相关的法律及监管要求，还需要受到保险法以及保险合同的限制，主要是信托当事人之间的利益关系问题，由于信托委托人即投保人，实践中还应符合《保险法》（2015 修正）第 12 条规定的“人身保险的投保人在保险合同订立时，对被保险人应当具有保险利益”。

（执笔人：殷晓薇）

特殊需要信托的主要环节与重点问题*

随着社会进步和经济发展，关注特殊需要群体、保障残障人士权益和社会福利，日渐成为全社会关心的重要问题。通过发展特殊需要信托，帮助解决残障人士生活和自我发展的后顾之忧，正逐步成为解决此类问题的主要方案。在特殊需要信托设立与运行的主要环节中，如何把握好各方当事人关注的重点问题，是特殊需要信托方案设计的关键。

一、特殊需要信托的发起设立环节

一是特殊需要信托的设立门槛问题。不同于传统信托，特殊需要信托的服务性更强、惠及更多普通家庭，大部分委托人对于信托的高门槛也有顾虑，受托人需在方案沟通时了解委托家庭的实际情况。目前已有信托公司开展特殊需要保险金信托，利用相对较低的保费实现较高的保额，再以保险金请求权设立信托，通过保险架构一定程度上降低了信托门槛，有效解决更多特殊需要家庭的实际问题。

二是特殊需要信托的信托目的的特殊性。受托人应与委托人充分沟通，通过对委托人的诉求、受益人身体及精神状况和需求的全面了解综合设计信托方案。一方面为需要特殊关爱的精神或智力障碍人群（例如患有自闭症、唐氏综合征等病症的人群，以及其他涉及精神方面疾病的人群）提供基本生活保障；另一方面也是为满足特殊需要人群（包括智力和身体两方面）的特定需求设立信托，可通过对信托财产分配频率、金额以及条件的合理安排，满足特殊需要人群在特定时期的相应需求，有效提高受益人的生活质量；此外，受托人还可通过信托针对特殊无自理能力的受益人（比如自闭症患者等），进行信托财产分配的特殊支持，通过分配过程中与专业机构的合作，解决对特殊需要群体的专业照料服务、自我发展提升以及学习、就业、医疗、养老、心理等专业支持方面的需求，从而实现对特殊失能、失智人群的特别照护服务。

二、特殊需要信托的管理运行环节

一是信托财产投资管理的安全与收益问题。以资金设立的特殊需要信托，在常规信托投资管理方式的基础上，还需特别考虑信托财产的安全性。可依据投资顾问出具

* 本文写于2022年8月25日。

的投资建议，或委托人指定的投资代表发出的投资指令完成信托财产投资，在无有效投资顾问或投资代表或均未指定的情况下，则应由受托人根据风险测评等级完成资产配置，可将信托财产投资于银行存款、货币市场基金等低风险产品。一方面保障投资管理的安全性，另一方面保障一定的资金流动性以确保为特殊需要信托受益人提供及时有效的利益分配支持；以保险金请求权设立的特殊需要信托，应分阶段处理，在完成特定保险金请求权的交付手续后、保险事故发生前，受托人有权取得保险合同项下特定保险金，信托财产为财产权利，而保险事故发生后，保险理赔资金按约定进入信托财产专户，受托人则应按照前述特殊需要资金信托的投资管理方式管理信托财产，依照信托合同约定履行受托管理职责。

二是受益人护理等服务机构的选择问题。由于特殊需要信托通常需要与多家照护、咨询、服务、培训、中介、评估等相关机构建立联系并签订服务合同，为受益人提供日常照料、需求评估、教育、就业、医疗、康复、养老、遗嘱、殡葬、法律等各类身心方面的专业服务，且此类服务还应由第三方评估并接受监察人监督，以确保受益人服务的长期稳定和有效，因此，机构的选定及变更需要提前确定标准和方案。受托人可以与专业的残障人士帮扶组织或单位（例如中国残疾人联合会、中国精神残疾人及亲友协会等）建立合作，由其指定相关的专业照护、服务等机构或协助提供白名单，以保证机构权威性；关于变更相关服务机构的条件也应事先约定，在委托人或监护人提出变更申请后，由受托人进行形式审查，以确定是否符合选定标准或范围，保障受益人的相应权益。

三、特殊需要信托的利益分配环节

一是信托利益分配的方案设定问题。特殊需要信托利益分配的范围包含生活保障、日常护理、教育就业、医疗养老、支付其他机构服务费用等方面，应根据实际情况确定固定分配、条件分配与临时分配的规则，按照约定的顺序进行分配；分配条款上，可实现较高的分配频次和较低的起付金额，以及服务机构费用的直接支付等，旨在满足特殊需要家庭的实际需要。

二是信托利益分配的条件设定问题。在固定分配方面，不同于一般家族信托或保险金信托长周期的支付原则，特殊需要信托的定期分配需结合受益人的生活自理能力，一定程度上将固定分配的频率提高，可设置为每季度、每月或者每周向受益人分配适合的生活资金。在条件分配方面，主要包含对受益人的医疗保障、循环投保或者旅游等提高生活品质的分配需求，应明确具体项目和触发条件，根据委托人或监护人划定的分配需求范围安排设定。例如，在受益人监护人提出申请或受益人发生需要就医等事项时提供医疗保障收益分配，在监护人支持下保障受益人循环投保的需求，或者在监护人提出申请或其他条件满足时分配资金支持受益人进行旅游等相关生活品质事项等。在临时分配方面，受托人应在受益人或信托利益分配计划中约定的相关方（委托人、受益人监护人等）提交申请，同时提供相应的证明材料后分配，关于临时分配所涉及的费用项目应事先支付还是事后报销，都应在相关文件中予以明确。

三是接收信托利益的账户及相关限制条件应予以明确。首先应确定是受益人个人账户、监护人账户还是照护机构账户。若接收账户非受益人本人账户，则应考虑设定相应的资金支付条件。例如，设置条件为在监护人签字后支付，以确保资金支付的安全性。同时，还应当考虑监护人发生特殊情况的情形，通过第三方监督等结构设计，为受益人的信托利益接收提供充足、安全的保障。

四、特殊需要信托的终止环节

特殊需要信托是以满足和服务特殊需要群体生活需求为主要目的的信托方案，多数受益人没有或只有较低的生活自理能力，委托人更多关注无人照料时受益人的社会生存，信托具有长期性、特定性和复杂性等综合特征，信托终止时遇到的问题也较为复杂。

信托终止时，若委托人在世，受托人应以信托财产届时的存续状态进行现状分配；若届时委托人已经身故，受托人应将变现的信托财产遵照委托人意愿，按照信托文件的约定进行分配，继续提供受益人的生活保障；如果在受益人身故后仍有信托财产，可依照约定捐赠给相应的身心障碍者关怀机构或设立慈善信托，用于继续支持同类身心障碍者关怀工作。如果出现信托利益全部分配完毕但受益人依然在世的情况，不同于其他信托在信托利益分配完毕后的提前终止，特殊需要信托应事先在相关文件中予以明确，提前考虑受益人的后续生活保障方案，可借助政府、慈善组织或慈善信托等力量，保障受益人后续的护理需求。

由于我国的特殊需要信托正处于探索阶段，仍然面临诸多挑战，所以不仅需要受托人提升综合能力、承担相应的受托责任，而且亟须从政府支持、模式普及和服务保障体系建设等方面全面提升特殊需要信托的综合服务能力和发展水平。

（执笔人：殷晓薇）

预付类资金管理服务信托在新市民金融服务中的主要功能*

新市民是我国推进工业化、城镇化和农业现代化过程中的重要力量，做好新市民金融服务是推进金融供给侧结构性改革、满足人民对美好生活向往、促进全体人民共同富裕的必要举措。信托公司积极落实《中国银保监会、中国人民银行关于加强新市民金融服务工作的通知》（银保监发〔2022〕4号）要求，在服务新市民金融需求方面进行了多种探索，特别是在预付类资金管理服务信托方面，可以发挥信托制度的功能优势，切实保障新市民的合法权益。

一、发挥预付类资金管理服务信托的风险隔离功能，保障新市民预付资金安全

新市民进入城市生活之后，对于居住、交通、文娱等领域的消费需求较为突出。随着消费领域各种新业态、新模式的涌现，预付资金、锁定权益、附加促销的消费方式得到了进一步推广，特别是在长租公寓、共享经济、网络充值等新市民关注较多的领域广泛应用。但是，预付资金进入商户收款账户后，成为商户的自有资金，缺乏第三方监督管理，存在一定的资金挪用、商户倒闭等风险，从而对包括新市民在内的消费者的合法权益造成损害。

预付类资金管理服务信托能够发挥风险隔离功能，保障新市民在消费过程中预付资金的安全。由于《信托法》明确了信托财产的独立性，所以预付类资金管理服务信托项下的信托财产，独立于商户的自有财产，在受托人名下进行单独记账、单独管理，根据消费者签订的信托合同要求，在消费时向商户支付消费资金。如果商户发生经营异常情况，消费者可以要求退还剩余资金。这种模式既保持了消费者预付消费资金、锁定消费权益的功能，又可以防范商户挪用消费资金、隔离商户由于经营不善而倒闭的风险。目前，部分信托公司在教育培训领域已开展了预付类资金管理服务信托的探索，并取得了良好成效。

* 本文写于2022年9月1日。

二、发挥预付类资金管理服务信托的监督管理功能，维护新市民合法消费权益

在持续融入城市生活的过程中，新市民面对商户提供的教育培训、提货卡券等预付类消费，如果得到的服务与事先约定不一致、商品质量未达要求等，将会产生维权、退款等需求。一旦出现这些问题，新市民在消费纠纷的解决中总体处于弱势地位，难以维护自身合理合法的消费权益。

通过预付类资金管理服务信托，可以构建对商户的监督管理机制，提高商户的透明度，保障新市民获得约定的消费权益。在信托设立时，委托人、商户、信托公司等各方主体的权利义务均已明确，一旦商户未按要求提供商品或服务，信托公司便可以拒绝向商户划付消费资金；对于已经划付的消费资金，信托公司可以集中代表广大新市民消费者，向商户进行追偿；甚至可就商户的侵权行为，协助新市民消费者寻求法律帮助。目前，已开展的预付类资金管理服务信托实践，在提高商户透明度、维护消费者合法权益等方面已体现出良好的效果。

三、发挥预付类资金管理服务信托的保值增值功能，提升新市民消费的获得感

在传统的教育培训等预付类消费过程中，商户将会汇集大量预付资金，除经营支出之外，闲置资金需要进行投资管理，实现保值增值。但是，闲置资金保值增值的收益往往归为商户所有；并且一旦出现投资损失，可能会导致商户无法提供约定的商品和服务，损害消费者利益。因此，包括新市民在内的消费者在进行预付类消费活动时，难以获得资金收益，并可能承担投资损失带来的风险。

通过预付类资金管理服务信托，信托公司可以发挥专业的保值增值功能，提高新市民在预付类消费中的获得感。预付资金进入信托账户，由受托人根据安全、稳健的原则进行投资管理，既要满足支付消费资金的流动性需求，又要实现一定的资金收益，对运营管理、资产配置、投资管理等能力要求较高。闲置资金的收益留存在信托账户，最终归信托受益人即新市民消费者所有，可以用来购买更多商品和服务，提高了消费者的获得感，也有利于商户的持续经营。目前，信托公司在物业费管理、教育培训预付资金管理等领域已经进行了成功探索，发挥了一定的保值增值功能。

四、发挥预付类资金管理服务信托的综合服务功能，扩大新市民消费的幸福感

预付类资金管理服务信托通过引入信托机制，除助力新市民保障在预付类消费中

的资金安全、消费安全和保值增值之外，还可将预付类资金管理服务信托与其他信托业务相结合，通过提供综合金融服务，不断提高对新市民的服务广度和深度，扩大新市民消费中的幸福感。

一是预付类资金管理服务信托可以结合消费权益信托业务的功能优势，丰富新市民消费体验，降低新市民消费成本，帮助新市民更好地融入城市生活。信托公司可以帮助新市民消费者筛选更为可靠、优质的商品或服务，同时通过集采、团购等方式帮助新市民等消费者获取更高的折扣或优惠，还可以基于新市民消费者的消费需求提供定制化的商品或服务，不断改善对新市民消费者的消费供给。

二是预付类资金管理服务信托可以结合资产管理信托业务的投融资功能，更好地满足新市民的安居需求。在商品房住宅专项维修资金管理、物业费管理等方面，信托公司除了做好预付资金的管理之外，还可以为老旧小区改造、城市基础设施更新等项目提供投融资支持，既拓展了信托公司的业务空间，又为新市民改善居住条件提供了有效的金融支持。

（执笔人：和晋予　崔继培）

家族信托助力共同富裕的主要路径*

信托以其财产转移与财产管理等功能为基础，在助力实现共同富裕目标中可以发挥积极功能。其中，近年来发展迅速的家族信托业务，尽管以家族财富传承与管理为目的，但由于在“做大蛋糕、分好蛋糕、帮扶带动”等方面可以起到积极作用，所以有利于共同富裕目标的实现。具体来看，家族信托助力共同富裕的主要路径体现在以下四个方面。

一、持续做大家族信托规模，为服务实体经济提供资金基础

共同富裕要求的普遍达到生活富裕富足、精神自信自强、环境宜居宜业、社会和谐和睦、公共服务普及普惠，要建立在较高的实体经济发展质效基础之上。实体经济的持续发展，需要资金作为基础。持续做大家族信托规模，一方面可以满足高净值人士的财富管理需求，另一方面通过信托财产的管理运用，可以将家族财富转化为服务实体经济的资金。

据统计，我国高净值人士可投资资产近年来持续增长，根据招商银行、贝恩咨询联合发布的《2021 中国私人财富报告》，2020 年我国高净值人群（个人可投资资产超过 1 000 万元人民币）数量约为 262 万人，对应的可投资资产规模超过 84 万亿元。庞大的高净值人士可投资资产规模，对实体经济持续发展的长远意义非常重要。而目前家族信托管理的财产规模占高净值人士可投资资产的比例仍然较低，2021 年年底存量规模为 3 494. 81 亿元，通过家族信托使家族财富转化为经济发展所需要的资本，未来空间巨大。

此外，在境内设立家族信托对于留住高净值人士的财富、减少资本外流将会起到积极作用。根据联合国移民署发布的《2022 年世界移民报告》，截至 2020 年年底，中国是第四大移民流出国。伴随着移民的需求，境内一部分财富存在向境外转移的需求。如果通过在境内设立家族信托，那么在实现家族财富安全传承的同时，可以将大量财富留在境内，参与国内经济循环，为经济发展提供长期资金基础。

二、不断优化资产配置方式，满足实体经济多元化资本需求

家族信托持续通过各类信托金融工具方式为实体经济提供直接的投融资，助力夯

---

* 本文写于 2022 年 9 月 29 日。

实经济发展基础。近年来，扩大有效投资，推动资本形成是增强我国经济发展内生动力的关键。根据国家统计局的数据统计，2013～2021 年，我国平均投资率为 43.7%，资本形成总额对经济增长的贡献率年均值为 41.5%。随着规模的快速增长，家族信托发挥了信托金融工具的灵活性和广泛性优势，通过开展股权投资、债权投资、股债混合等多种信托资产配置，持续为实体经济提供直接资金支持。

此外，家族信托通过资本市场服务实体经济，进一步助力优化资源配置。家族信托财产通过标品投资方式，配置于资本市场各类权益类、固收类及混合类资产及产品，助力推动资产的合理定价和优化社会资源配置，包括配置于各类资产证券化产品，助力盘活实体经济的存量资产，提高资产效率。

家族信托还可以发挥长期资金运用优势，形成实体经济所需的长周期资金。与传统信托业务相比，家族信托由于涉及委托人家庭或家族的财富管理规划，所以信托期限明显较长。根据中国信托业协会调研，在设置明确信托期限的家族信托业务中，10～30 年期占比最高，约为 44%；其次为 30 年以上，占比约为 29%；5～10 年期占比约为 17%；5 年以下占比最低，仅占 10%。较长的信托期限，使得家族信托资产的管理运用具有显著的长期性，有利于支持基建等领域的长周期项目建设，服务于实体经济的长期资金需求。

三、合理设置信托分配方式，引导家族财富实现合理分配与传承

家族信托分配方式可以进行多样化设置，满足家族财富分配与传承的合理需求。一般来说，家族信托的分配方式至少有三种：第一种是固定分配，主要是对受益人基本生活费、基本养老金等的分配，以保障受益人的基本生活；第二种是条件分配，只有受益人的行为触发了分配条件，才可以获得该类信托利益，例如受益人达到一定学历学位的教育金分配、受益人创业的创业金分配等，主要是利用家族信托的约束来激励后代，引导家族成员的行为；第三种是临时分配，一般是受益人面临重疾等困难情形时，可以获取临时分配的救助金等。

通过分配方式的设置，可以使家族财富在分配与传承方面，体现共同富裕的内在要求。一方面，可以防止财富的挥霍与浪费，例如固定分配仅能保障受益人的基本生活，或只能用于基本生活费、教育支出、养老支出等，同时设置防挥霍条款，防止后代因家族财富出现价值观偏差。另一方面，可以在激励后代方面发挥积极作用，引导后代形成积极向上的价值观念，保持拼搏进取的家族精神。例如，创业金分配往往是对家族成员创业提供部分资金支持，鼓励后代积极创新创业，助力做大社会财富蛋糕，同时为社会提供更多就业机会。

四、鼓励家族信托与公益慈善相结合，发挥家族财富的帮扶带动作用

共同富裕允许一部分人先富起来，先富带动后富，最终实现共同富裕。鼓励家族信托与公益慈善相结合，是共同富裕内在要求的典型体现。家族信托委托人是社会中先富裕起来的人群，随着家族财富的合理分配与传承，家族文化、家族精神也需要进行升华与传承。在此过程中，家族信托可以与公益慈善相结合，发挥应有的积极作用。

从家族信托与公益慈善结合的方式来看，主要包括家族财富直接捐赠、设立家族慈善基金、设立家族慈善信托等多种方式。目前，慈善信托与家族信托的结合，有效地发挥了家族慈善功能。慈善信托整体发展情况方面，自 2016 年 9 月 1 日《慈善法》实施后，经过六年的发展，截至 2022 年 8 月末，我国已累计备案 934 单慈善信托，备案规模已近 43 亿元，慈善信托的慈善效果得到了持续发挥。目前，已有多家信托公司开展了家族慈善信托业务，为家族搭建慈善事业的平台和品牌，传承乐善好施的家风和价值观。例如，山东信托设立了家族慈善信托支持教育事业，建信信托家族信托的委托人同步设立了家族信托和慈善信托，并建立了家族信托受益人参与慈善信托的约束机制等。此外，部分信托公司还创立了家族慈善品牌，持续加大家族慈善信托业务力度，通过完善的架构设计发挥正面引导与传承功能，凝聚积极向上的家族精神，倡导财富向善。

（执笔人：崔继培）

（三）其他信托业务

信托公司参与盘活存量资产的重点业务方向*

2022年5月，国务院公开发布《关于进一步盘活存量资产扩大有效投资的意见》（国办发〔2022〕19号，以下简称《意见》），明确提出要聚焦盘活存量资产重点方向，优化完善存量资产盘活方式，并要求信托公司充分发挥优势，按照市场化原则积极参与盘活存量资产。在此背景下，信托公司可以积极发挥信托功能，通过开展资产证券化业务、Pre－REITs业务、基础设施投融资业务、服务信托业务等参与盘活存量资产，积极推进业务创新转型。

一、提升资产证券化业务发展水平

一是持续扩大银行间市场资产证券化业务规模。以信托公司为最主要发行机构的信贷ABS（信贷资产证券化）和ABN（非金融企业资产支持票据）两类银行间市场资产证券化业务持续开展，截至2022年6月22日，信贷ABS存量余额为1.63万亿元，ABN存量余额为0.95万亿元，其中2022年内新发行规模分别为1 700.83亿元和2 571.95亿元。基础设施领域也是信托公司在银行间市场开展资产证券化业务的重要基础资产来源。近年来，信托公司已操作和落地了多个基础设施收费权、基础设施收费收益权等基础资产类型的项目，2019～2021年仅基础资产为基础设施收费权的ABN项目便分别成立了7单、6单和5单，合计规模分别为125亿元、34.44亿元和55.75亿元。根据《意见》加大盘活存量资产政策支持的要求，未来市场将提供更多适合证券化的基础资产，信托公司也将拓展更多基础设施领域资产证券化业务。

二是重点聚焦稳增长、畅通产业链的基础资产类型。结合《意见》导向，以及中国银保监会要求信托公司促进产业链、供应链稳定等要求，信托公司将聚焦稳增长、畅通产业链的核心企业及重点环节产生的基础资产，通过持续开展资产证券化业务，助力产业链企业减压纾困，加快复工复产，促进实体经济增长。

三是延伸资产证券化的业务链条。除不断提高资产证券化业务规模外，探索资产

* 本文写于2022年6月23日。

证券化全链条服务也是信托公司资产证券化业务的展业重点。信托公司通过发挥资产识别优势、金融工具优势，以及资产配置优势，不断延伸资产证券化业务链条，积极打造资产形成—受托服务—承销—投资的全链条服务。如华能信托、华润信托等，近年来 Pre－ABS、资产证券化受托服务规模均较大，且相关投资及受益于较大投资规模的债券分销也实现了较好的业绩，通过开展资产证券化全链条服务，实现了业务价值的快速提升。

二、积极参与公募 REITs 相关业务

一是我国公募 REITs（基础设施领域不动产投资信托基金）即将进一步扩容。自启动公募 REITs 试点以来，国家发展和改革委员会、中国证券监督管理委员会多次鼓励扩大公募 REITs 试点规模，持续完善公募 REITs 的顶层政策。首批公募 REITs 落地至今，已有 12 个项目完成上市，且多数实现了较好的投资收益。目前我国的公募 REITs 试点项目均为基础设施领域不动产投资信托基金，已上市项目覆盖能源基础设施、园区基础设施、交通基础设施、生态环保、仓储物流等基础资产类型。此次《意见》也将公募 REITs 列为重要的存量资产盘活方式，明确要求进一步提高推荐、审核效率，鼓励更多符合条件的基础设施 REITs 项目发行上市，并要求建立健全扩募机制，探索建立多层次基础设施 REITs 市场，预计公募 REITs 上市效率将快速提高，市场扩容也将取得较大突破。

二是信托公司也将积极参与公募 REITs 相关业务。一方面，信托公司可利用业务资源和金融工具优势，大力拓展 Pre－REITs 业务。此次《意见》对项目年限和收益分散性等要求较《公开募集基础设施证券投资基金指引（试行）》（中国证券监督管理委员会公告〔2020〕54 号）有所松动，同时再提建立健全扩募机制，探索建立多层次基础设施 REITs 市场，为更大力度推动公募 REITs 的规模化发展扫清障碍，有利于通过增加退出方式引导更多社会资本进入基础设施领域。因此，对于 Pre－ABS 业务或基础产业信托业务经验丰富的信托公司，以及战略方向为资产证券化业务的信托公司，下一步可将 Pre－REITs 作为重点发力方向。另一方面，大部分公募 REITs 上市后，二级市场价格表现较好，也将成为信托公司资产配置的重要品种。从已上市的 12 个项目来看，至 2022 年 5 月底共 10 个项目实现了正收益，其中收益率最高的富国首创水务 REIT（508006. SH）的收益率为 39. 37%，中航首钢绿能 REIT（180801. SZ）、红土盐田港 REIT（180301. SZ）、中金普洛斯 REIT（508056. SH）也实现了超过 20% 的收益率，参与已上市公募 REITs 前期战略配售和网下环节的信托公司预计也已获取了较好的投资收益。

三、为盘活重点领域的存量资产提供投融资服务

一是为基础产业存量资产盘活提供投融资服务，持续为重点基础设施和重大项目盘活提供中长期资金，助力释放基建投资对宏观经济增长的乘数效应。以 PPP 业务为例，PPP 是我国吸引社会资本参与重大基础设施项目的典型方式，但过去由于 PPP 项目投资为股权性质，投资期限较长，投资不确定性大，所以社会资本参与趋于谨慎。此次《意见》明确，盘活的基础设施领域存量资产，要求具备存量规模较大、当前收益较好或增长潜力较大，或长期闲置但具有较大开发利用价值等特点，具有较好的投资前景，预计将有效提高 PPP 项目对社会资本的吸引力，也有助于信托公司充分发挥长期资金优势，扩大信托公司通过 PPP 方式参与盘活交通、水利、清洁能源、生态环保、新型基础设施等重点领域存量资产的业务规模。

二是为助力畅通实体经济产业链持续提供投融资服务。《意见》要求探索促进盘活存量和改扩建有机结合，以及挖掘闲置低效资产价值等，为信托公司参与畅通基建产业的产业链提供了新的展业方向和业务领域。长期以来，《意见》中明确的污水处理厂下沉、地铁上盖物业、交通枢纽地上地下空间综合开发、保障性租赁住房小区经营性公共服务空间，以及既有铁路场站及周边土地资产开发利用不到位，低效资产也占用了地方政府和国有企业的大量资源，影响了整体的经济效益。对此，信托公司可为相关资产的盘活、处置提供投融资支持，提高相关资产的价值，进一步助力地方政府和国有企业的重点产业链运转通畅。

四、创新探索其他服务信托等新模式

一是创新探索采取结构化信托架构设计等提高盘活存量资产业务运行效率的服务信托业务。例如传统的 PPP 项目，由于社会资本与地方政府的利益较难达成一致，所以落地效率不高，对此可发挥信托灵活的权利分离和重构功能优势，搭建受益权分层的信托架构，甚至探索表决权信托方式，同时满足社会资本取得合理投资回报和地方政府对优质资产仍然掌握控制权的诉求，有效统一各方利益。

二是创新探索优化地方政府和国有企业资源配置的资产重组服务信托业务。信托公司可聚焦服务《意见》要求的重点区域和重点企业，包括债务率较高、财政收支平衡压力较大的地方政府和基础设施存量资产多、建设任务重、负债率较高的国有企业，发挥信托的隔离功能、管理功能等功能优势开展资产重组服务信托业务。资产重组服务信托业务通过简便的设立和运营程序，即可完成资产和负债的结构调整，

有助于提高存量资产优化整合效率，提升资产质量和规模效益，以及挖掘闲置低效资产价值，防范化解债务风险。信托公司已在类似的破产重组服务信托业务方面拥有了丰富的业务经验，这也有助于资产重组服务信托业务在盘活存量资产领域发挥更大的社会价值。

（执笔人：崔继培）

企业设立慈善信托与成立慈善基金会的比较分析*

企业捐赠在我国社会捐赠总额中占比超过60%，是我国公益慈善的主要力量。有不少捐赠规模较大的企业成立了基金会开展慈善活动。据基金会中心网统计，截至2019年年底全国成立的企业基金会超过1 400家。2016年《慈善法》实施以来，慈善信托快速发展，已成为企业开展慈善活动的一项新选择。据慈善中国网站披露统计，由企业作为委托人的慈善信托数量累计超过300单，规模超过10.5亿元。企业开展慈善活动，已面临设立慈善信托还是成立慈善基金会的重要选择。本文拟从设立条件、财产管理、税收待遇等角度，对上述两种不同的慈善方式进行全方位的比较。

一、设立条件比较

（一）设立形式

基金会是一类实体组织，其设立应经必要的审批登记程序。基金会作为慈善组织的一种形式，根据《慈善法》《基金会管理条例》等法律法规的规定，应当拥有自己的名称和住所、明确的宗旨和业务范围，有组织章程、必要的财产、符合条件的组织机构和负责人、开展慈善活动相适应的专职工作人员。基金会采用登记管理机关和业务主管单位双重管理机制。设立基金会应当根据业务范围，经业务主管单位同意，并向民政部门申请登记，完成设立一般需要较长的时间。

慈善信托是一种契约关系，设立方式相对较为简便。根据《慈善法》的规定，委托人与受托人签订信托文件后，由受托人在7日内将相关文件向受托人所在地县级以上人民政府民政部门备案。备案完成后，慈善信托生效，并在全国统一的慈善信息披露平台进行公示。

（二）财产门槛

基金会的注册资金有一定的门槛。根据2016年民政部发布的《基金会管理条例（修订草案征求意见稿）》，在县级人民政府民政部门登记的不低于200万元人民币；在设区的市级人民政府民政部门登记的不低于400万元人民币；在省级人民政府民政

---

* 本文写于2022年8月4日。

部门登记的不低于800万元人民币。此外，基金会的年末净资产不得低于注册资金的最低标准。因此实践中，企业设立基金会，除了初始注册资金投入以外，还需额外捐赠资金或对外募集资金开展慈善活动。

慈善信托则无设立财产门槛。首先，设立慈善信托对委托人的要求不适用资管产品投资中的“合格投资人”规定，各类企业和普通公众均有资格设立慈善信托。其次，慈善信托的设立规模也没有特别的限制，已备案的慈善信托的规模范围从1万元到上亿元不等。同时，企业设立慈善信托以后还可以追加信托财产，从而实现更加灵活的资金安排。

二、财产管理运用比较

（一）慈善募捐方式

基金会可以开展定向募捐或公开募捐，其中公开募捐需事前备案。不具有公开募捐资格的基金会，可以在发起人、理事会成员和会员等特定对象的范围内进行募捐。具有公开募捐资格的基金会，可以通过在公共场所设置募捐箱，举办面向社会公众的义演、义赛、义卖、义展、义拍、慈善晚会，通过广播、电视、报刊、互联网等渠道募捐。公开募捐方案事前报基金会登记的民政部门备案。

慈善信托可以增加委托人，并应办理变更备案。根据《中国银监会、民政部关于印发慈善信托管理办法的通知》（银监发〔2017〕37号，以下简称《慈善信托管理办法》）的相关规定，根据信托文件约定或者经原委托人同意，慈善信托可以增加新的委托人，由受托人向原备案的民政部门申请变更备案。在一些国家和地区，新的机构或个人可以“财产贡献者”的身份加入慈善信托，简化慈善信托财产追加程序。

（二）慈善支出要求

基金会的年度慈善支出具有明确的比例限制。根据《慈善法》《财政部、税务总局、民政部关于公益性捐赠税前扣除有关事项的公告》等的规定，具有公开募捐资格的基金会开展慈善活动的年度支出，不得低于上一年总收入的70%或者前三年收入平均数额的70%；不具有公开募捐资格的基金会，前两个年度每年慈善支出金额不得低于上一年末净资产的8%或者前三年年末净资产平均数的8%。

慈善信托的年度慈善支出则可以灵活约定。根据《慈善信托管理办法》规定，委托人与受托人应在信托文件中约定慈善信托年度慈善支出的比例或数额，但具体金额和比例没有强制规定，因而可以根据慈善活动开展需要灵活约定。为实现慈善信托的永续运行，部分慈善信托将年度慈善支出约定为上一年度已实现投资收益的一定比例。

（三）财产投资方式和范围

基金会对慈善财产投资的决策层级较高，实际资产配置类型较为单一。在投资程序上，基金会应当在财务和资产管理制度中明确投资相关的具体管理办法，重大投资方案应当经理事会组成人员三分之二以上同意。在投资方式上，基金会可以通过三种方式对慈善财产进行保值增值投资：一是直接投资金融机构发行的资管产品；二是通过发起设立、并购、参股等方式直接进行与基金会宗旨和业务范围相关的股权投资；三是将财产委托给金融机构进行投资。实践中，基金会的财产投资以银行理财产品为主，投资产品类型较为单一。

慈善信托的委托人可以和受托人灵活约定信托财产投资程序和投资范围。受托人综合委托人风险偏好、慈善支出的资金需求、慈善信托的规模和期限等因素对信托财产进行配置。对于规模在1 000万元以上的慈善信托，一种典型的配置策略为，以稳健型固定收益类产品为主，配置比例不低于60%；少量低风险高流动性的货币基金，配置比例不高于20%；少量混合或权益类产品以博取超额收益，配置比例不高于20%。据统计，规模在1 000万元以上的大额慈善信托的财产投资回报率可达6%以上，总体上高于基金会财产投资收益。

（四）运行成本

基金会的运营成本相对较高，与慈善支出不直接相关的管理费用主要来自两个方面：一是基金会作为实体组织的运行成本，包括固定运营场所的运行费用、专职人员各项开支等；二是合规成本，包括每年接受外部审计、等级评估等发生的费用等。根据《慈善法》《财政部、税务总局、民政部关于公益性捐赠税前扣除有关事项的公告》的规定，具有公开募捐资格的基金会开展慈善活动，可在不超过年度支出10%的范围内列支管理费用；不具有公开募捐资格的，前两年该比例不得高于12%。

慈善信托的管理费用相对较低，主要包括向受托人支付的信托报酬、向保管银行支付的保管费、向监察人支付的监察费等，总体费用显著低于基金会的运行成本。

三、税收待遇比较

（一）捐赠/设立信托环节

根据现行《企业所得税法》《个人所得税法》《财政部、国家税务总局关于公益股权捐赠企业所得税政策问题的通知》（财税〔2016〕45号）相关规定，基金会成立后连续两年满足慈善支出比例、管理费用比例及其他要求的，可以申请公益性捐赠税前扣除资格。基金会取得公益性捐赠税前扣除资格的，向该基金会捐赠的捐赠人可以享受税收优惠待遇。其中，企业向基金会的捐赠不超过年度利润总额的12%的部分，可以在所得税前扣除。个人向基金会的捐赠未超过应纳税所得额30%的部分，可以在所得税前扣除。以股权捐赠的，除可以按股权取得的历史成本进行税前扣除外，还无须就股权增值缴纳所得税。

委托人设立慈善信托可享受的税收优惠政策尚未落地。委托人以资金设立慈善信托，还是以股权等非货币财产设立慈善信托，均无法直接从受托人处取得可用于税前扣除的捐赠票据。在现行公益性捐赠支出“凭捐赠票据扣除”的操作方法下，委托人无法就设立慈善信托的财产享受所得税税前扣除优惠。为满足委托人税收优惠需求，受托人可与具有捐赠票据开票资格的慈善组织合作，设计“捐赠＋信托”“信托＋项目执行”“共同受托”等交易结构实现委托人的抵税票据开具诉求。

（二）财产管理环节

基金会对慈善财产进行保值增值投资，所取得的投资收益属于应税所得。根据《企业所得税法实施条例》（2019修订）的相关规定，非营利组织从事营利性活动取得的收入，不属于免税收入。在特殊情况下，当基金会处置已有大幅增值的捐赠股权时，由于该笔股权以历史成本入账，处置股权将产生较大的投资收益，但由于基金会投资收益不是免税收入，因而会带来较大的税收负担。

慈善信托本身的税收政策尚不明确。实践中，慈善信托财产投资取得的投资收益暂未缴纳企业所得税，在一定程度上对冲了慈善信托设立环节委托人无法抵税的负担。

（执笔人：沈苗妙）

如何评估慈善信托的慈善效果*

随着慈善信托备案数量和备案规模的持续增长，慈善信托的运行效果也受到社会各界越来越多的关注。截至 2022 年 8 月底，信托公司和慈善组织累计备案了 934 单慈善信托，备案规模达42.5 亿元，信托目的涵盖了《慈善法》列举的全部慈善领域。如何评估慈善信托的慈善效果，慈善项目如何增进了社会公共利益，是慈善信托实践者和监管部门共同关注的问题。

一、评估慈善信托慈善效果的意义

（一）利益相关方知情的需要

慈善信托的运行效果受到出资人、委托人、政府部门、社会公众等利益相关方的广泛关注。对于出资人、委托人来说，慈善信托的灵活透明是其选择这种方式开展慈善活动的重要原因。因此向出资人、委托人清晰地展示慈善效果，是慈善信托优越性的体现。对于政府部门来说，了解慈善信托的慈善效果，不仅有助于加强对慈善信托的监督，而且可以更加清晰地了解政府让渡税收利益所增进的社会公共利益。对于社会公众来说，受托人充分披露慈善信托的慈善效果，有助于提升项目透明度，提升社会公信力。

（二）受托人管理能力提升的需要

慈善信托的运行效果也是受托人管理能力的重要体现。通过对慈善信托的慈善效果进行评估，可以清楚地了解慈善项目实际产生的效果，有助于加强慈善项目管理，监测慈善项目执行情况，促进受托人与慈善项目相关方的沟通。用科学严谨的方式对慈善信托进行效果评估，还有助于发现慈善项目实施中需要改进的地方，有针对性地提升慈善项目实施效益。

（三）慈善信托持续发展的需要

慈善信托的设立仅仅是开始，在信托期限内运用好慈善信托财产，高效实现慈善目的和慈善效果，才是慈善信托可持续发展的重要保障。《慈善法》《慈善信托管理办法》都提出对慈善信托进行评估。近年来，慈善信托的期限向更为长期、灵活的方向

* 本文写于2022 年9 月15 日。

发展。截至2022年8月底，期限为5年以上的慈善信托有187单，永续慈善信托143单，无固定期限的慈善信托282单。因此，对慈善信托的慈善效果进行评估，有助于促进慈善信托的持续规范发展。

二、慈善组织评估慈善效果的经验

慈善组织的评估主要有两种形式，包括机构层面的社会组织等级评估，以及项目层面的第三方评估。

（一）机构层面的社会组织等级评估

社会组织等级评估的政策法律依据是2010年民政部发布的《社会组织评估管理办法》，由民政部门组织，由评估机构根据评估标准对在民政部门登记注册的社会团体、基金会、民办非企业单位进行全面评估，并作出评估等级结论。评估等级分为5个等级，由高到低依次为5A级、4A级、3A级、2A级、1A级。评估等级与公益性捐赠税前扣除资格等优惠政策、政府资助或奖励挂钩，可在开展对外活动和宣传中作为信誉证明出示。

社会组织等级评估偏重机构治理和风险控制，更多关注社会组织规范性建设，实现以评促管的目的。相同类型的社会组织执行统一的评估标准。根据《民政部关于印发各类社会组织评估指标的通知》（民发〔2011〕127号），全国性行业协会商会、全国性学术类社团、全国性公益类社团、基金会（慈善组织）、社会服务机构分别适用相应的评估指标。公益项目绩效是基金会（慈善组织）等公益类社会组织等级评估的重要内容，主要从慈善项目规模、项目公益性、项目运行管理、项目专业性、项目效果等方面进行评估。项目效果方面，关注项目目标达成情况、社会影响力、服务国家战略情况等内容。

（二）项目层面的第三方评估

慈善项目第三方评估一般是由慈善组织委托独立第三方机构对其实施的慈善项目进行评估，或者由资助方委托独立第三方机构对所资助的慈善项目进行评估，评估的内容包括项目成效、流程管理、项目影响力等。我国早期的慈善项目第三方评估有中国青少年发展基金会委托第三方对“希望工程”项目进行评估，中国人口福利基金会委托第三方对“幸福工程”项目进行评估等。随着我国慈善事业的发展和慈善理念的提升，越来越多的社会组织开始对所实施的慈善项目进行第三方评估，并将慈善项目评估作为项目管理的重要环节，在项目设计、项目经费等方面充分考虑第三方评估的需求。

与社会组织等级评估不同，项目第三方评估根据慈善项目的不同特点和需要解决的不同问题进行个性化设计。首先，并未有统一的评估指标体系。其次，评估的时点可以是项目实施期间的过程评估，也可以是项目结束后的结果评估。最后，评估方法多种多样，不同的评估方法产生不同的评估成本。例如采用问卷法、观察法和访谈法等方法，对项目关注的目标群体进行需求调研和评估，并根据调查评估结果对慈善项目进行有针对性的完善设计；又如采用实验评估方法，严格选取干预组、对照组，分析公益项目对目标群体的实际效用及其影响机制等。

三、如何评估慈善信托的慈善效果

（一）慈善支出的金额或比例

慈善支出是实现慈善信托目的的体现，是慈善信托财产管理运用的核心。对于慈善组织，遵守慈善支出比例的规定是绩效评估的重要内容，也是慈善组织取得公益性捐赠税前扣除资格的前提。对于慈善信托，尽管法律法规没有作硬性的支出金额或比例要求，委托人和受托人可以灵活约定，但实际支出金额或比例是慈善信托价值观的体现。慈善信托不应成为委托人财产代持的渠道，而应通过对信托财产的运用真正惠及公众并增进社会福祉。

（二）慈善项目的规范管理

慈善项目的规范管理是实现慈善目的的重要保障。一是要有明确的项目目标和实施计划，目标设定应符合项目实施地区和受益群体的实际需求，项目计划中相关方职责清晰，分工明确，时间规划合理。二是对慈善项目的执行进行有效管理及监测，要加强对项目执行人的监督，检查项目实施凭证、受益人签收单据等过程性资料，及时进行阶段性总结，必要时可引入第三方机构对慈善项目实施情况进行评估，指导项目人员更加高效地实施项目，取得更好慈善效果。

（三）受益人受益和项目影响力

受益人是否真正受益，以及慈善项目产生的社会影响，是慈善信托慈善效果的具体表现。在受益人受益方面，不仅应关注直接受益人，也应关注对间接受益人的影响，如受益人家庭、社区发展等；不仅应关注受益的人数和资金投入等数量指标，也应关注受益人实际受益的程度，是否真正从慈善项目中受益。在项目影响力方面，应关注慈善项目在多大程度上解决了社会问题，是否增进社会整体利益，是否促进政策创新等，是否具有长期效益和可持续发展能力等。

（执笔人：沈苗妙）

境外养老金信托的经验借鉴与启示*

随着老龄化趋势不断加剧，我国加紧健全和完善多层次养老保障体系，在第二支柱、第三支柱建设方面不断发力，持续提高企业年金、职业年金覆盖率，2022 年国务院发布《国务院办公厅关于推动个人养老金发展的意见》（国办发〔2022〕7 号），着力构建我国个人养老金制度的顶层设计。与此同时，养老金管理也得到了社会的普遍关注，因此，借鉴境外的实践经验，对于现阶段我国养老金信托业务的发展具有一定的现实意义。

一、养老金信托是境外养老保障体系的重要组成部分

从美国、英国、日本等主要国家和地区的经验来看，其普遍建立了多层次的养老金体系，信托制的第二支柱、第三支柱等在养老金规模中的占比普遍较高。

在美国养老保障体系中，信托制的第二支柱和第三支柱是美国养老金体系的主要组成部分。第二支柱雇主养老金计划和第三支柱 IRA② 合计占到美国养老金体系的九成以上规模，其中雇主养老金计划规模最大，约占美国养老金体系的六成规模。作为雇主养老计划的典型代表，401（k）采用了典型的信托模式，雇主和员工的缴费是资金的来源，委派受托人负责 401（k）计划的组织实施。IRA 也采用了信托结构，其作为市场化运营、个人自愿参加的个人储蓄养老金计划，也得到了快速发展，1974 年以来，IRA 规模在三支柱中的占比逐年增加。据中金公司研究部统计，截至 2021 年末，美国养老保障第二支柱和第三支柱合计规模达到 39.4 万亿美元，其中 401（k）规模达到 7.7 万亿美元，IRA 规模达到 13.9 万亿美元。

信托制第二支柱职业养老金和第三支柱个人养老金在英国养老金体系中的占比超过了四成。职业养老金是由雇主发起的养老金计划，是对第一支柱国家养老金计划的有效补充，目前也是英国退休人员的主要收入来源之一。个人养老金计划是有资质金融机构为个人提供的养老金投资运营选择，由雇员自由选择，无强制性。英国的职业养老金计划是典型的养老金信托模式，雇主是委托人，由企业内部成立的养老金信托理事会或金融机构等担任受托人，养老金计划的成员及受赡养人是受益人。第二支柱职业养老金 2012 年起采用“自动加入”机制（雇主有法律义务把满足一定条件的雇

* 本文写于 2022 年 12 月 1 日。

② IRA，全称 Inpidual Retirement Accounts，即“个人退休储蓄账户”。

员加入一个职业养老金计划中），对此英国政府还成立了国家层面职业养老金计划——国家职业储蓄信托（National Employment Savings Trust ，NEST），以提高职业养老金的参与率，缓解基本养老金的财政压力。NEST 的受托人为国家职业储蓄信托公司（NEST 公司）。个人养老金也是典型的信托结构，在具体的养老金管理上采用了开立受托计划集中管理的模式。

日本较为完善的养老体制也促进了养老金信托的快速发展。日本的养老金信托主要为年金信托，主要包括厚生年金基金信托、确定给付企业年金信托、国民年金基金信托等，且参与机构方面由信托银行主导。根据日本信托业协会发布的数据，截至 2022 年 3 月末，日本年金信托合计规模余额约为 90.0 万亿日元，其中资产管理型年金信托约为 56.4 万亿日元，资产运用型年金信托约为 33.6 万亿日元。

二、境外养老金信托的运营管理机制不断完善

境外养老金信托不断完善运营管理机制，在资产配置和监督管理方面也形成了一定特色。总体来看，境外养老金信托投资范围更广，投资比例灵活，部分典型境外养老金信托也设计了一定的内部监督管理机制。

一是资产配置范围方面，境外养老金信托投资范围较广，不但大量投资本国国债、共同基金等金融资产及金融产品，还开展了大量的海外配置。典型信托制养老金信托方面，美国 401（k）主要投向共同基金，IRA 投资标的也以共同基金为主，但投资范围更为丰富，投资标的覆盖共同基金、股票、债券、保险、银行存款及其他资产，且投资比例没有限制。2021 年末，美国养老金缴费确定型计划模式和 IRA 合计持有的共同基金规模为 12.58 万亿美元，在共同基金总规模中的占比为 47%。海外配置方面，据《全球养老金资产研究（2022）》（Global Pension Assets Study 2022）数据，美国养老金投资者的海外配置占据了其 1/3 的权益仓位和 1/9 的固收仓位，日本、英国由于本国资本市场较小，养老金海外配置已占据其 1/2 的权益仓位和 1/9 的固收仓位。例如澳大利亚第一国家养老金信托在我国 A 股市场也开展了大量投资。

二是资产配置方式方面，境外典型养老金信托均设置了组合投资机制。401（k）会自动投资 FOF 或平衡型基金，其中养老目标日期型基金和养老目标风险型基金投资占比最高。同时，考虑到养老金的长期资金属性，401（k）的账户管理人更倾向于投资费用较低且高度分散的指数型共同基金。根据 Vanguard 集团 2018 年数据，75% 的 Vanguard 集团养老金客户配置了养老目标型养老基金，70% 的客户选择了指数化投资为核心的资产配置方案。英国 NEST 对管理资金的重点是研究开发投资策略和配置投资产品，采取“产品投资 + 对外委托投资”的方式，将管理的职业养老金计划 90% 以

上的资产委托给外部投资管理人进行市场化长期投资以实现保值增值，即采用了 FOF 和 MOM[①] 相结合的投资方式。NEST 制定了三年更新一次的《NEST 投资准则》，对投资目标、投资理念等均进行了细化。此外，NEST 还针对参与职业养老金计划的雇主和雇员的风险偏好和投资需求等多项特征，提供了丰富的养老金投资方案，构建了“1 + 6”的产品系列以供选择。同时，NEST 还设置了默认投资机制，即根据参与者退休时间默认选择可投范围内的基金，降低了投资难度。

三是内部监督管理方面，境外典型养老金信托对于集中管理的养老金信托设置了较为完善的治理结构。例如，英国的 NEST 采取公司式治理结构，也设置了公司式的组织架构、治理政策和程序。此外，根据《2008 年养老金法案》的要求，NEST 公司还设有专门的“雇员代表小组”和“雇主代表小组”，分别代表参加 NEST 的雇员和雇主的利益，以指导 NEST 公司，并提供养老金运营建议等。

三、境外养老金信托实践经验对我国的启示

一是建议给予信托公司更加丰富的养老金业务资格。从境外经验来看，包含第二支柱、第三支柱在内的私有养老金主要采用了信托制的管理模式，而目前我国企业年金、职业年金等的机制设计也是基于信托制度。但是，目前信托公司参与养老金管理的角色不够丰富，在养老金管理方面的资产隔离和配置优势尚未充分发挥。因此，一方面，建议给予信托公司在企业年金、职业年金方面更多的业务资格，从受托人和账户管理人角色拓展至投资管理人等；另一方面，建议允许信托公司探索参与个人养老金方面的试点，包括个人养老金资金账户管理资格、养老目标理财产品资格和养老基金代销资格等。

二是鼓励信托公司开发更多具有鲜明信托特色的养老金信托产品。除资产隔离和资产配置优势外，信托公司还具有服务信托优势。对此，信托公司可进一步挖掘和分析市场养老需求，结合养老金管理和养老服务优势，开发更多有鲜明信托特色的养老金信托产品。例如，基于高龄老年人在信托存续期间可能出现丧失意识能力无法支付看护资金等情形或存在财产传承等现实需求，信托公司可以将养老金信托业务与包含养老需求的家族信托、遗嘱信托、特殊需要信托业务相结合，除提供养老金管理金融服务外，还可为有需求的老年人提供兼具养老金管理和代支付医护费用及执行遗嘱继承等服务。

（执笔人：崔继培）

① MOM 全称为 Manager of Managers，即“管理人的管理人基金”。

当前绿色信托的创新特点与发展展望*

党的二十大报告提出要“完善支持绿色发展的财税、金融、投资、价格政策和标准体系”。信托业作为重要的金融子行业，近年来在绿色信托方面进行了持续深入的探索，不断创新业务模式、拓展支持领域，对助力绿色产业发展起到了重要作用。展望未来，绿色信托有望成为信托公司创新发展的重要方向，发展质效将进一步提升。

一、当前绿色信托创新探索的主要特点

绿色信托是信托业重要的创新发展方向，根据《中国信托业社会责任报告（2021—2022）》数据，近年来绿色信托发展已成一定规模，截至2021年末存续绿色信托项目665个，规模达到3 317.06亿元。在信托公司的实践中，绿色信托的创新探索呈现以下几个特点。

（一）覆盖的绿色产业领域进一步拓宽

绿色信托持续支持各绿色产业重点领域的资金需求，产业覆盖范围进一步扩大，涉及的绿色产业更加多元。得益于可再生能源等行业的快速发展，投向清洁能源产业的绿色信托规模得到进一步提升，总体规模达1 537.35亿元，同比增长26.08%，且该产业为绿色信托最主要的投资领域，占比47%。此外，绿色信托还重点投向了基础设施绿色升级、节能环保、生态环境、清洁生产和绿色服务等产业领域，规模占比分别为20%、14%、9%、4%和2%。

（二）绿色信托运用方式及财产类型更加多元

目前绿色信托贷款仍然是绿色信托最主要的模式，存续规模为1 351.33亿元，在绿色信托总规模中的占比约为41%。与此同时，绿色资产证券化、绿色股权投资、绿色债券投资、碳金融等模式呈现显著上升态势，存续规模分别为909.47亿元、217.61亿元、109.47亿元和28.38亿元，绿色信托服务模式趋向多元化。

除了传统绿色资金信托外，2021年多家信托公司加速探索绿色资产证券化、碳信托等创新业务模式，促使绿色信托财产类型进一步丰富。例如，上海信托设立的“上

---

* 本文写于2022年12月15日。

和2021年第一期绿色个人汽车抵押贷款证券化信托”，基础资产全部为上汽财务发放的新能源汽车抵押贷款。又如，中航信托设立的全国首单“碳中和”主题绿色信托计划，信托财产除资金外还包括了碳配额（Chinese Emission Allowance，CEA）和中国核证自愿减排量（Chinese Certified Emission Reduction，CCER）等碳资产。

（三）与碳交易市场的结合更加紧密

随着“双碳”目标的提出，信托公司开始不断创新探索碳信托服务模式，拓宽绿色信托服务范围。2021年7月16日，全国碳排放权交易市场正式开市，为碳资产流通提供更大范围的交易平台。随着碳金融市场体系日趋完善，多家信托公司开始创新推出碳信托产品，目前存续规模已超过28.37亿元，类型涵盖碳融资类信托、碳投资类信托和碳资产服务类信托，其中碳投资类信托居多。中航信托、华宝信托、中融信托、吉林信托等均设立了碳投资类信托，主要投向CEA、CCER等。中海信托、英大信托等信托公司设立了碳服务类信托，基础资产包括碳中和债、CCER等。

（四）央企、国企交易对手更加突出

从绿色信托相关案例来看，业务交易对手多为央企、国企。例如，紫金信托发行首批公墓绿色公交客票收费权ABN，发起机构为南京公交集团。又如，兴业信托投资的“华电福新能源有限公司2021年度第三期绿色中期票据”，其发起机构为华电福新能源股份有限公司，是华电集团旗下唯一一家多元化清洁能源上市公司。究其原因，一方面是由于央企、国企目前主导多数绿色资产的现状，另一方面是由于央企、国企信用资质良好，更易进入信托业务开展的白名单中。

二、制约绿色信托未来发展的重要因素

（一）绿色产业发展的可持续性

绿色产业与一般产业存在较大差别，这是因为绿色项目兼具环境与经济双重特性。正因如此，绿色产业的可持续发展仍面临一定的不确定性：一是产业扶持政策的不确定性，如税收优惠、财政补贴等政策力度未来有可能减弱；二是产业周期性发展的不确定性，很多产业尚处于发展初期，从短期来看朝气蓬勃，但从长期来看，资本过剩、技术迭代、需求走弱等因素都会影响行业发展放缓，从而给相关领域绿色资产带来减值损失；三是项目收益的不确定性，很多绿色产业均涉及较大规模的基础设施和项目建设的前期投资，总体上呈现前期一次性投资大、后期经营性回报期长的特点，甚至有些项目后期回报难以用经济利益计量，或者过长的投资周期加剧了未来风险。因此，目前包括绿色信托在内的绿色金融的发展还存在较多的难点和障碍，需要通过建立绿

色公益性补偿机制、改善金融产品环境价值评估标准、加强绿色金融监管、创新绿色金融工具等方式不断完善绿色金融体系。

（二）受托人的专业管理能力

绿色信托业务的拓展对受托人能力提出较高的要求。一是信托公司需要普及绿色发展理念，将推动绿色转型上升为战略导向和文化指引，通过提升战略定位，自上而下推动；二是信托公司需在管理机制、风险防范、贷后管理、人才培养、投研建设等方面进行调整，完善内部基础设施建设，为绿色信托发展提供优质土壤；三是由于绿色信托运用方式灵活、财产类型丰富，所以信托公司要从模式、产品、服务方式等多方面发力着手，推动绿色信托业务创新，以满足社会绿色转型中多元化的投融资需求。

（三）市场资金与项目的匹配

在绿色信托业务实践中，往往存在资金成本、期限不匹配的问题。这是因为多数绿色项目由于具有公益性、非经营性等特点而缺乏较好的营利性，导致项目无法承担较高的资金成本，如果交易对手为资质较好的央企、国企，其可接受的资金成本往往更低。也有些绿色项目建设运营期限较长，导致前期资本投资回报周期被拉长。因此，更好地对接市场上低成本的长期资金，成为绿色信托未来发展的关键因素之一。

三、对未来绿色信托创新发展的展望

（一）绿色信托规模有望持续提升

2020 年以来，服务“双碳”目标成为我国绿色金融未来发展的重要方向。党的二十大报告再次明确要“推动绿色发展”，我国经济将坚持走绿色的高质量发展之路，绿色产业进入蓬勃发展期，资金缺口巨大。根据中金公司、清华大学气候变化与可持续发展研究院、北京绿色金融与可持续发展研究院等权威机构测算，我国实现“双碳”目标的资金需求规模达到百万亿元量级，绿色金融市场发展潜力巨大。作为绿色金融体系的有机组成部分，绿色信托是信托业服务国家绿色发展战略的主要方式，也是行业实现转型发展的重要方向，未来规模有望持续提升。

（二）信托在支持绿色发展中的功能将进一步发挥

相较于其他金融机构，信托在开展绿色金融业务时具有其独特的功能优势。一是信托公司可以借助信托财产的风险隔离功能，保障绿色信托资产的安全性和独立性；二是信托公司可以运用信托架构灵活多变、资产配置横跨各市场的特性，结合项目特点提供更加合理的综合性金融服务，更好满足绿色产业多元的金融服务需求。近年来，除主流的绿色信托贷款外，绿色资产证券化、绿色股权投资、碳信托、绿色慈善信托等业务迅速发展，也进一步彰显了信托在绿色金融中可发挥的作用更加多元。

（三）不断提升绿色产业投研能力

信托公司传统业务领域多为房地产、基础产业、工商企业等，对传统工业绿色转型、清洁能源、新能源汽车、绿色建筑、碳市场等绿色产业领域的研究起步较晚。而这些领域往往又是市场发展较快、技术迭代频繁、行业竞争格局激烈的新兴领域。信托公司在这些领域相对薄弱的投研能力无法有效支撑相关业务的拓展，成为绿色信托发展的严重掣肘。因此，信托公司应不断加大对绿色产业的研究投入，储备一批绿色专业人才，为绿色信托发展清扫障碍。

（四）充分挖掘和匹配各类资源

在资金端，信托公司依靠传统的短期、高成本资金渠道难以支持绿色信托业务的开展。因此，积极拓展长期、低成本的资金来源成为绿色信托发展的关键。可重点关注保险、股权投资基金等机构资金渠道，以及家族信托等长期财富管理资金来源。在资产端，一方面，信托公司可以深挖传统客户绿色转型的融资需求，比如房地产领域的绿色建筑、基础产业领域的清洁能源电站建设等；另一方面，信托公司还应积极拓展其他绿色产业领域的业务机会，充分挖掘股东资源、客户资源，积极对接其他机构资源。

（执笔人：韩鸣飞）

第四部分

集合信托市场月度分析

集合信托市场月度分析报告——2022 年 1 月

一、集合信托规模：发行规模和成立规模止升转跌

用益信托网统计数据显示，2022 年 1 月集合信托产品发行规模为 1 274.68 亿元，环同比分别减少 21.40% 和 47.37%；1 月集合信托产品成立规模为 1 006.78 亿元，环同比分别减少 30.72% 和 42.45%（见图 1）。

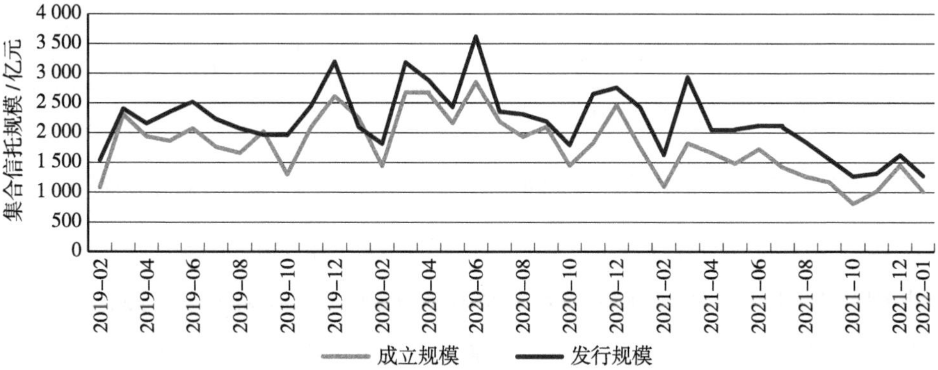

图 1　集合信托产品发行规模与成立规模（2019 年 2 月至 2022 年 1 月）

数据来源：用益信托网，中诚信托投资研究部整理。

二、集合信托收益率：各领域投向集合信托平均收益率全线下滑

2022 年 1 月集合信托发行平均收益率为 7.02%，环比下降 0.06 个百分点，同比则提升 0.19 个百分点；1 月集合信托成立平均收益率为 7.01%，环比下滑 0.11 个百分点，同比则提升 0.16 个百分点（见图 2）。

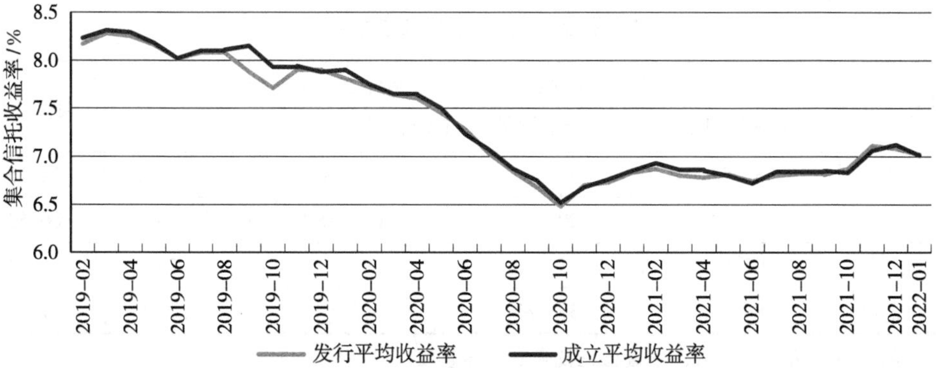

图 2　集合信托产品发行平均收益率和成立平均收益率（2019 年 2 月至 2022 年 1 月）

数据来源：用益信托网，中诚信托投资研究部整理。

从各投向领域来看，1月金融、房地产、基础产业和工商企业投向的集合信托产品平均收益率环比分别下降0.46、0.07、0.03和0.12个百分点；同比来看，1月金融、房地产和基础产业投向的集合信托产品平均收益率分别提升0.29、0.15和0.16个百分点，工商企业投向的集合信托产品平均收益率则下降0.42个百分点（见表1）。

表1　集合信托产品各投向平均收益率环同比变化

投资领域	2022年1月 平均收益率	2021年12月 平均收益率	2021年1月 平均收益率	环比变化 /个百分点	同比变化 /个百分点
金融	6.32%	6.78%	6.03%	-0.46	+0.29
房地产	7.51%	7.58%	7.36%	-0.07	+0.15
基础产业	7.06%	7.09%	6.90%	-0.03	+0.16
工商企业	7.06%	7.18%	7.48%	-0.12	-0.42

数据来源：用益信托网，中诚信托投资研究部整理。

三、集合信托资金投向：房地产投向集合信托规模及占比大幅下滑

2022年1月，投向金融领域的集合信托产品成立规模环比增长9.77%；投向房地产、基础产业和工商企业领域的集合信托产品成立规模环比分别减少72.39%、1.29%和74.75%。同比来看，金融、房地产和工商企业投向集合信托规模均有所减少，降幅分别为24.15%、86.53%和71.92%；基础产业投向集合信托规模同比增长1.54%（见表2）。

从各投向规模占比情况来看，2022年1月，投向金融和基础产业领域的集合信托产品成立规模占比环比分别提升19.73和8.75个百分点，同比分别提升17.61和14.64个百分点；投向房地产和工商企业领域的集合信托产品成立规模占比环比分别下滑12.30和14.69个百分点，同比分别下滑22.62和6.85个百分点（见表3）。

表2　集合信托产品各投向成立规模变化

投资领域	2022年1月 成立规模/亿元	2021年12月 成立规模/亿元	2021年1月 成立规模/亿元	环比变化	同比变化
金融	538.51	490.60	710.00	+9.77%	-24.15%
房地产	82.04	297.18	608.88	-72.39%	-86.53%
基础产业	295.36	299.23	290.87	-1.29%	1.54%
工商企业	84.82	335.89	302.10	-74.75%	-71.92%

数据来源：用益信托网，中诚信托投资研究部整理。

表 3　集合信托产品各投向规模占比变化

投资领域	2022 年 1 月 规模占比	2021 年 12 月 规模占比	2021 年 1 月 规模占比	环比变化 /个百分点	同比变化 /个百分点
金融	53. 49%	33. 76%	35. 88%	+19. 73	+17. 61
房地产	8. 15%	20. 45%	30. 77%	−12. 30	−22. 62
基础产业	29. 34%	20. 59%	14. 70%	+8. 75	+14. 64
工商企业	8. 42%	23. 11%	15. 27%	−14. 69	−6. 85

数据来源：用益信托网，中诚信托投资研究部整理。

四、集合信托成立规模前八名信托公司

根据用益信托网统计，2022 年 1 月集合信托产品成立规模前八名的信托公司依次为光大信托、建信信托、外贸信托、五矿信托、华鑫信托、华能信托、上海信托和北京信托（见表 4）。

表 4　2022 年 1 月集合信托产品成立规模前八名

序号	公司名称	成立数量	成立规模 /亿元	平均期限 /年	平均收益率
1	光大信托	281	149. 49	1. 67	7. 07%
2	建信信托	67	122. 04	3. 40	7. 00%
3	外贸信托	365	114. 04	2. 32	6. 34%
4	五矿信托	223	100. 99	1. 83	6. 94%
5	华鑫信托	220	89. 51	1. 72	7. 30%
6	华能信托	43	42. 20	1. 96	5. 38%
7	上海信托	63	40. 87	0. 61	—
8	北京信托	163	34. 18	1. 64	7. 55%

数据来源：用益信托网，中诚信托投资研究部整理。

五、重点公司及业务分析

（一）光大信托、建信信托、外贸信托、华能信托和上海信托重点投向金融领域

2022 年 1 月集合信托产品成立规模前八名中，光大信托、建信信托、外贸信托、华能信托和上海信托重点投向金融领域，其单月金融投向规模占比分别为 71. 18%、92. 85%、100. 00%、100. 00% 和 100. 00%，其近一年金融投向规模占比分别为 43. 06%、66. 15%、92. 93%、89. 43% 和 86. 58%（见表 5）。

表 5 重点投向金融领域的信托公司

序号	公司名称	1 月金融投向成立规模/亿元	1 月金融投向规模占比	近一年金融投向成立规模/亿元	近一年成立规模总计/亿元	近一年金融投向规模占比
1	光大信托	106.4	71.18%	1 263.51	2 934.61	43.06%
2	建信信托	113.32	92.85%	730.60	1 104.54	66.15%
3	外贸信托	114.04	100.00%	1 353.73	1 456.66	92.93%
4	华能信托	42.20	100.00%	241.09	269.59	89.43%
5	上海信托	40.87	100.00%	401.15	463.32	86.58%

数据来源：用益信托网，中诚信托投资研究部整理。

（二）华鑫信托重点投向基础产业领域

2022 年 1 月集合信托产品成立规模前八名中，华鑫信托重点投向基础产业领域，其单月基础产业投向规模占比为 85.26%，其近一年基础产业投向规模占比为 76.03%（见表 6）。

表 6 重点投向基础产业领域的信托公司

公司名称	1 月基础产业投向成立规模/亿元	1 月基础产业投向规模占比	近一年基础产业投向成立规模/亿元	近一年成立规模总计/亿元	近一年基础产业投向规模占比
华鑫信托	76.32	85.26%	468.21	615.85	76.03%

数据来源：用益信托网，中诚信托投资研究部整理。

（三）北京信托重点投向房地产领域

2022 年 1 月集合信托产品成立规模前八名中，北京信托重点投向房地产领域，其单月房地产投向规模占比为 41.52%，其近一年房地产投向规模占比为 46.98%（见表 7）。

表 7 重点投向房地产领域的信托公司

公司名称	1 月房地产投向成立规模/亿元	1 月房地产投向规模占比	近一年房地产投向成立规模/亿元	近一年成立规模总计/亿元	近一年房地产投向规模占比
北京信托	14.19	41.52%	92.85	197.63	46.98%

数据来源：用益信托网，中诚信托投资研究部整理。

集合信托市场月度分析报告——2022 年 2 月

一、集合信托规模：发行规模和成立规模大幅下滑

用益信托网统计数据显示，2022 年 2 月集合信托产品发行规模为 900.13 亿元，环同比分别减少 29.97% 和 44.66%；2 月集合信托产品成立规模为 506.44 亿元，环同比分别减少 51.27% 和 53.64%（见图 1）。

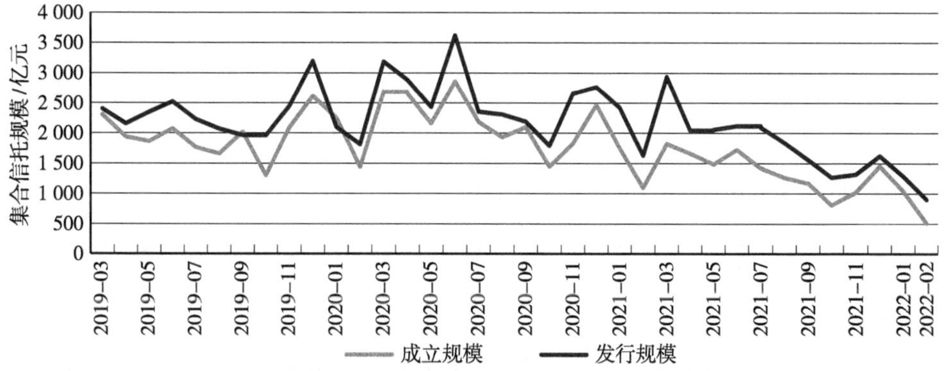

图 1　集合信托产品发行规模与成立规模（2019 年 3 月至 2022 年 2 月）

数据来源：用益信托网，中诚信托投资研究部整理。

二、集合信托收益率：房地产和基础产业领域投向集合信托平均收益率下滑

2022 年 2 月集合信托发行平均收益率为 7.01%，环比下降 0.07 个百分点，同比则提升 0.14 个百分点；2 月集合信托成立平均收益率为 7.01%，环比下降 0.11 个百分点，同比则提升 0.08 个百分点。

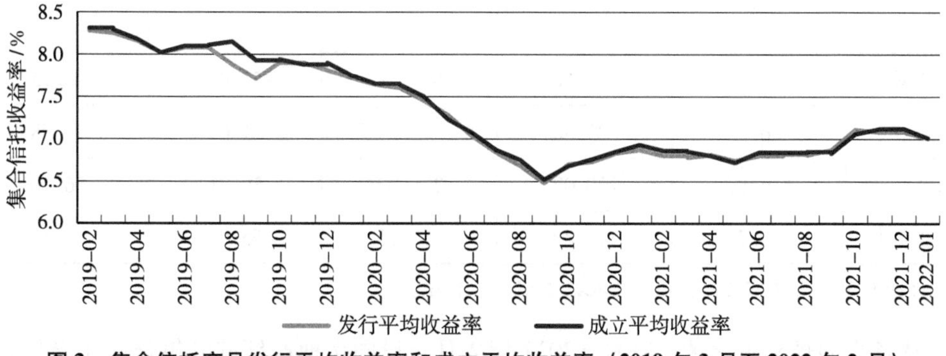

图 2　集合信托产品发行平均收益率和成立平均收益率（2019 年 3 月至 2022 年 2 月）

数据来源：用益信托网，中诚信托投资研究部整理。

从各投向领域来看，2 月金融和工商企业投向的集合信托产品平均收益率环比分别提升 0.23 和 0.10 个百分点；房地产和基础产业投向的集合信托产品平均收益率环比则分别下降 0.10 和 0.04 个百分点。同比来看，2 月金融、房地产和基础产业投向的集合信托产品平均收益率分别提升 0.62、0.03 和 0.10 个百分点，工商企业投向的集合信托产品平均收益率则下降了 0.32 个百分点（见表 1）。

表 1　集合信托产品各投向平均收益率环同比变化

投资领域	2022 年 2 月平均收益率	2022 年 1 月平均收益率	2021 年 2 月平均收益率	环比变化/个百分点	同比变化/个百分点
金融	6.60%	6.37%	5.98%	+0.23	+0.62
房地产	7.40%	7.50%	7.37%	-0.10	+0.03
基础产业	7.03%	7.07%	6.93%	-0.04	+0.10
工商企业	7.14%	7.04%	7.46%	+0.10	-0.32

数据来源：用益信托网，中诚信托投资研究部整理。

三、集合信托资金投向：金融、基础产业和工商企业投向集合信托规模大幅下滑

2022 年 2 月，投向房地产领域的集合信托产品成立规模环比增长 1.04%；投向金融、基础产业和工商企业领域的集合信托产品成立规模环比分别减少 52.01%、59.81% 和 65.05%。同比来看，金融、房地产、基础产业和工商企业投向集合信托规模均有所减少，降幅分别为 45.15%、75.58%、56.18% 和 74.67%（见表 2）。

表 2　集合信托产品各投向成立规模变化

投资领域	2022 年 2 月成立规模/亿元	2022 年 1 月成立规模/亿元	2021 年 2 月成立规模/亿元	环比变化	同比变化
金融	260.87	543.60	475.58	-52.01%	-45.15%
房地产	86.69	85.80	355.03	+1.04%	-75.58%
基础产业	116.57	290.07	266.02	-59.81%	-56.18%
工商企业	39.78	113.83	157.05	-65.05%	-74.67%

数据来源：用益信托网，中诚信托投资研究部整理。

从各投向规模占比情况来看，2022 年 2 月，投向房地产领域的集合信托产品成立规模占比环比提升 8.86 个百分点；投向金融、基础产业和工商企业领域的集合信托产

品成立规模占比环比分别下滑 0. 79、4. 89 和 3. 10 个百分点。同比来看，投向金融和基础产业领域的集合信托产品成立规模占比分别提升 13. 69 和 1. 86 个百分点；投向房地产和工商企业领域的集合信托产品成立规模占比分别下滑 11. 12 和 4. 64 个百分点（见表 3）。

表 3　集合信托产品各投向规模占比变化

投资领域	2022 年 2 月规模占比	2022 年 1 月规模占比	2021 年 2 月规模占比	环比变化/个百分点	同比变化/个百分点
金融	51. 51%	52. 30%	37. 82%	-0. 79	+13. 69
房地产	17. 12%	8. 26%	28. 24%	+8. 86	-11. 12
基础产业	23. 02%	27. 91%	21. 16%	-4. 89	+1. 86
工商企业	7. 85%	10. 95%	12. 49%	-3. 10	-4. 64

数据来源：用益信托网，中诚信托投资研究部整理。

四、集合信托成立规模前八名信托公司

根据用益信托网统计，2022 年 2 月集合信托产品成立规模最大的八家信托公司依次为光大信托、建信信托、外贸信托、五矿信托、中融信托、北京信托、华鑫信托和交银信托（见表 4）。

表 4　2022 年 2 月集合信托产品成立规模前八名

序号	公司名称	成立数量	成立规模/亿元	平均期限/年	平均收益率
1	光大信托	183	68. 04	1. 70	7. 18%
2	建信信托	39	63. 93	3. 01	—
3	外贸信托	189	54. 74	1. 93	6. 23%
4	五矿信托	128	49. 75	1. 63	6. 69%
5	中融信托	17	38. 00	1. 68	7. 09%
6	北京信托	75	36. 54	1. 79	7. 49%
7	华鑫信托	78	29. 36	1. 98	7. 34%
8	交银信托	26	24. 18	1. 84	—

数据来源：用益信托网，中诚信托投资研究部整理。

五、重点公司及业务分析

（一）光大信托、建信信托、外贸信托和交银信托重点投向金融领域

2022 年 2 月集合信托产品成立规模前八名中，光大信托、建信信托、外贸信托和交银信托重点投向金融领域，其单月金融投向规模占比分别为 69. 20% 、98. 59% 、100. 00% 和 41. 44% ，其近一年金融投向规模占比分别为 44. 94% 、67. 97% 、92. 73% 和 35. 43% （见表 5）。

表 5　重点投向金融领域的信托公司

序号	公司名称	2 月金融投向成立规模/亿元	2 月金融投向规模占比	近一年金融投向成立规模/亿元	近一年成立规模总计/亿元	近一年金融投向规模占比
1	光大信托	42. 31	69. 20%	1 270. 39	2 827. 03	44. 94%
2	建信信托	63. 03	98. 59%	772. 63	1 136. 71	67. 97%
3	外贸信托	54. 74	100. 00%	1 285. 61	1 386. 33	92. 73%
4	交银信托	10. 02	41. 44%	118. 95	335. 73	35. 43%

数据来源：用益信托网，中诚信托投资研究部整理。

（二）五矿信托和华鑫信托重点投向基础产业领域

2022 年 2 月集合信托产品成立规模前八名中，五矿信托和华鑫信托重点投向基础产业领域，其单月基础产业投向规模占比分别为 72. 47% 和 69. 86% ，其近一年基础产业投向规模占比分别为 34. 38% 和 75. 63% （见表 6）。

表 6　重点投向基础产业领域的信托公司

序号	公司名称	2 月基础产业投向成立规模/亿元	2 月基础产业投向规模占比	近一年基础产业投向成立规模/亿元	近一年成立规模总计/亿元	近一年基础产业投向规模占比
1	五矿信托	27. 17	72. 47%	243. 15	707. 19	34. 38%
2	华鑫信托	20. 51	69. 86%	437. 74	578. 81	75. 63%

数据来源：用益信托网，中诚信托投资研究部整理。

（三）北京信托重点投向房地产领域

2022 年 2 月集合信托产品成立规模前八名中，北京信托重点投向房地产领域，

其单月房地产投向规模占比为62.34%，其近一年房地产投向规模占比为49.46%（见表7）。

表7　重点投向房地产领域的信托公司

公司名称	2月房地产投向成立规模/亿元	2月房地产投向规模占比	近一年房地产投向成立规模/亿元	近一年成立规模总计/亿元	近一年房地产投向规模占比
北京信托	22.78	62.34%	111.80	226.04	49.46%

数据来源：用益信托网，中诚信托投资研究部整理。

集合信托市场月度分析报告——2022 年 3 月

一、集合信托规模：发行规模和成立规模环比增长

用益信托网统计数据显示，2022 年 3 月集合信托产品发行规模为 1 307.85 亿元，环比增长 31.51%，同比则减少 55.43%；3 月集合信托产品成立规模为 835.45 亿元，环比增长 53.39%，同比减少 54.13%（见图 1）。

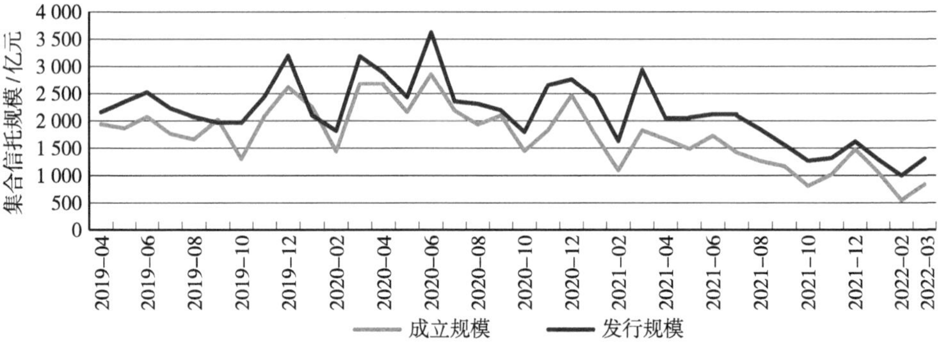

图 1　集合信托产品发行规模与成立规模（2019 年 4 月至 2022 年 3 月）

数据来源：用益信托网，中诚信托投资研究部整理。

二、集合信托收益率：房地产投向集合信托平均收益率回升显著

2022 年 3 月集合信托发行平均收益率为 7.06%，环同比分别提升 0.06 和 0.26 个百分点；3 月集合信托成立平均收益率为 7.06%，环同比分别提升 0.04 和 0.20 个百分点（见图 2）。

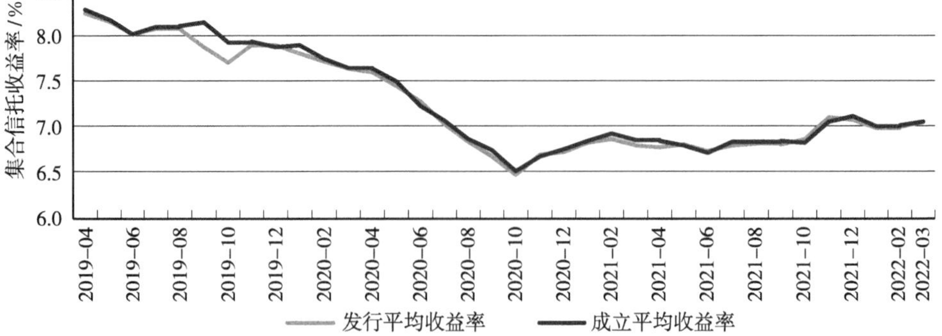

图 2　集合信托产品发行平均收益率和成立平均收益率（2019 年 4 月至 2022 年 3 月）

数据来源：用益信托网，中诚信托投资研究部整理。

从各投向领域来看，3月金融和房地产投向的集合信托产品平均收益率环比分别提升0.05和0.23个百分点；基础产业和工商企业投向的集合信托产品平均收益率环比则分别下降0.04和0.19个百分点。同比来看，3月金融、房地产和基础产业投向的集合信托产品平均收益率分别提升0.54、0.39和0.02个百分点，工商企业投向的集合信托产品平均收益率则下降0.40个百分点（见表1）。

表1 集合信托产品各投向平均收益率环同比变化

投资领域	2022年3月 平均收益率	2022年2月 平均收益率	2021年3月 平均收益率	环比变化 /个百分点	同比变化 /个百分点
金融	6.58%	6.53%	6.04%	+0.05	+0.54
房地产	7.64%	7.41%	7.25%	+0.23	+0.39
基础产业	7.01%	7.05%	6.99%	-0.04	+0.02
工商企业	6.91%	7.10%	7.31%	-0.19	-0.40

数据来源：用益信托网，中诚信托投资研究部整理。

三、集合信托资金投向：基础产业投向集合信托规模及占比大幅回升

2022年3月，投向金融、房地产和基础产业领域的集合信托产品成立规模环比分别增长43.20%、39.72%和110.96%；投向工商企业领域的集合信托产品成立规模环比减少7.77%。同比来看，金融、房地产和工商企业投向集合信托规模均有所减少，降幅分别为57.90%、81.07%和83.66%；基础产业投向集合信托规模则同比增长11.44%（见表2）。

表2 集合信托产品各投向成立规模变化

投资领域	2022年3月 成立规模 /亿元	2022年2月 成立规模 /亿元	2021年3月 成立规模 /亿元	环比变化	同比变化
金融	383.45	267.77	910.81	+43.20%	-57.90%
房地产	124.55	89.14	658.09	+39.72%	-81.07%
基础产业	264.16	125.22	237.04	+110.96%	+11.44%
工商企业	56.18	60.91	343.90	-7.77%	-83.66%

数据来源：用益信托网，中诚信托投资研究部整理。

从各投向规模占比情况来看，2022年3月，投向金融、房地产和工商企业领域的集合信托产品成立规模占比环比分别下滑3.26、1.46和4.46个百分点；投向基础产

业领域的集合信托产品成立规模占比环比提升 8.63 个百分点。同比来看，投向金融和基础产业领域的集合信托产品成立规模占比分别提升 3.79 和 20.66 个百分点；投向房地产和工商企业领域的集合信托产品成立规模占比分别下滑 15.52 和 9.18 个百分点（见表 3）。

表 3　集合信托产品各投向规模占比变化

投资领域	2022 年 3 月规模占比	2022 年 2 月规模占比	2021 年 3 月规模占比	环比变化/个百分点	同比变化/个百分点
金融	45.90%	49.16%	42.11%	-3.26	+3.79
房地产	14.91%	16.37%	30.43%	-1.46	-15.52
基础产业	31.62%	22.99%	10.96%	+8.63	+20.66
工商企业	6.72%	11.18%	15.90%	-4.46	-9.18

数据来源：用益信托网，中诚信托投资研究部整理。

四、集合信托成立规模前 8 名信托公司

根据用益信托网统计，2022 年 3 月集合信托产品成立规模最大的 8 家信托公司依次为光大信托、建信信托、交银信托、中融信托、华鑫信托、外贸信托、五矿信托和山东信托（见表 4）。

表 4　2022 年 3 月集合信托产品成立规模前 8 名

序号	公司名称	成立数量	成立规模/亿元	平均期限/年	平均收益率
1	光大信托	278	148.07	1.48	7.43%
2	建信信托	79	96.08	2.12	—
3	交银信托	61	81.00	1.82	—
4	中融信托	36	64.00	1.83	6.89%
5	华鑫信托	151	55.63	1.82	7.25%
6	外贸信托	290	44.50	1.97	6.17%
7	五矿信托	183	39.27	1.87	6.82%
8	山东信托	36	36.64	1.48	7.33%

数据来源：用益信托网，中诚信托投资研究部整理。

五、重点公司及业务分析

（一）光大信托、建信信托和外贸信托重点投向金融领域

2022年3月集合信托产品成立规模前8名中，光大信托、建信信托和外贸信托重点投向金融领域，其单月金融投向规模占比分别为49.63%、96.88%和100.00%，其近一年金融投向规模占比分别为47.46%、78.17%和93.46%（见表5）。

表5　重点投向金融领域的信托公司

序号	公司名称	3月金融投向成立规模/亿元	3月金融投向规模占比	近一年金融投向成立规模/亿元	近一年成立规模总计/亿元	近一年金融投向规模占比
1	光大信托	69.02	49.63%	1 274.32	2 685.17	47.46%
2	建信信托	93.08	96.88%	824.04	1 054.22	78.17%
3	外贸信托	44.50	100.00%	1 122.99	1 201.59	93.46%

数据来源：用益信托网，中诚信托投资研究部整理。

（二）中融信托、华鑫信托和五矿信托重点投向基础产业领域

2022年3月集合信托产品成立规模前8名中，中融信托、华鑫信托和五矿信托重点投向基础产业领域，其单月基础产业投向规模占比分别为48.32%、80.67%和68.51%，其近一年基础产业投向规模占比分别为11.79%、75.77%和41.28%（见表6）。

表6　重点投向基础产业领域的信托公司

序号	公司名称	3月基础产业投向成立规模/亿元	3月基础产业投向规模占比	近一年基础产业投向成立规模/亿元	近一年成立规模总计/亿元	近一年基础产业投向规模占比
1	中融信托	31.00	48.32%	83.88	711.58	11.79%
2	华鑫信托	41.65	80.67%	445.32	587.69	75.77%
3	五矿信托	22.06	68.51%	250.83	607.57	41.28%

数据来源：用益信托网，中诚信托投资研究部整理。

（三）交银信托和山东信托重点投向房地产领域

2022年3月集合信托产品成立规模前8名中，交银信托和山东信托重点投向房地产领域，其单月房地产投向规模占比分别为47.64%和47.34%，其近一年房地产投向

规模占比分别为 49. 05% 和 48. 19% （见表 7）。

表 7　重点投向房地产领域的信托公司

序号	公司名称	3 月房地产投向成立规模/亿元	3 月房地产投向规模占比	近一年房地产投向成立规模/亿元	近一年成立规模总计/亿元	近一年房地产投向规模占比
1	交银信托	38. 59	47. 64%	197. 23	402. 09	49. 05%
2	山东信托	17. 34	47. 34%	154. 49	320. 56	48. 19%

数据来源：用益信托网，中诚信托投资研究部整理。

集合信托市场月度分析报告——2022 年 4 月

一、集合信托规模：发行规模和成立规模大幅回落

用益信托网统计数据显示，2022 年 4 月集合信托产品发行规模为 942.14 亿元，环比减少 38.65%，同比减少 54.08%；4 月集合信托产品成立规模为 728.02 亿元，环比增长 33.74%，同比减少 58.54%（见图 1）。

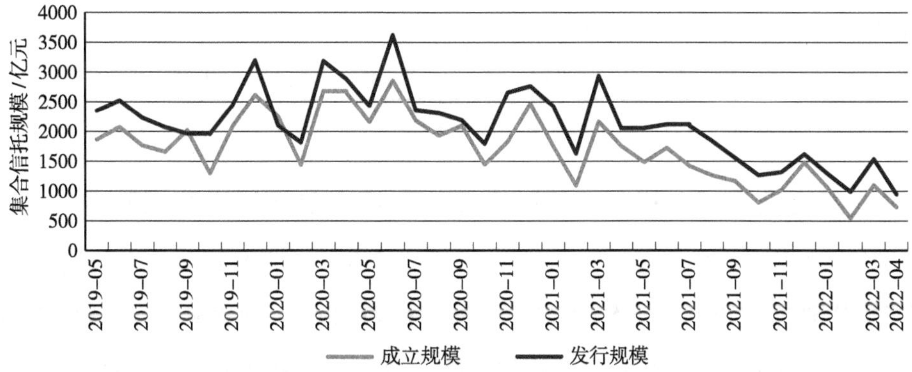

图 1　集合信托产品发行规模与成立规模（2019 年 5 月至 2022 年 4 月）

数据来源：用益信托网，中诚信托投资研究部整理。

二、集合信托收益率：集合信托平均收益率基本保持稳定

2022 年 4 月集合信托发行平均收益率为 7.02%，环比下降 0.03 个百分点，同比提升 0.24 个百分点；4 月集合信托成立平均收益率为 7.06%，环同比分别提升 0.02 和 0.31 个百分点（见图 2）。

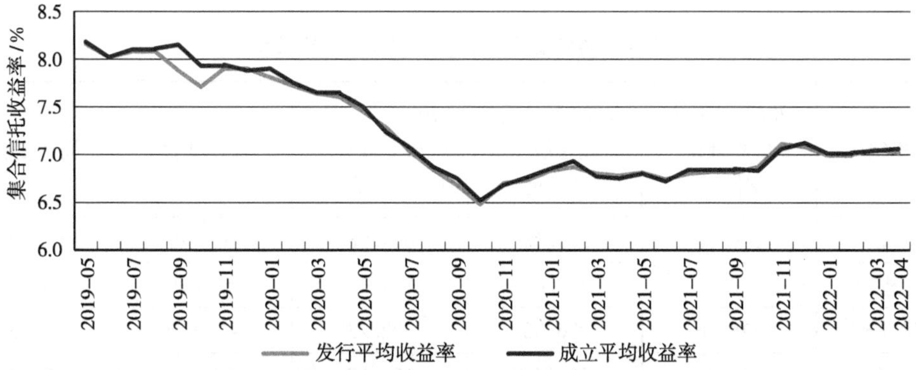

图 2　集合信托产品发行平均收益率和成立平均收益率（2019 年 5 月至 2022 年 4 月）

数据来源：用益信托网，中诚信托投资研究部整理。

从各投向领域来看，4 月金融、房地产、基础产业和工商企业投向的集合信托产品平均收益率环比分别提升 0.05、0.08、0.04 和 0.05 个百分点。同比来看，4 月金融、房地产和基础产业投向的集合信托产品平均收益率分别提升 0.60、0.49 和 0.01 个百分点，工商企业投向的集合信托产品收益率则下降 0.24 个百分点（见表 1）。

表 1　集合信托产品各投向平均收益率环同比变化

投资领域	2022 年 4 月 平均收益率	2022 年 3 月 平均收益率	2021 年 4 月 平均收益率	环比变化 /个百分点	同比变化 /个百分点
金融	6.64%	6.59%	6.04%	+0.05	+0.60
房地产	7.69%	7.61%	7.20%	+0.08	+0.49
基础产业	7.03%	6.99%	7.02%	+0.04	+0.01
工商企业	6.90%	6.85%	7.14%	+0.05	-0.24

数据来源：用益信托网，中诚信托投资研究部整理。

三、集合信托资金投向：基础产业投向集合信托规模跌幅最小

2022 年 4 月，投向金融、房地产、基础产业和工商企业领域的集合信托产品成立规模环比分别减少 30.97%、50.47%、2.84% 和 77.00%。同比来看，金融、房地产、基础产业和工商企业投向集合信托规模均有所减少，降幅分别为 60.59%、85.71%、7.96% 和 67.53%（见表 2）。

从各投向规模占比情况来看，2022 年 4 月，投向金融和基础产业领域的集合信托产品成立规模占比环比分别提升 1.46 和 12.15 个百分点；投向房地产和工商企业领域的集合信托产品成立规模占比环比下滑 3.89 和 14.94 个百分点。同比来看，投向金融、房地产和工商企业领域的集合信托产品成立规模占比分别下滑 1.90、21.91 和 2.20 个百分点；投向基础产业领域的集合信托产品成立规模占比提升 21.00 个百分点（见表 3）。

表 2　集合信托产品各投向成立规模变化

投资领域	2022 年 4 月 成立规模 /亿元	2022 年 3 月 成立规模 /亿元	2021 年 4 月 成立规模 /亿元	环比变化	同比变化
金融	266.01	385.38	674.98	-30.97%	-60.59%
房地产	83.91	169.41	587.15	-50.47%	-85.71%
基础产业	278.16	286.30	302.22	-2.84%	-7.96%
工商企业	57.85	251.48	178.17	-77.00%	-67.53%

数据来源：用益信托网，中诚信托投资研究部整理。

表3　集合信托产品各投向规模占比变化

投资领域	2022年4月 规模占比	2022年3月 规模占比	2021年4月 规模占比	环比变化 /个百分点	同比变化 /个百分点
金融	36.54%	35.08%	38.441%	+1.46	-1.90
房地产	11.53%	15.42%	33.44%	-3.89	-21.91
基础产业	38.21%	26.06%	17.21%	+12.15	+21.00
工商企业	7.95%	22.89%	10.15%	-14.94	-2.20

数据来源：用益信托网，中诚信托投资研究部整理。

四、集合信托成立规模前8名信托公司

根据用益信托网统计，2022年4月集合信托产品成立规模最大的8家信托公司依次为光大信托、中融信托、建信信托、山东信托、华鑫信托、五矿信托、交银信托和外贸信托（见表4）。

表4　2022年4月集合信托产品成立规模前8名

序号	公司名称	成立数量	成立规模 /亿元	平均期限 /年	平均收益率
1	光大信托	178	106.94	1.28	7.23%
2	中融信托	34	72.31	2.30	6.86%
3	建信信托	49	58.83	1.90	—
4	山东信托	25	57.36	1.66	7.52%
5	华鑫信托	165	52.08	1.87	7.27%
6	五矿信托	198	51.54	1.77	6.75%
7	交银信托	56	46.79	1.78	—
8	外贸信托	247	37.70	1.96	6.22%

数据来源：用益信托网，中诚信托投资研究部整理。

五、重点公司及业务分析

（一）光大信托、建信信托和外贸信托重点投向金融领域

2022年4月集合信托产品成立规模前8名中，光大信托、建信信托和外贸信托重点投向金融领域，其单月金融投向规模占比分别为47.40%、63.34%和100.00%，其近一年金融投向规模占比分别为47.66%、77.79%和94.88%（见表5）。

表5　重点投向金融领域的信托公司

序号	公司名称	4月金融投向成立规模/亿元	4月金融投向规模占比	近一年金融投向成立规模/亿元	近一年成立规模总计/亿元	近一年金融投向规模占比
1	光大信托	48.47	47.40%	1 185.22	2 486.72	47.66%
2	建信信托	37.26	63.34%	796.41	1 023.82	77.79%
3	外贸信托	37.70	100.00%	1 040.73	1 096.94	94.88%

数据来源：用益信托网，中诚信托投资研究部整理。

（二）华鑫信托和五矿信托重点投向基础产业领域

2022年3月集合信托产品成立规模前8名中，华鑫信托和五矿信托重点投向基础产业领域，其单月基础产业投向规模占比分别为96.06%和55.66%，其近一年基础产业投向规模占比分别为76.87%和45.94%（见表6）。

表6　重点投向基础产业领域的信托公司

序号	公司名称	4月基础产业投向成立规模/亿元	4月基础产业投向规模占比	近一年基础产业投向成立规模/亿元	近一年成立规模总计/亿元	近一年基础产业投向规模占比
1	华鑫信托	47.34	96.06%	468.09	608.91	76.87%
2	五矿信托	27.81	55.66%	260.53	567.05	45.94%

数据来源：用益信托网，中诚信托投资研究部整理。

（三）交银信托重点投向房地产领域

2022年4月集合信托产品成立规模前8名中，交银信托重点投向房地产领域，其单月房地产投向规模占比为45.31%，其近一年房地产投向规模占比为48.18%（见表7）。

表7　重点投向房地产领域的信托公司

公司名称	4月房地产投向成立规模/亿元	4月房地产投向规模占比	近一年房地产投向成立规模/亿元	近一年成立规模总计/亿元	近一年房地产投向规模占比
交银信托	21.20	45.31%	206.72	429.05	48.18%

数据来源：用益信托网，中诚信托投资研究部整理。

（四）山东信托重点投向工商企业领域

2022年4月集合信托产品成立规模前8名中，山东信托重点投向工商企业领域，其单月工商企业投向规模占比为19.18%，其近一年工商企业投向规模占比为13.46%（见表8）。

表8　重点投向工商企业领域的信托公司

公司名称	4月工商企业投向成立规模/亿元	4月工商企业投向规模占比	近一年工商企业投向成立规模/亿元	近一年成立规模总计/亿元	近一年工商企业投向规模占比
山东信托	21.20	19.18%	47.33	351.64	13.46%

数据来源：用益信托网，中诚信托投资研究部整理。

集合信托市场月度分析报告——2022 年 5 月

一、集合信托规模：成立规模继续回落

用益金融信托研究院统计数据显示，2022 年 5 月集合信托产品发行规模为 970.61 亿元（见图 1），环比增长 1.54%，同比减少近五成；5 月集合信托产品成立规模为 575.09 亿元（见图 2），环比减少 18.13%，连续两个月持续减少。

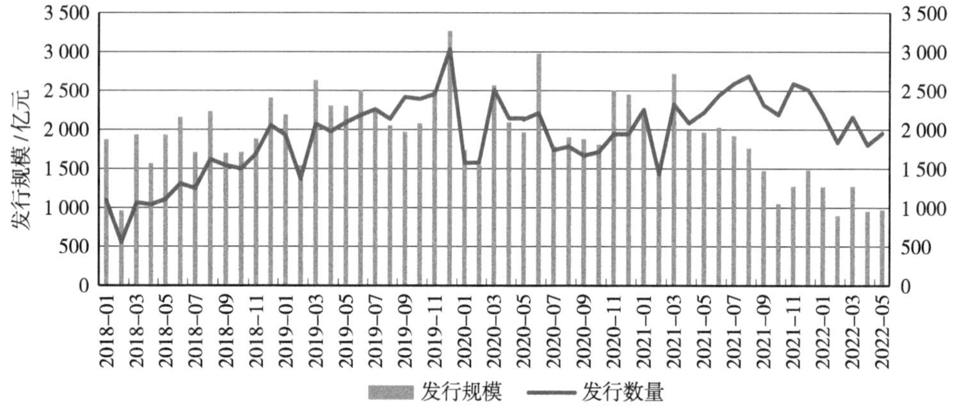

图 1　2018 年 1 月至 2022 年 5 月集合信托产品月度发行走势

数据来源：用益金融信托研究院。

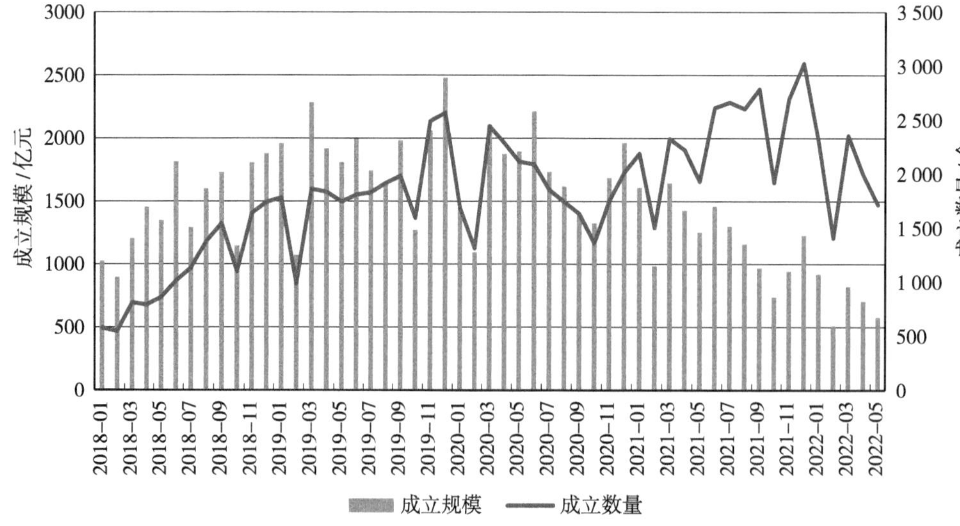

图 2　2018 年 1 月至 2022 年 5 月集合信托产品月度成立走势

数据来源：用益金融信托研究院。

二、非标业务成立情况：5 月成立规模及收益率有所下滑

2022 年 5 月非标类集合信托产品成立规模为 420.95 亿元，环比减少 14.79%（见图 3）。5 月非标产品的平均收益率为 6.93%，环比降低 0.14 个百分点（见图 4）。

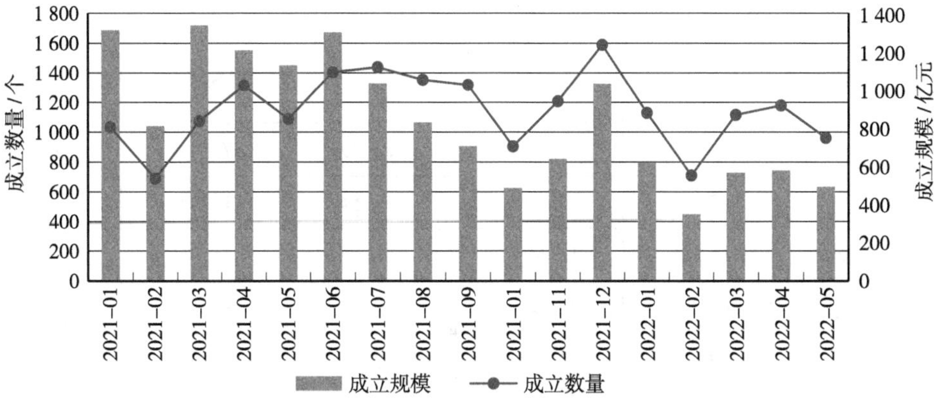

图 3 2021 年 1 月至 2022 年 5 月非标业务成立规模走势

数据来源：用益金融信托研究院。

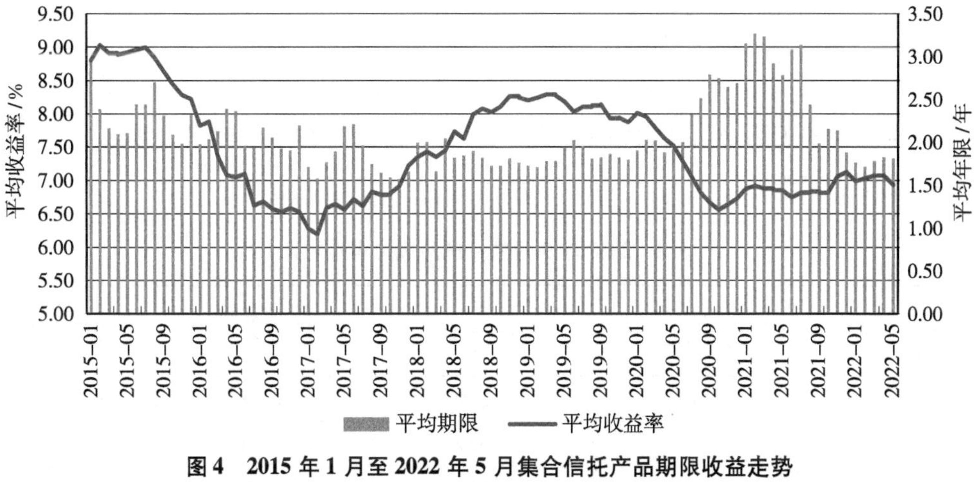

图 4 2015 年 1 月至 2022 年 5 月集合信托产品期限收益走势

数据来源：用益金融信托研究院（2021 年之前的数据未区分非标与标品）。

三、集合信托资金投向：金融和基础产业投向信托成立规模占比较高

2022 年 5 月，房地产集合信托的成立规模为 83.33 亿元，环比减少 0.24%；基础产业集合信托成立规模为 204.99 亿元，环比减少 23.48%；投向金融领域的集合信托成立规模为 206.78 亿元，环比减少 20.87%；工商企业集合信托成立规模为 66.69 亿元，环比增长 17.15%（见表 1）。

5 月房地产类信托规模占比为 14.49%，环比提升 2.60 个百分点；基础产业类信

托规模占比为35.64%，环比下滑2.50个百分点；金融类信托规模占比为35.96%，环比下滑1.25个百分点；工商企业类信托规模占比为11.60%，环比提升3.50个百分点（见表1）。

表1　5月各资金投向集合信托产品成立情况

投资领域	5月规模/亿元	规模占比	4月规模/亿元	规模占比	环比涨跌幅
金融	206.78	35.96%	261.32	37.20%	-20.87%
房地产	83.33	14.49%	83.54	11.89%	-0.24%
工商企业	66.69	11.60%	56.93	8.10%	17.15%
基础产业	204.99	35.64%	267.88	38.14%	-23.48%
其他	13.30	2.31%	32.75	4.66%	-59.40%
合计	575.09	100.00%	702.42	100.00%	-18.13%

数据来源：用益金融信托研究院。

四、产品逾期/违约情况

5月共发生信托产品违约事件18起，涉及金额137.59亿元。信托违约项目多集中于房地产和工商企业两大领域，其中房地产信托违约项目较多，涉及金额较大（见表2）。

表2　2022年5月信托产品风险事件统计

投资领域	违约产品数量/款	数量占比	涉及金额/亿元	规模占比
房地产	13	72.22%	88.48	64.31%
工商企业	3	16.67%	49.11	35.69%
金融	2	11.11%	0.00	0.00%
合计	18	100.00%	137.59	100.00%

数据来源：用益金融信托研究院。

集合信托市场月度分析报告——2022 年 6 月

一、集合信托规模：发行规模和成立规模环比回升

用益信托网统计数据显示，2022 年 6 月集合信托产品发行规模为 1 359. 33 亿元，环比增长 3. 34%，同比减少 37. 24%；6 月集合信托产品成立规模为 1 057. 55 亿元，环比增长 31. 43%，同比减少 42. 22%（见图 1）。

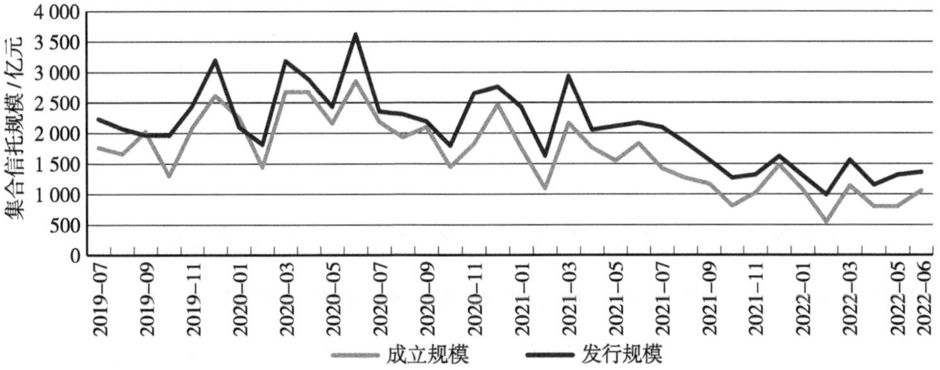

图 1　集合信托产品发行规模与成立规模（2019 年 7 月至 2022 年 6 月）

数据来源：用益信托网，中诚信托投资研究部整理。

二、集合信托收益率：各投向集合信托平均收益率环比均有所回落

2022 年 6 月集合信托发行平均收益率为 6. 87%，环比回落 0. 01 个百分点，同比提升 0. 13 个百分点；6 月集合信托成立平均收益率为 6. 87%，环比回落 0. 05 个百分点，同比则提升 0. 15 个百分点（见图 2）。

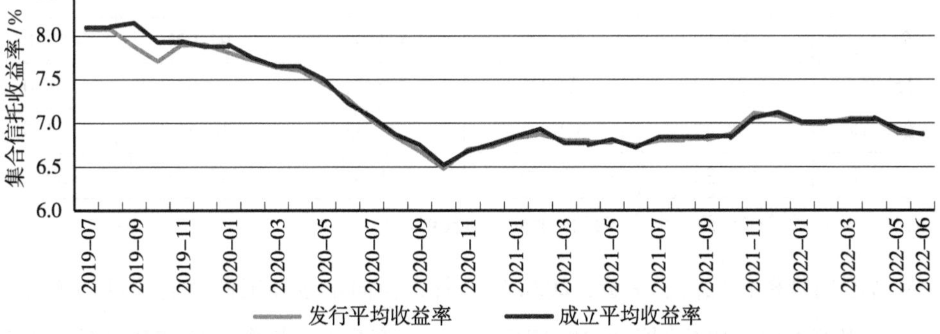

图 2　集合信托产品发行平均收益率和成立平均收益率（2019 年 7 月至 2022 年 6 月）

数据来源：用益信托网，中诚信托投资研究部整理。

从各投向领域来看，6 月金融、房地产、基础产业和工商企业投向的集合信托产品平均收益率环比分别回落 0.10、0.09、0.07 和 0.05 个百分点。同比来看，6 月金融和房地产投向的集合信托产品平均收益率分别提升 0.44 和 0.18 个百分点，基础产业和工商企业投向的集合信托产品平均收益率分别回落 0.16 和 0.11 个百分点（见表 1）。

表 1　集合信托产品各投向平均收益率环同比变化

投资领域	2022 年 6 月 平均收益率	2022 年 5 月 平均收益率	2021 年 6 月 平均收益率	环比变化 /个百分点	同比变化 /个百分点
金融	6.29%	6.39%	5.85%	-0.10	+0.44
房地产	7.44%	7.53%	7.26%	-0.09	+0.18
基础产业	6.86%	6.93%	7.02%	-0.07	-0.16
工商企业	6.93%	6.98%	7.04%	-0.05	-0.11

数据来源：用益信托网，中诚信托投资研究部整理。

三、集合信托资金投向：金融投向集合信托规模大幅回升

2022 年 6 月，投向金融和工商企业领域的集合信托产品成立规模环比分别增长 94.02% 和 33.45%；投向房地产和基础产业领域的集合信托产品成立规模环比分别减少 3.04% 和 18.66%。同比来看，房地产、基础产业和工商企业投向集合信托规模均有所减少，降幅分别为 88.03%、4.63% 和 69.13%；金融投向集合信托规模同比增长 18.08%（见表 2）。

表 2　集合信托产品各投向成立规模变化

投资领域	2022 年 6 月 成立规模 /亿元	2022 年 5 月 成立规模 /亿元	2021 年 6 月 成立规模 /亿元	环比变化	同比变化
金融	595.59	306.98	504.39	+94.02%	+18.08%
房地产	85.60	88.28	715.21	-3.04%	-88.03%
基础产业	258.77	318.12	271.33	-18.66%	-4.63%
工商企业	102.38	76.72	331.61	+33.45%	-69.13%

数据来源：用益信托网，中诚信托投资研究部整理。

从各投向规模占比情况来看，2022 年 6 月，投向金融和工商企业领域的集合信托产品成立规模占比环比分别提升 18.17 和 0.15 个百分点；投向房地产和基础产业领域的集合信托产品成立规模占比环比下滑 2.88 和 15.07 个百分点。同比来看，投向金融

和基础产业领域的集合信托产品成立规模占比分别提升28.76和9.65个百分点；投向房地产和工商企业领域的集合信托产品成立规模占比分别下滑30.99和8.44个百分点（见表3）。

表3　集合信托产品各投向规模占比变化

投资领域	2022年6月规模占比	2022年5月规模占比	2021年6月规模占比	环比变化/个百分点	同比变化/个百分点
金融	56.32%	38.15%	27.56%	+18.17	+28.76
房地产	8.09%	10.97%	39.08%	-2.88	-30.99
基础产业	24.47%	39.54%	14.82%	-15.07	+9.65
工商企业	9.68%	9.53%	18.12%	+0.15	-8.44

数据来源：用益信托网，中诚信托投资研究部整理。

四、集合信托成立规模前8名信托公司

根据用益信托网统计，2022年6月集合信托产品成立规模最大的8家信托公司依次为华润信托、外贸信托、光大信托、建信信托、中粮信托、华鑫信托、中融信托和交银信托（见表4）。

表4　2022年6月集合信托产品成立规模前8名

序号	公司名称	成立数量	成立规模/亿元	平均期限/年	平均收益率
1	华润信托	78	198.00	5.22	—
2	外贸信托	287	172.48	1.41	5.51%
3	光大信托	181	92.39	1.33	6.89%
4	建信信托	29	72.41	1.72	5.46%
5	中粮信托	31	71.81	5.00	6.95%
6	华鑫信托	111	56.48	1.89	7.29%
7	中融信托	39	50.50	1.87	7.04%
8	交银信托	46	44.59	1.52	—

数据来源：用益信托网，中诚信托投资研究部整理。

五、重点公司及业务分析

（一）华润信托、光大信托、建信信托、外贸信托和交银信托重点投向金融领域

2022年6月集合信托产品成立规模前8名中，华润信托、光大信托、建信信托、

外贸信托和交银信托重点投向金融领域，其单月金融投向规模占比分别为100.00%、59.94%、47.38%、100.00%和41.80%，其近一年金融投向规模占比分别为90.07%、54.14%、77.33%、98.74%和40.79%（见表5）。

表5　重点投向金融领域的信托公司

序号	公司名称	6月金融投向成立规模/亿元	6月金融投向规模占比	近一年金融投向成立规模/亿元	近一年成立规模总计/亿元	近一年金融投向规模占比
1	华润信托	198.00	100.00%	332.60	369.26	90.07%
2	光大信托	52.98	59.94%	1 126.02	2 079.98	54.14%
3	建信信托	34.31	47.38%	765.35	989.73	77.33%
4	外贸信托	172.48	100.00%	1 031.28	1 044.44	98.74%
5	交银信托	18.64	41.80%	193.40	474.12	40.79%

数据来源：用益信托网，中诚信托投资研究部整理。

（二）华鑫信托重点投向基础产业领域

2022年6月集合信托产品成立规模前8名中，华鑫信托重点投向基础产业领域，其单月基础产业投向规模占比为88.60%，其近一年基础产业投向规模占比为76.87%（见表6）。

表6　重点投向基础产业领域的信托公司

公司名称	6月基础产业投向成立规模/亿元	6月基础产业投向规模占比	近一年基础产业投向成立规模/亿元	近一年成立规模总计/亿元	近一年基础产业投向规模占比
华鑫信托	45.61	88.60%	468.09	608.91	76.87%

数据来源：用益信托网，中诚信托投资研究部整理。

集合信托市场月度分析报告——2022 年 7 月

一、集合信托规模：发行规模和成立规模环比回落

用益信托网统计数据显示，2022 年 7 月集合信托产品发行规模为 1 258. 97 亿元，环比减少 37. 66%，同比减少 39. 81%；7 月集合信托产品成立规模为 1 134. 34 亿元，环比减少 8. 15%，同比减少为 39. 81%（见图 1）。

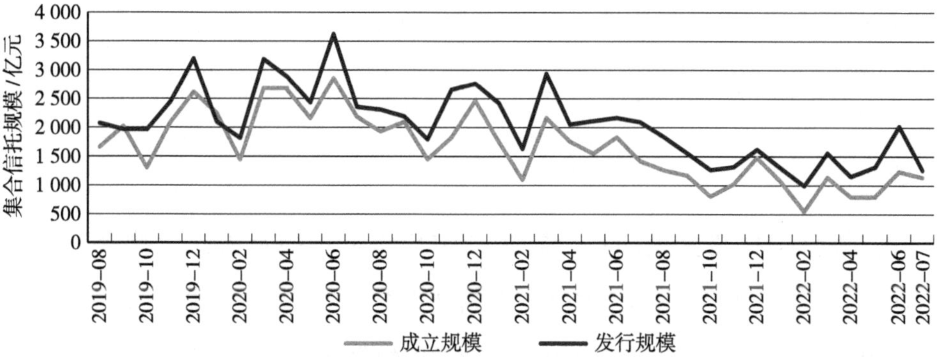

图 1　集合信托产品发行规模与成立规模（2019 年 8 月至 2022 年 7 月）

数据来源：用益信托网，中诚信托投资研究部整理。

二、集合信托收益率：金融和房地产投向集合信托收益率有所回升

2022 年 7 月集合信托发行平均收益率为 6. 87%，环同比分别提升 0. 05 和 0. 07 个百分点；7 月集合信托成立平均收益率为 6. 85%，环同比均提升 0. 01 个百分点（见图 2）。

图 2　集合信托产品发行平均收益率和成立平均收益率（2019 年 8 月至 2022 年 7 月）

数据来源：用益信托网，中诚信托投资研究部整理。

从各投向领域来看，7月金融和房地产投向的集合信托产品平均收益率环比均回升0.28个百分点；基础产业投向的集合信托产品平均收益率环比保持不变；工商企业投向的集合信托产品平均收益率环比下降0.30个百分点。同比来看，7月金融和房地产投向的集合信托产品平均收益率分别提升0.62和0.46个百分点，基础产业和工商企业投向的集合信托产品平均收益率分别下降0.25和0.72个百分点（见表1）。

表1 集合信托产品各投向平均收益率环同比变化

投资领域	2022年7月平均收益率	2022年6月平均收益率	2021年7月平均收益率	环比变化/个百分点	同比变化/个百分点
金融	6.58%	6.30%	5.96%	+0.28	+0.62
房地产	7.76%	7.48%	7.30%	+0.28	+0.46
基础产业	6.83%	6.83%	7.08%	0.00	-0.25
工商企业	6.51%	6.81%	7.23%	-0.30	-0.72

数据来源：用益信托网，中诚信托投资研究部整理。

三、集合信托资金投向：金融投向集合信托规模及占比大幅攀升

2022年7月，投向金融和工商企业领域的集合信托产品成立规模环比增幅分别为26.75%和33.45%；投向房地产和基础产业领域的集合信托产品成立规模环比分别减少48.34%和35.10%。同比来看，房地产、基础产业和工商企业投向集合信托规模均有所减少，降幅分别为89.78%、8.05%和69.13%；金融投向集合信托规模同比增长37.94%（见表2）。

从各投向规模占比情况来看，2022年7月，投向金融领域的集合信托产品成立规模占比环比提升19.95个百分点；投向房地产、基础产业和工商企业领域的集合信托产品成立规模占比环比分别下滑3.32、7.32和9.01个百分点。同比来看，投向金融和基础产业领域的集合信托产品成立规模占比分别提升33.20和3.29个百分点；投向房地产和工商企业领域的集合信托产品成立规模占比分别下滑26.95和8.35个百分点（见表3）。

表2 集合信托产品各投向成立规模变化

投资领域	2022年7月成立规模/亿元	2022年6月成立规模/亿元	2021年7月成立规模/亿元	环比变化	同比变化
金融	822.08	648.60	595.95	+26.75%	+37.94%

续表

投资领域	2022年7月成立规模/亿元	2022年6月成立规模/亿元	2021年7月成立规模/亿元	环比变化	同比变化
房地产	48.41	93.70	473.78	-48.34%	-89.78%
基础产业	199.92	308.03	217.43	-35.10%	-8.05%
工商企业	62.51	179.35	210.41	+33.45%	-70.29%

数据来源：用益信托网，中诚信托投资研究部整理。

表3　集合信托产品各投向规模占比变化

投资领域	2022年7月规模占比	2022年6月规模占比	2021年7月规模占比	环比变化/个百分点	同比变化/个百分点
金融	72.47%	52.52%	39.27%	+19.95	+33.20
房地产	4.27%	7.59%	31.22%	-3.32	-26.95
基础产业	17.62%	24.94%	14.33%	-7.32	+3.29
工商企业	5.51%	14.52%	13.86%	-9.01	-8.35

数据来源：用益信托网，中诚信托投资研究部整理。

四、集合信托成立规模前8名信托公司

根据用益信托网统计，2022年7月集合信托产品成立规模最大的8家信托公司依次为外贸信托、华润信托、五矿信托、百瑞信托、光大信托、陕国投、华鑫信托和平安信托（见表4）。

表4　2022年7月集合信托产品成立规模前8名

序号	公司名称	成立数量	成立规模/亿元	平均期限/年	平均收益率
1	外贸信托	328	430.81	1.47	6.16%
2	华润信托	85	215.00	4.67	—
3	五矿信托	253	110.12	1.51	6.88%
4	百瑞信托	87	110.10	2.12	6.38%
5	光大信托	105	98.35	1.47	6.80%
6	陕国投	109	33.23	1.27	7.11%
7	华鑫信托	84	32.39	1.86	7.17%
8	平安信托	89	23.42	4.19	—

数据来源：用益信托网，中诚信托投资研究部整理。

五、重点公司及业务分析

（一）外贸信托、华润信托、百瑞信托和平安信托重点投向金融领域

2022年7月集合信托产品成立规模前8名中，外贸信托、华润信托、百瑞信托和平安信托重点投向金融领域，其单月金融投向规模占比分别为100.00%、100.00%、29.14%和100.00%，其近一年金融投向规模占比分别为99.56%、93.73%、18.71%和93.41%（见表5）。

表5　重点投向金融领域的信托公司

序号	公司名称	7月金融投向成立规模/亿元	7月金融投向规模占比	近一年金融投向成立规模/亿元	近一年成立规模总计/亿元	近一年金融投向规模占比
1	外贸信托	430.81	100.00%	1 397.80	1 403.95	99.56%
2	华润信托	215.00	100.00%	548.10	584.76	93.73%
3	百瑞信托	11.00	29.14%	42.17	225.36	18.71%
4	平安信托	23.42	100.00%	70.86	75.86	93.41%

数据来源：用益信托网，中诚信托投资研究部整理。

（二）五矿信托、陕国投和华鑫信托重点投向基础产业领域

2022年7月集合信托产品成立规模前8名中，五矿信托、陕国投和华鑫信托重点投向基础产业领域，其单月基础产业投向规模占比分别为37.61%、72.59%和32.39%，其近一年基础产业投向规模占比分别为49.48%、65.09%和79.25%（见表6）。

表6　重点投向基础产业领域的信托公司

序号	公司名称	7月基础产业投向成立规模/亿元	7月基础产业投向规模占比	近一年基础产业投向成立规模/亿元	近一年成立规模总计/亿元	近一年基础产业投向规模占比
1	五矿信托	9.26	37.61%	245.28	495.75	49.48%
2	陕国投	24.12	72.59%	107.42	165.03	65.09%
3	华鑫信托	29.03	32.39%	525.86	663.52	79.25%

数据来源：用益信托网，中诚信托投资研究部整理。

集合信托市场月度分析报告——2022 年 8 月

一、集合信托规模：发行规模和成立规模环比显著增长

用益金融信托研究院统计数据显示，2022 年 8 月集合信托产品发行规模为 1 611. 38亿元（见图 1），环比增长 15. 14%；8 月集合信托产品成立规模为 1 342. 00 亿元（见图 2），环比增长 8. 27%。

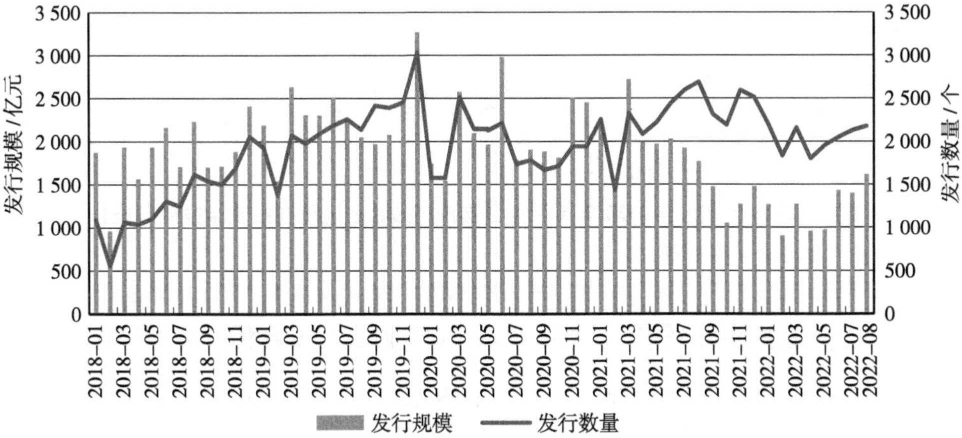

图 1　2018 年 1 月至 2022 年 8 月集合信托产品月度发行走势

数据来源：用益金融信托研究院。

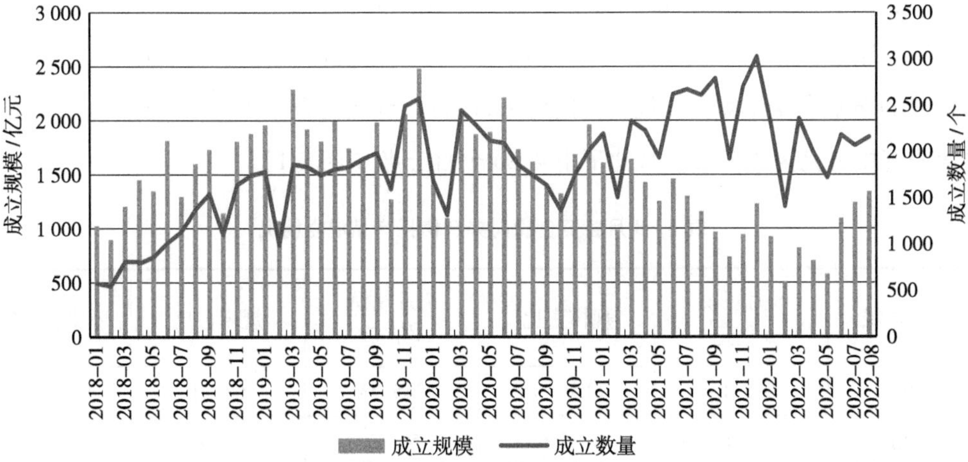

图 2　2018 年 1 月至 2022 年 8 月集合信托产品月度成立走势

数据来源：用益金融信托研究院。

二、集合信托收益率：工商企业投向集合信托平均收益率环比增加

2022 年 8 月，金融、房地产、基础产业投向集合信托平均收益率分别为 6.44%、7.65% 和 6.80%，环比分别下降 0.15、0.10 和 0.03 个百分点；工商企业投向集合信托平均收益率为 6.81%，环比提升 0.25 个百分点（见图 3）。

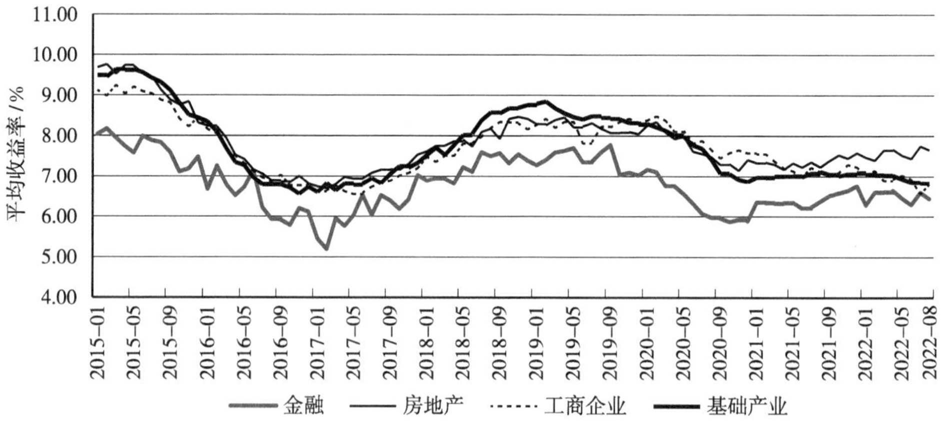

图 3　2015 年 1 月至 2022 年 8 月集合信托产品收益走势（按资金投向分类）

数据来源：用益金融信托研究院。

三、集合信托资金投向：金融和基础产业投向集合信托规模环比增长

2022 年 8 月，房地产和工商企业投向的集合信托成立规模分别为 44.53 亿元和 48.74 亿元，环比分别减少 27.77% 和 53.68%；金融和基础产业投向集合信托成立规模分别为 988.13 亿元和 250.45 亿元，环比分别增长 16.84% 和 11.08%（见表 1）。

8 月投向金融领域的产品资金规模占比继续上升。8 月房地产类信托规模占比为 3.32%，环比下滑 1.66 个百分点；基础产业类信托规模占比为 18.66%，环比提升 0.47 个百分点；金融类信托规模占比为 73.63%，环比提升 5.40 个百分点；工商企业类信托规模占比为 3.63%，环比下滑 4.86 个百分点（见表 1）。

表 1　8 月各资金投向集合信托产品成立情况

投资领域	8 月规模/亿元	规模占比	7 月规模/亿元	规模占比	环比涨跌幅
金融	988.13	73.63%	845.73	68.23	16.84%
房地产	44.53	3.32%	61.65	4.97	-27.77%
工商企业	48.74	3.63%	105.24	8.49	-53.68%
基础产业	250.45	18.66%	225.47	18.19	11.08%

续表

投资领域	8月规模/亿元	规模占比	7月规模/亿元	规模占比	环比涨跌幅
其他	10.15	0.76%	1.46	0.12	595.58%
合计	1342.00	100.00%	1239.55	100.00	8.27%

数据来源：用益金融信托研究院。

四、信托功能分类：投资类集合信托成立规模占比超八成

根据用益金融信托研究院统计，2022 年 8 月融资类集合信托产品成立规模为 236.31 亿元，环比减少 10.96%；投资类产品成立规模为 1 105.55 亿元，环比增长 16.15%。从规模占比来看，8 月融资类产品规模占比为 17.61%，环比下滑 3.80 个百分点；投资类产品规模占比为 82.38%，环比提升 5.59 个百分点；事务管理类产品规模占比为 0.01%，环比下滑 1.79 个百分点（见表 2）。

表 2　2022 年集合信托成立规模（按信托功能分类）

信托功能	2022 年 8 月		2022 年 7 月	
	成立规模/亿元	占比	成立规模/亿元	占比
融资类	236.31	17.61%	265.38	21.41%
事务管理类	0.15	0.01%	22.31	1.80%
投资类	1105.55	82.38%	951.86	76.79%
合计	1342.00	100.00%	1239.55	100.00%

数据来源：用益金融信托研究院。

五、产品违约情况：房地产信托违约规模占比最高

根据用益金融信托研究院统计，2022 年 8 月共有信托违约产品 13 款，涉及金额 176.93 亿元，工商企业和房地产类信托产品仍是违约大户（见表 3）。

表 3　2022 年 8 月信托产品风险事件统计

投资领域	违约产品数量/款	数量占比	涉及金额/亿元	规模占比
房地产	6	46.15%	89.10	50.36%
工商企业	4	30.77%	79.50	44.93%
金融	3	23.08%	8.33	4.71%
总计	13	100.00%	176.93	100.00%

数据来源：用益金融信托研究院。

集合信托市场月度分析报告——2022 年 9 月

一、集合信托规模：发行规模和成立规模环比回落

用益金融信托研究院统计数据显示，2022 年 9 月集合信托产品发行规模为 1 390.54 亿元（见图 1），环比减少 220.84 亿元，降幅为 13.71%；9 月集合信托产品成立规模为 1 176.59 亿元（见图 2），环比减少 165.41 亿元，降幅为 12.33%。

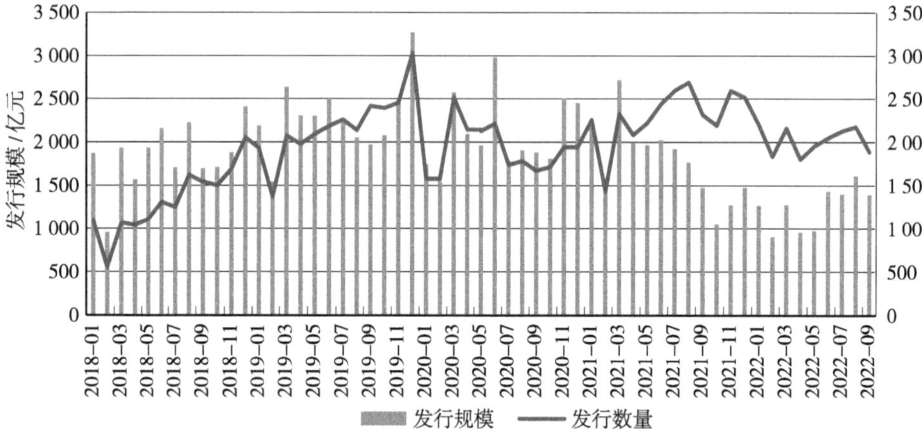

图 1　2018 年 1 月至 2022 年 9 月集合信托产品月度发行走势

数据来源：用益金融信托研究院。

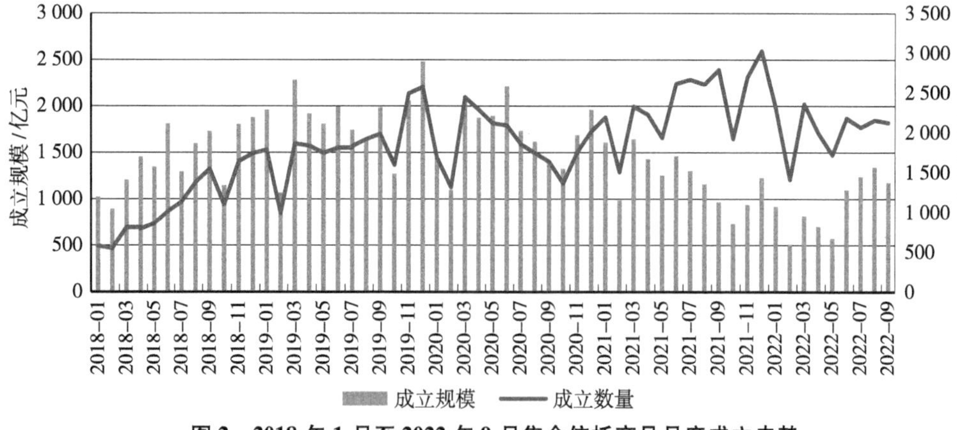

图 2　2018 年 1 月至 2022 年 9 月集合信托产品月度成立走势

数据来源：用益金融信托研究院。

二、集合信托收益率：基础产业投向集合信托平均收益率环比保持稳定

2022 年 9 月，金融、房地产、工商企业投向集合信托平均收益率环比均有所回落；基础产业投向集合信托平均收益率环比保持稳定（见图 3）。

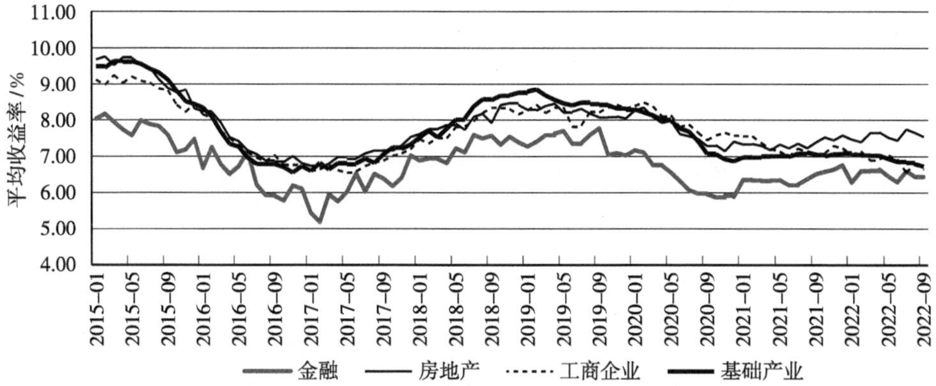

图 3　2015 年 1 月至 2022 年 9 月集合信托产品收益走势（按资金投向分类）

数据来源：用益金融信托研究院。

三、集合信托资金投向：工商企业投向集合信托规模环比大幅增长

2022 年 9 月，金融和基础产业投向集合信托成立规模分别为 863.02 亿元和 156.52 亿元，环比分别减少 12.66% 和 37.50%；房地产和工商企业投向集合信托成立规模分别为 50.48 亿元和 103.75 亿元，环比分别增长 13.35% 和 112.86%（见表 1）。

表 1　9 月各资金投向集合信托产品成立情况

投资领域	9 月规模/亿元	规模占比	8 月规模/亿元	规模占比	环比涨跌幅
金融	863.02	73.35%	988.13	73.63%	-12.66%
房地产	50.48	4.29%	44.53	3.32%	13.35%
工商企业	103.75	8.82%	48.74	3.63%	112.86%
基础产业	156.52	13.30%	250.45	18.66%	-37.50%
其他	2.83	0.24%	10.15	0.76%	-72.14%
合计	1176.59	100.00%	1342.00	100.00%	-12.33%

数据来源：用益信托网。

四、信托功能分类：投资类集合信托成立规模占比环比有所下滑

根据用益金融信托研究院统计，2022 年 9 月融资类集合信托产品成立规模为 260.14 亿元，环比增长 10.09%；投资类产品成立规模为 916.16 亿元，环比减少 17.13%。从规模占比来看，9 月融资类产品规模占比为 22.11%，环比提升 4.50 个百分点；投资类产品规模占比为 77.87%，环比下滑 4.51 个百分点；事务管理类产品规模占比为 0.02%，环比提升 0.01 个百分点（见表 2）。

表 2　2022 年集合信托成立规模（按信托功能分类）

信托功能	2022 年 9 月		2022 年 8 月	
	成立规模/亿元	占比	成立规模/亿元	占比
融资类	260.14	22.11%	236.31	17.61%
事务管理类	0.29	0.02%	0.15	0.01%
投资类	916.16	77.87%	1105.55	82.38%
合计	1176.59	100.00%	1342.00	100.00%

数据来源：用益金融信托研究院。

五、产品违约情况：房地产信托违约规模占比最高

根据用益金融信托研究院统计，2022 年 9 月共有信托违约产品 21 款，涉及金额 70.23 亿元，房地产类仍是信托产品违约的主要投向领域（见表 3）。

表 3　2022 年 9 月信托产品风险事件统计

投资领域	违约产品数量/款	数量占比	涉及金额/亿元	规模占比
房地产	8	38.10%	46.23	65.82%
工商企业	3	14.29%	11.19	15.93%
基础产业	5	23.81%	11.83	16.84%
金融	5	23.81%	0.99	1.41%
总计	21	100.00%	70.23	100.00%

数据来源：用益金融信托研究院。

集合信托市场月度分析报告——2022 年 10 月

一、集合信托规模：成立规模环比继续大幅回落

用益金融信托研究院统计数据显示，2022 年 10 月集合信托产品发行规模为 1 371.75 亿元（见图 1），环比减少 18.79 亿元，降幅为 1.35%；10 月集合信托产品成立规模为 862.43 亿元（见图 2），环比减少 314.16 亿元，降幅为 26.70%。

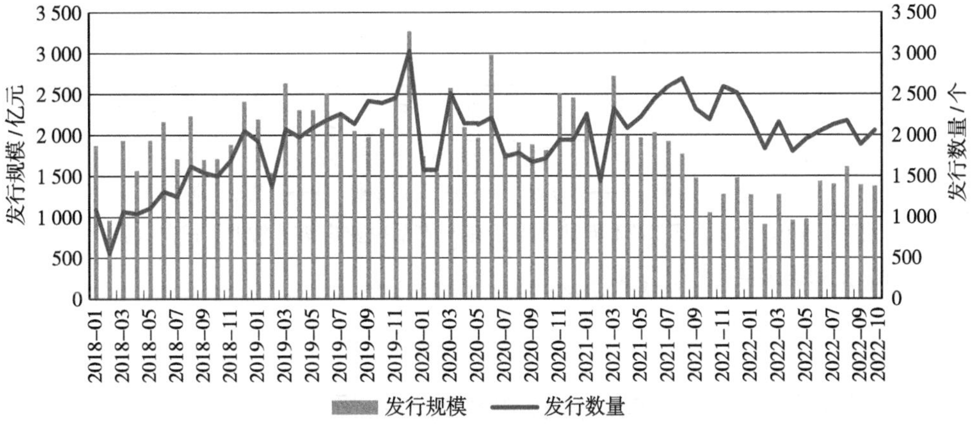

图 1　2018 年 1 月至 2022 年 10 月集合信托产品月度发行走势

数据来源：用益金融信托研究院。

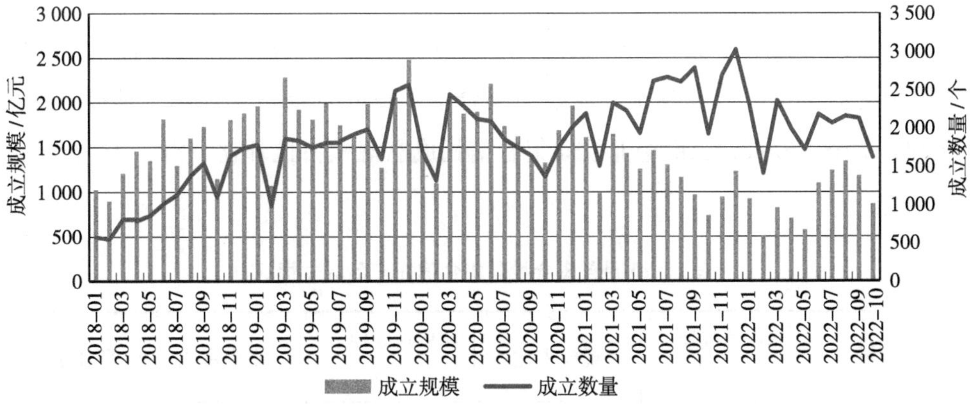

图 2　2018 年 1 月至 2022 年 10 月集合信托产品月度成立走势

数据来源：用益金融信托研究院。

二、集合信托收益率：各投向集合信托平均收益率环比均下滑

2022 年 10 月，金融类信托产品的平均收益率为 6. 39%，环比下降 0. 05 个百分点；房地产类信托产品的平均收益率为 7. 31%，环比下降 0. 23 个百分点；工商企业类信托产品的平均收益率为 6. 48%，环比下降 0. 16 个百分点；基础产业类信托产品的平均收益率为 6. 80%，环比下降 0. 07 个百分点（见图 3）。

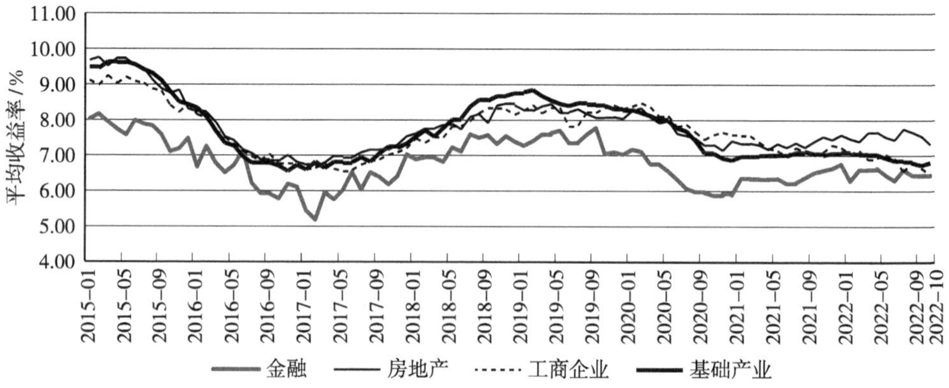

图 3　2015 年 1 月至 2022 年 10 月集合信托产品收益走势（按资金投向分类）

数据来源：用益金融信托研究院。

三、集合信托资金投向：金融和基础产业投向集合信托规模占比环比增长

2022 年 10 月，金融、房地产、工商企业和基础产业投向集合信托成立规模环比均有所减少，降幅分别为 25. 09%、20. 40%、66. 41%%和 11. 86%（见表 1）。

10 月金融、房地产和基础产业投向集合信托成立规模占比环比分别提升 1. 61、0. 37 和 2. 7 个百分点，工商企业投向集合信托成立规模占比环比下滑 4. 78 个百分点（见表 1）。

表 1　10 月各资金投向集合信托产品成立情况

投资领域	10 月规模/亿元	规模占比	9 月规模/亿元	规模占比	环比涨跌幅
金融	646. 45	74. 96%	863. 02	73. 35%	–25. 09%
房地产	40. 18	4. 66%	50. 48	4. 29%	–20. 40%
工商企业	34. 85	4. 04%	103. 75	8. 82%	–66. 41%
基础产业	137. 96	16. 00%	156. 52	13. 30%	–11. 86%

续表

投资领域	10月规模/亿元	规模占比	9月规模/亿元	规模占比	环比涨跌幅
其他	2.98	0.35%	2.83	0.24%	5.62%
合计	862.43	100.00%	1176.59	100.00%	-26.70%

数据来源：用益金融信托研究院。

四、信托功能分类：融资类集合信托成立规模占比环比有所回升

根据用益金融信托研究院统计，2022 年 10 月融资类集合信托产品成立规模为 207.18 亿元，环比减少 20.36%；投资类产品成立规模为 654.92 亿元，环比减少 28.51%。从规模占比来看，10 月融资类产品规模占比为 24.02%，环比提升 1.91 个百分点；投资类产品规模占比为 75.94%，环比下滑 1.93 个百分点（见表 2）。

表 2　2022 年 10 月集合信托成立规模（按信托功能分类）

信托功能	2022 年 10 月		2022 年 9 月	
	成立规模/亿元	占比	成立规模/亿元	占比
融资类	207.18	24.02%	260.14	22.11%
事务管理类	0.33	0.04%	0.29	0.02%
投资类	654.92	75.94%	916.16	77.87%
合计	862.43	100.00%	1176.59	100.00%

数据来源：用益金融信托研究院。

五、产品违约情况：房地产信托违约规模占比最高

根据用益金融信托研究院统计，2022 年 10 月共有信托违约产品 12 款，涉及金额 40.39 亿元，其中房地产类仍是信托产品违约的主要投向领域（见表 3）。

表 3　2022 年 10 月信托产品风险事件统计

投资领域	违约产品数量/款	数量占比	涉及金额/亿元	规模占比
房地产	11	91.67%	39.54	97.90%
工商企业	1	8.33%	0.85	2.10%
总计	12	100.00%	40.39	100.00%

数据来源：用益金融信托研究院。

集合信托市场月度分析报告——2022 年 11 月

一、集合信托规模：成立规模环比反弹回暖

用益金融信托研究院统计数据显示，2022 年 11 月集合信托产品发行规模为 1 129.05 亿元（见图 1），环比减少 242.70 亿元，降幅为 17.69%；11 月集合信托产品成立规模为 1 169.45 亿元（见图 2），环比增加 307.02 亿元，增幅为 35.60%。

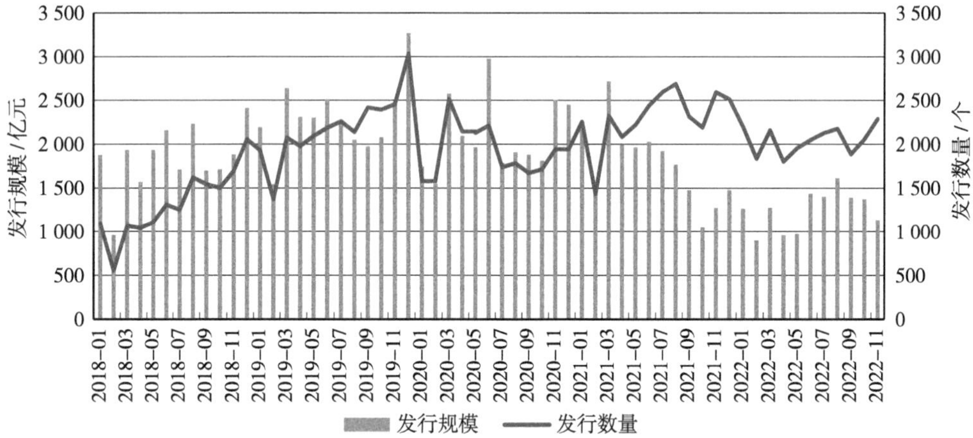

图 1　2018 年 1 月至 2022 年 11 月集合信托产品月度发行走势

数据来源：用益金融信托研究院。

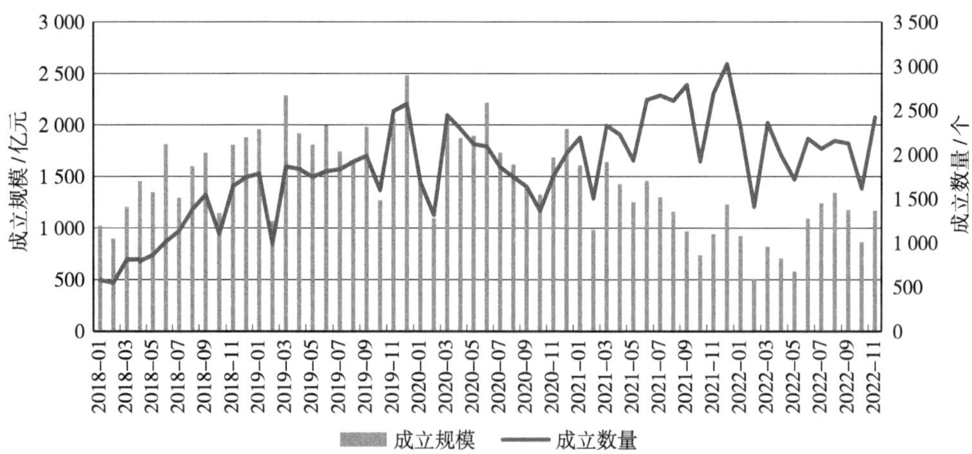

图 2　2018 年 1 月至 2022 年 11 月集合信托产品月度成立走势

数据来源：用益金融信托研究院。

二、集合信托收益率：工商企业投向集合信托平均收益率环比回落幅度较大

2022 年 11 月，金融类信托产品的平均收益率为 6. 30%，环比下降 0. 09 个百分点；房地产类信托产品的平均收益率为 7. 34%，环比下降 0. 02 个百分点；工商企业类信托产品的平均收益率为 6. 28%，环比下降 0. 20 个百分点；基础产业类信托产品的平均收益率为 6. 81%，环比下降 0. 01 个百分点（见图 3）。

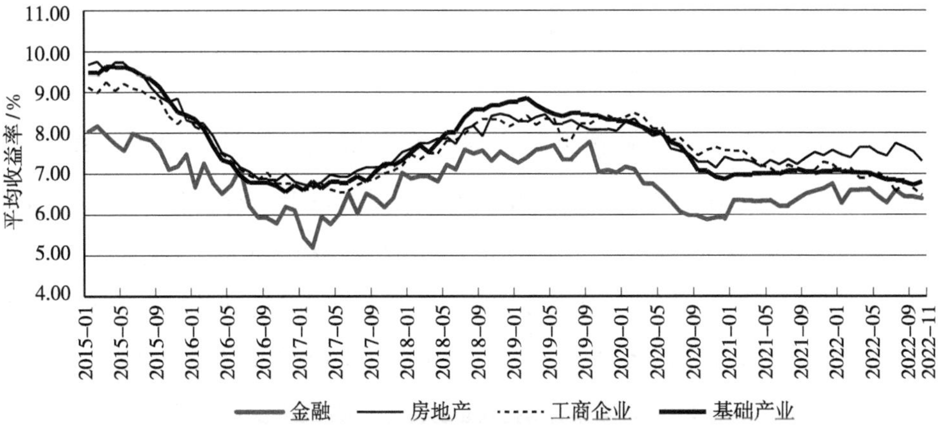

图 3　2015 年 1 月至 2022 年 11 月集合信托产品收益走势（按资金投向分类）

数据来源：用益金融信托研究院。

三、集合信托资金投向：房地产和工商企业投向集合信托规模环比增幅较大

2022 年 11 月，各投向领域的集合信托产品成立规模有不同程度的增长，房地产类和工商企业类增长最为明显。11 月房地产类信托产品的成立规模为 64. 89 亿元，环比增长 61. 50%；基础产业信托成立规模为 169. 69 亿元，环比增长 23. 00%；投向金融领域的产品成立规模为 820. 61 亿元，环比增长 26. 94%；工商企业类信托成立规模为 108. 66 亿元，环比增长 211. 77%（见表 1）。

11 月投向金融领域的产品资金规模比重有显著下滑。11 月房地产类信托规模占比为 5. 55%，环比提升 0. 89 个百分点；基础产业类信托规模占比为 14. 51%，环比下滑 1. 49 个百分点；金融类信托规模占比为 70. 17%，环比下滑 4. 79 个百分点；工商企业类信托规模占比为 9. 29%，环比提升 5. 25 个百分点（见表 1）。

表1　11月各资金投向集合信托产品成立情况

投资领域	11月规模/亿元	规模占比	10月规模/亿元	规模占比	环比涨跌幅
金融	820.61	70.17%	646.45	74.96%	26.94%
房地产	64.89	5.55%	40.18	4.66%	61.50%
工商企业	108.66	9.29%	34.85	4.04%	211.77%
基础产业	169.69	14.51%	137.96	16.00%	23.00%
其他	5.59	0.48%	2.98	0.35%	87.22%
合计	1169.45	100.00%	862.43	100.00%	35.60%

数据来源：用益金融信托研究院。

四、信托功能分类：融资类集合信托成立规模占比环比有所下滑

根据用益金融信托研究院统计，2022年11月融资类集合信托产品成立规模为256.59亿元，环比增长23.85%；投资类产品成立规模为911.55亿元，环比增长39.19%。从规模占比来看，11月融资类产品规模占比为21.94%，环比下滑2.08个百分点；投资类产品规模占比为77.95%，环比提升2.01个百分点（见表2）。

表2　2022年集合信托成立规模（按信托功能分类）

信托功能	2022年11月		2022年10月	
	成立规模/亿元	占比	成立规模/亿元	占比
融资类	256.59	21.94%	207.18	24.02%
事务管理类	1.31	0.11%	0.33	0.04%
投资类	911.55	77.95%	654.92	75.94%
合计	1169.45	100.00%	862.43	100.00%

数据来源：用益金融信托研究院。

五、产品违约情况：房地产信托违约规模占比依然最高

根据用益金融信托研究院统计，2022年11月共有信托违约产品22款，涉及金额119.59亿元，房地产领域信托产品仍是违约重灾区（见表3）。

表3　2022年11月信托产品风险事件统计

投资领域	违约产品数量/款	数量占比	涉及金额/亿元	规模占比
房地产	15	68.18%	99.93	83.56%
工商企业	4	18.18%	12.98	10.85%
金融	3	13.64%	6.67	5.58%
总计	22	100.00%	119.59	100.00%

数据来源：用益金融信托研究院。

集合信托市场月度分析报告——2022 年 12 月

一、集合信托规模：成立规模环比回落

用益金融信托研究院统计数据显示，2022 年 12 月集合信托产品发行规模为 1 265. 04亿元（见图 1），环比增加 135. 99 亿元，增幅为 12. 04%；12 月集合信托产品成立规模为 1 119. 74 亿元（见图 2），环比减少 49. 71 亿元，降幅为 4. 25%。

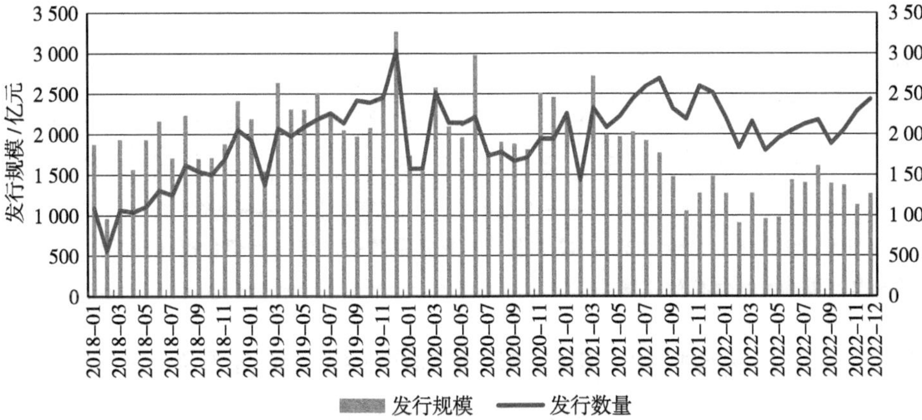

图 1　2018 年 1 月至 2022 年 12 月集合信托产品月度发行走势

数据来源：用益金融信托研究院。

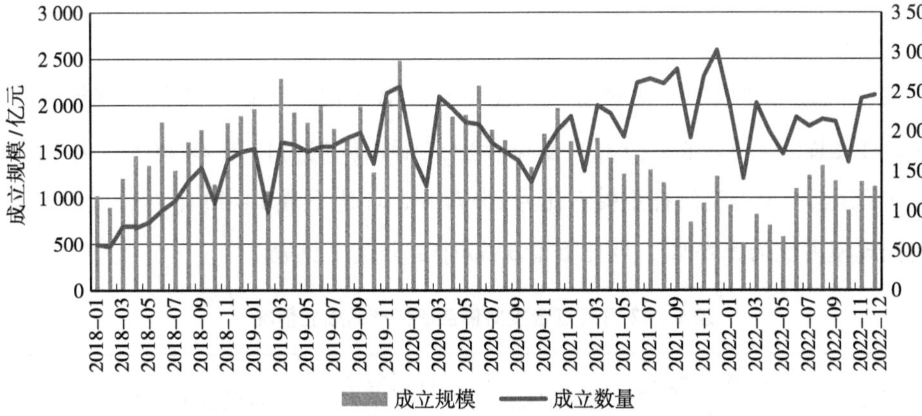

图 2　2018 年 1 月至 2022 年 12 月集合信托产品月度成立走势

数据来源：用益金融信托研究院。

二、集合信托收益率：房地产投向集合信托平均收益率环比提升

2022 年 12 月，金融类信托产品的平均收益率为 6.60%，环比提升 0.30 个百分点；房地产类信托产品的平均收益率为 7.43%，环比提升 0.09 个百分点；工商企业类信托产品的平均收益率为 6.08%，环比下降 0.20 个百分点；基础产业类信托产品的平均收益率为 6.73%，环比下降 0.08 个百分点（见图 3）。

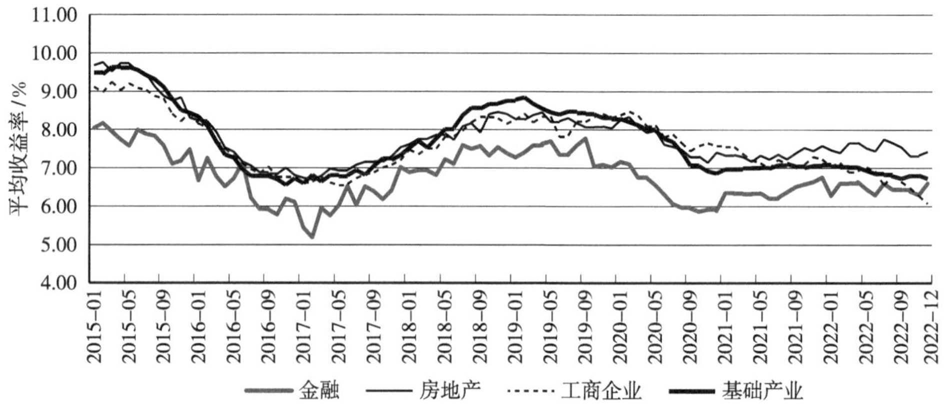

图 3　2015 年 1 月至 2022 年 12 月集合信托产品收益走势（按资金投向分类）

数据来源：用益金融信托研究院。

三、集合信托资金投向：房地产和基础产业投向集合信托规模环比增长

2022 年 12 月，房地产类信托产品的成立规模为 85.94 亿元，环比增长 32.43%；基础产业信托成立规模为 327.67 亿元，环比增长 93.10%；投向金融领域的产品成立规模为 624.53 亿元，环比减少 23.89%；工商企业类信托成立规模为 63.72 亿元，环比减少 41.36%（见表 1）。

12 月投向金融领域的产品资金规模比重有显著下滑。房地产类信托规模占比为 7.67%，环比提升 2.13 个百分点；基础产业类信托规模占比为 29.26%，环比提升 14.75 个百分点；金融类信托规模占比为 55.77%，环比下滑 14.40 个百分点；工商企业类信托规模占比为 5.69%，环比下滑 3.60 个百分点（见表 1）。

表 1　12 月各资金投向集合信托产品成立情况

投资领域	12 月规模/亿元	规模占比	11 月规模/亿元	规模占比	环比涨跌幅
金融	624.53	55.77%	820.61	70.17%	-23.89%
房地产	85.94	7.67%	64.89	5.55%	32.43%
工商企业	63.72	5.69%	108.66	9.29%	-41.36%

续表

投资领域	12月规模/亿元	规模占比	11月规模/亿元	规模占比	环比涨跌幅
基础产业	327.67	29.26%	169.69	14.51%	93.10%
其他	17.87	1.60%	5.59	0.48%	219.82%
合计	1119.74	100.00%	1169.45	100.00%	-4.25%

数据来源：用益金融信托研究院。

四、信托功能分类：融资类集合信托成立规模占比回升

根据用益金融信托研究院统计，2022年12月融资类集合信托产品成立规模为291.74亿元，环比增长13.70%；投资类产品成立规模为821.14亿元，环比减少9.92%。从规模占比来看，12月融资类产品规模占比为26.05%，环比提升4.11个百分点；投资类产品规模占比为73.33%，环比下滑4.61个百分点（见表2）。

表2　2022年12月集合信托成立规模（按信托功能分类）

信托功能	2022年12月		2022年11月	
	成立规模/亿元	占比	成立规模/亿元	占比
融资类	291.74	26.05%	256.59	21.94%
事务管理类	6.87	0.61%	1.31	0.11%
投资类	821.14	73.33%	911.55	77.95%
合计	1119.74	100.00%	1169.45	100.00%

数据来源：用益金融信托研究院。

五、产品违约情况：房地产信托违约规模占比依然最高

根据用益金融信托研究院统计，2022年12月共有信托违约产品12款，涉及金额65.41亿元，房地产类信托产品仍是违约重灾区（见表3）。

表3　2022年12月信托产品风险事件统计

投资领域	违约产品数量/款	数量占比	涉及金额/亿元	规模占比
房地产	10	83.33%	64.69	98.89%
工商企业	1	8.33%	0.23	0.35%
金融	1	8.33%	0.50	0.76%
总计	12	100.00%	65.41	100.00%

数据来源：用益金融信托研究院。

后　记

《信托市场热点研究（2022）》收录中诚信托研究部对2022年信托市场研究的成果，持续展现了中诚信托投资研究部对信托行业重要发展动态的长期跟踪研究与深入思考分析。

中诚信托投资研究部设立二十多年来，为公司发展持续提供创新研究和支持，充分展现了中诚信托的专业品牌形象。投资研究部建立了每周、每月、每季度研究报告工作体系，内容覆盖宏观形势、金融市场、信托热点、创新业务、监管政策等多个方面，其研究成果具有较强的理论性和应用性。此外，投资研究部积极参与信托行业研究，多年来承担或参与监管部门、信托业协会等重点研究课题二十余项，在主流媒体发表专业文章数十篇，为推动信托行业的发展做出了一定的贡献。

本书的编撰得到了中诚信托有限责任公司的大力支持。公司领导和各部门同事一直关心和指导投资研究部的研究工作，并对各类研究报告的主题与内容等方面提出了富有建设性的建议，在此表示感谢。

本书涉及数据大多来源于Wind、DM、用益信托网、国家统计局网站，以及各相关业务公司年报，为行文流畅简洁，作者未一一在文中标注具体网址信息，本书作者确保数据的准确性及公开性。

本书收录的研究报告均由各位作者独立完成，撰写文风不尽一致，由于水平所限，难免有所疏漏，敬请社会各界、行业同人与读者指正。

中诚信托投资研究部